大学生理想信念教育研究
(1978—2018)

石亚玲 著

光明日报出版社

图书在版编目（CIP）数据

大学生理想信念教育研究：1978—2018 / 石亚玲著. --北京：光明日报出版社，2020.5
ISBN 978-7-5194-5730-3

Ⅰ.①大… Ⅱ.①石… Ⅲ.①大学生—思想政治教育—研究—中国 Ⅳ.①G641

中国版本图书馆 CIP 数据核字（2020）第 076582 号

大学生理想信念教育研究（1978—2018）
DAXUESHENG LIXIANG XINNIAN JIAOYU YANJIU（1978—2018）

著　　者：石亚玲	
责任编辑：杨　娜	责任印制：曹　净
封面设计：贝壳学术	责任校对：傅泉泽

出版发行：光明日报出版社
地　　址：北京市西城区永安路 106 号，100050
电　　话：010-63139890（咨询），010-63131930（邮购）
传　　真：010-63131930
网　　址：http：//book.gmw.cn
E-mail：yangna@gmw.cn
法律顾问：北京德恒律师事务所龚柳方律师

印　　刷：天津雅泽印刷有限公司
装　　订：天津雅泽印刷有限公司
本书如有破损、缺页、装订错误，请与本社联系调换，电话：010-63131930

开　　本：170mm×240mm　　　印　张：16
字　　数：241 千字
版　　次：2020 年 5 月第 1 版
印　　次：2020 年 5 月第 1 次印刷
书　　号：ISBN 978-7-5194-5730-3

定　　价：68.00 元

版权所有　翻印必究

作者简介

石亚玲,中国矿业大学(北京)马克思主义学院讲师,清华大学马克思主义学院访问学者,毕业于北京师范大学,获法学博士学位,主要从事思想政治教育理论与实践、理想信念教育研究。在《中国高等教育》《中国特色社会主义研究》《思想教育研究》《思想理论教育》等期刊发表论文10余篇,参编著作2部,主持教育部人文社会科学项目1项、中央高校基本科研业务费项目1项,参与国家社科基金重大项目等共5项。获北京市"思想道德修养与法律基础"课教学基本功大赛一等奖。

内容简介

本书致力于从回顾历史、服务现实的维度来研究大学生理想信念教育。全书共分七章，第一章为大学生理想信念教育的理论基础、基本内涵及现实依据，第二章至第六章分别介绍改革开放初期、全面改革时期、社会主义市场经济条件下、全面建设小康社会时期以及决胜全面建成小康社会进程中的大学生理想信念教育，第七章为改革开放40年大学生理想信念教育的经验、不足及其启示。书中全面梳理了改革开放以来大学生理想信念教育发展的历史背景、演变逻辑，系统地总结了大学生理想信念教育的经验、不足和启示，是开创大学生理想信念教育未来发展新局面的有益读本。

本书可供相关领域教师、研究人员、学生参考，对此领域感兴趣的读者也值得阅读。

序 言

改革开放是近代以来实现中华民族伟大复兴的重要里程碑,它极大地改变了中国共产党和中华民族的面貌,使大学生的精神生活发生了深刻变化。如何引导大学生树立共产主义远大理想和中国特色社会主义共同理想?这是高校教育理论工作者和实际工作者所亟需回答的重要课题。能否用马克思主义列宁主义、毛泽东思想、中国特色社会主义理论体系,结合时代需要和培养人的需要,从理论、历史和现实的结合上回答这一问题,关系中国特色社会主义的接续发展,是加强和改进大学生理想信念教育的关键所在。因为,在新的历史条件下,如果大学生理想信念教育不能产生实效,其科学发展就成了一句空话;如果大学生不能坚定理想信念,培养德智体美劳全面发展的社会主义建设者和接班人就无从谈起。做好大学生理想信念教育,让大学生懂得思想力量、精神力量和信仰力量的重要性,在任何时候都至关重要。习近平在 2018 年 12 月 18 日庆祝改革开放 40 周年大会上的讲话中明确指出:"无论过去、现在还是将来,对马克思主义的信仰,对中国特色社会主义的信念,对实现中华民族伟大复兴中国梦的信心,都是指引和支撑中国人民站起来、富起来、强起来的强大精神力量。"[①]

研究"大学生理想信念教育"可以从多种维度展开。回顾历史,服务现实,是在新时代发挥大学生理想信念教育重要作用的应然之举和实然之策。改革开放 40 年,中国共产党始终高度重视大学生理想信念教育,着力于培养

---

① 习近平:《在庆祝改革开放 40 周年大会上的讲话》,《人民日报》2018 年 12 月 19 日。

德智体美劳全面发展的社会主义建设者和接班人。梳理改革开放以来大学生理想信念教育发展的历史背景、演变逻辑，系统地总结大学生理想信念教育的经验、不足和启示，是开创大学生理想信念教育未来发展新局面的必然要求。

历史是理想信念生成演变的沃土，共产主义远大理想和中国特色社会主义共同理想在中国近现代的革命历史中生成，在社会主义建设和改革历史中勃兴。相应地，历史的胜利与成功，永远属于具有崇高理想和坚定信念的艰苦奋斗的人。在研究的过程中，需要以改革开放40年的大学生理想信念教育为研究对象，既要明确党和国家对大学生理想信念的要求，也要把握大学生理想信念形成和发展的规律；既要把握社会对大学生群体的审视和剖析，也要把握专家学者关于大学生问题的分析，从历史、理论、现实等维度深化对大学生的认识；既要立足于国内改革开放、全面改革、市场经济、文化变迁、社会转型等国情对大学生理想信念教育的影响，也要依据国际层面经济全球化、文化全球化、信息化、科技革命等世情对大学生价值取向、理想追求的影响；既要以马克思主义经典作家的大学生理想信念教育思想作为理论基础，以中国共产党革命、建设时期的大学生理想信念教育经验、不足为参照，也要致力于为今后的大学生理想信念教育发展服务。在具体行文中，还更应突出理想信念对重大事件、历史进程的重大影响，尤其是对大学生成长成才的重大意义，分析大学生对远大理想和共同理想的具体呈现，揭示个人梦对中国梦的凝聚、个人志向与民族振兴的内在联结。通过这种"历史与现实""个人与社会"的双向关照，使理想信念成为大学生成长成才的一种自觉精神追求。

教育是提高人民综合素质、促进人的全面发展的重要途径，是对中华民族伟大复兴具有决定性意义的事业①。党的十八大以来，习近平围绕青年大学生的素质要求做出了诸多论述，"理想信念""远大理想""精神之'钙'"是高频词，加强大学生理想信念教育成了新时代高校思想政治工作的重中之

---

① 习近平：《做党和人民满意的好老师——同北京师范大学师生代表座谈时的讲话》，人民出版社2014年版，第2页。

重。2016年，习近平在全国高校思想政治工作会议上强调，要引导学生正确认识世界和中国发展大势，不断树立为共产主义远大理想和中国特色社会主义共同理想而奋斗的信念和信心①。2017年10月，党的十九大胜利召开，明确了中国特色社会主义进入新时代的历史方位，提出要"培养担当民族复兴大任的时代新人"②这一命题，以坚定的理想信念形塑新人是题中应有之义。2018年11月，习近平在全国教育大会上强调，中国特色社会主义教育事业"要在坚定理想信念上下功夫，教育引导学生树立共产主义远大理想和中国特色社会主义共同理想，增强学生的中国特色社会主义道路自信、理论自信、制度自信、文化自信，立志肩负起民族复兴的时代重任"③。我国的社会主义现代化建设，不仅包含物的建设，更有人的建设，社会主义现代化建设离不开有坚定理想信念的"新人"。在大学生中进行理想信念教育，把握我国社会主义现代化的大学生主体，发掘其坚定的理想信念和奋发图强的主人翁精神，是提升大学生理想信念教育有效性的重要途径，也是实现中华民族伟大复兴中国梦的关键之举。

2019年3月18日，习近平在全国高校思想政治理论课教师座谈会上强调"让有信仰的人讲信仰"④，揭示了高校思想政治理论课教师肩负的立德树人的根本任务，增强大学生"四个自信"的光荣职责，培养时代新人的历史使命。笔者希望本书的出版，能够在大学生理想信念教育研究方面有所深化，能为推进新时代大学生理想信念教育有所助益。由于本人理论水平和实践底蕴所限，本书不可避免地存在诸多不足、不妥之处，恳请各位专家、学者和读者多提宝贵意见。

---

① 《把思想政治工作贯穿教育教学全过程 开创我国高等教育事业发展新局面》，《人民日报》2016年12月9日。
② 习近平：《决胜全面建成小康社会 夺取新时代中国特色社会主义伟大胜利——在中国共产党第十九次全国代表大会上的报告》，人民出版社2017年版，第42页。
③ 《坚持中国特色社会主义教育发展道路 培养德智体美劳全面发展的社会主义建设者和接班人》，《人民日报》2018年9月11日。
④ 《用新时代中国特色社会主义思想铸魂育人 贯彻党的教育方针落实立德树人根本任务》，《人民日报》2019年3月19日。

| 目 录 |

导论 ………………………………………………………………… 1

第一章　大学生理想信念教育的理论基础、基本内涵及现实依据 ……… 18
 第一节　大学生理想信念教育的理论基础 ……………………… 18
 第二节　大学生理想信念教育的基本内涵 ……………………… 28
 第三节　大学生理想信念教育的现实依据 ……………………… 40

第二章　改革开放初期的大学生理想信念教育（1978—1984）………… 51
 第一节　党的实事求是路线的重新确立 ………………………… 51
 第二节　改革开放对大学生理想信念的影响 …………………… 55
 第三节　大学生理想信念教育的初步探索 ……………………… 63

第三章　全面改革时期的大学生理想信念教育（1984—1992）………… 78
 第一节　全面改革时期国际国内多变的形势 …………………… 78
 第二节　全面改革时期大学生理想信念的困惑 ………………… 83
 第三节　大学生理想信念教育的变革与发展 …………………… 94

第四章　社会主义市场经济条件下的大学生理想信念教育
   （1992—2002）…………………………………………… 107
 第一节　社会主义市场经济条件下的新变化 …………………… 107
 第二节　市场经济对大学生理想信念的冲击 …………………… 113
 第三节　大学生理想信念教育的加强与改进 …………………… 121

1

第五章 全面建设小康社会时期的大学生理想信念教育（2002—2012） … 132
- 第一节 21世纪国内外形势的深刻变化 …………………………… 133
- 第二节 社会变革时期大学生理想信念的弱化 …………………… 139
- 第三节 大学生理想信念教育的开拓创新 ………………………… 147

第六章 决胜全面建成小康社会进程中的大学生理想信念教育（2012—2018） ………………………………………………… 161
- 第一节 决胜全面建成小康社会时期的时代背景 ………………… 162
- 第二节 多元文化背景下大学生理想信念的淡化 ………………… 169
- 第三节 大学生理想信念教育的深化探索 ………………………… 179

第七章 改革开放40年大学生理想信念教育的经验、不足及其启示 … 195
- 第一节 改革开放以来大学生理想信念教育的经验 ……………… 195
- 第二节 特定时期大学生理想信念教育存在的偏差 ……………… 209
- 第三节 大学生理想信念教育历史变迁的当代启示 ……………… 219

参考文献 ………………………………………………………………… 232

后记 ……………………………………………………………………… 245

导 论

大学生作为社会变革的"晴雨表",其思想状况、价值观念、理论修养、理想信念的演变,能从一个侧面反映整个社会现代化的步伐,是关系国家前途和命运的重大问题。正如习近平指出的,青年是社会上最富活力、最具创造性的群体,"青年的价值取向决定了未来整个社会的价值取向"[①]。一般而言,在相对安定的社会环境中,人的思想行为与整个社会的主流价值观是整合的,而在历史转折、文化断裂或社会变革时期,人的思想行为则会发生大变化和大波动。改革开放40年,中国社会经济发展、体制革新、信息爆炸、西方思潮侵袭、多样文化挤撞的现实境遇,使大学生的理想信念处在动荡、躁动和重组之中。本书立足于党的十一届三中全会以来中国社会变革的宏观大背景,从大学生与社会发展、大学生价值取向与党和国家价值引领的互动关系中,梳理改革开放以来大学生理想信念嬗变的轨迹,以及党和国家开展大学生理想信念教育的历史脉络,既是为了总结历史,也是为了更好地服务现实。

一、问题提出

(一) 改革开放以来我国理想信念领域的变与不变

我国理想信念领域发生的深刻变化是在改革开放以来理论和实践的双重

---

① 习近平:《青年要自觉践行社会主义核心价值观——在北京师范大学师生座谈会上的讲话》,人民出版社2014年版,第9页。

互动中演进的,理想信念的发展演变以社会转型的巨大变化为先导,社会改革也会引起理想信念的嬗变。认识改革开放以来理想信念领域发生的深刻变化,需要自觉把握变与不变的辩证关系。首先,理想信念之"变"。其一,改革开放作为社会主义制度的自我完善,必然有利于巩固和强化人们的社会主义信念。40年来,我国理想信念领域取得的积极成果包括:解决了纠正个人崇拜和维护领袖形象的两难课题;中国特色社会主义使社会主义理想信念落在了实处;改革开放的成果坚定了人们对社会主义建设的信心;在国际共产主义运动空前挫折和震荡中捍卫了社会主义理想信念等[1]。其二,社会变革带来的社会经济成分、组织形式、利益关系和就业方式多样化,使人的思想观念、价值取向和理想追求日益多元。表现为人的物质追求和精神追求之间的失衡,个人追求呈现出世俗化的趋势,享乐主义、拜金主义等错误价值观的流行。其次,理想信念之"不变"。如何用科学理想信念满足人的精神需求,是党始终高度重视的理论和实践课题。改革开放以来,党始终坚持以人为本的基本价值观,教育和引导人们以清醒的、理性的、科学的眼光来分析和选择理想信念。直面改革开放40年我国理想信念领域发生的变与不变,是提出和研究大学生理想信念教育课题的前提和基础。

(二)大学生理想信念领域的"实然"与"应然"

改革开放进程中大学生理想信念教育课题的提出,源于"实然"与"应然"之间的矛盾。这一矛盾主要体现在以下三方面:其一,理想信念领域"实然"现状,同"应然"要求之间的矛盾,即"改革开放和发展社会主义市场经济条件下思想意识多元多样多变"[2] 的"实然"现状,同巩固马克思主义在意识形态领域指导地位的"应然"要求之间的矛盾。其二,大学生理想信念需要觉醒的"实然",同党和国家"应然"要求的矛盾。其三,大学生理想信念教育"实然"现状,同"应然"教育目标之间的矛盾。纵观改革

---

[1] 刘建军等:《信仰的呼唤——社会主义市场经济条件下的信仰问题研究》,人民出版社2011年版,第12—15页。

[2] 《十八大以来重要文献选编》上,中央文献出版社2014年版,第578—579页。

开放以来中共中央、教育部、宣传部印发的文件,都强调高校要依据国内外的新形势不断"加强"和"改进"思想政治教育,把大学生理想信念教育置于"核心"地位。但由于国内外环境、国家政策以及大学生自身主客观条件等复杂因素的影响,决定了大学生理想信念教育过程中的矛盾不能一蹴而就地解决。研究和评价改革开放以来大学生理想信念问题要避免两种错误倾向:一是以部分大学生理想信念的"实然"现状,放大理想领域的危机状态或空白状态;二是以大学生理想信念教育的"应然"目标,否定大学生理想信念教育取得的成就和实效。研究大学生理想信念教育,要准确把握改革开放以来不同历史时期,理想信念领域、大学生理想信念和大学生理想信念教育"实然"状况同"应然"目标之间的矛盾,以强烈的问题意识,全面、客观、科学地回答新时期大学生理想信念教育的重大理论问题和实践问题。

(三) 新时代大学生理想信念教育研究深化构想

改革开放 40 年来,学界从不同领域、不同视角,运用多种研究方法,对大学生理想信念教育进行了深入研究。从宏观上看,学界研究大体呈现出三个特点:其一,在改革开放和社会主义现代化建设的推动下,党和国家的重要文献、文件逐步明确了大学生理想信念教育的核心地位,学界研究相应地以 1999 年、2004 年、2012 年为分界点呈现出三个增长期[①]。其二,产生了一系列研究成果,出版了一定量的专著,产生了数量众多的学术论文,获得了一定科研立项。其三,研究内容和方法不断拓展。研究内容主要集中于基础理论研究、历史研究和现实问题研究三个板块;研究方法层面,在定性研究的基础上,综合应用教育学、社会学、心理学、统计学的理论和方法进行定量研究。总的来说,从历史视角研究大学生理想信念教育的成果还比较

---

① 说明:1999 年 9 月 29 日,《中共中央关于加强和改进思想政治工作的若干意见》的印发,首次在党和国家的文件中提出了"要把理想信念教育作为核心内容"。此后,学界关于大学生理想信念教育的研究出现了一个小"波峰"。2004 年 8 月 26 日,《中共中央、国务院关于进一步加强和改进大学生思想政治教育的意见》再次强调,大学生理想信念教育要"以理想信念教育为核心",开启了学界对于这一课题持续研究的热潮。党的十八大以来,习近平高度重视大学生理想信念教育,并围绕这一问题发表了诸多重要论述,学界关于理想信念教育问题研究的热度持续不减。

薄弱，缺乏以大学生理想信念教育为研究对象的通史研究；对大革命、土地革命、抗日战争、解放战争、社会主义建设、改革开放等不同历史时期的大学生（青年）理想信念教育阶段史研究相对匮乏；对经典文献、重大历史事件、文艺作品中等要素中的理想信念教育资源挖掘还不够。

二、理论意义

总结历史经验是为了更好地服务现实需要。随着改革开放的不断深化，时代主题、党和国家的工作中心、社会历史条件发生巨大变化，大学生的思想活动呈现出新的特点，并在理想信念、价值取向、思维方式等方面呈现出显著差异。在这样的背景下，研究大学生理想信念教育就具有特殊的重要性和紧迫性。

（一）丰富大学生理想信念教育基础理论研究

自科学社会主义诞生以来，马克思主义经典作家一贯重视大学生在共产主义革命运动中的作用，强调要帮助和促使大学生产生、形成共产主义意识。中国共产党成立以来，中国共产党人在继承马克思主义理论的基础上，形成了毛泽东思想、邓小平理论、"三个代表"重要思想、科学发展观、习近平新时代中国特色社会主义思想，解决了"要有什么样的理想"这一问题。党的十一届三中全会以来，随着社会主义现代化建设事业的蓬勃发展，人们的理想信念得到了巩固和提高，"改革开放的胜利成果坚定了中国人民实现社会主义现代化的信心"[①]。面对我国建设社会主义现代化强国的中心任务以及我国社会主义初级阶段的基本国情，要教育大学生做最高纲领和最低纲领的统一论者。本书以新时期大学生理想信念教育发展为视角，以马克思主义经典作家和中国共产党人关于大学生理想信念教育的理论为基础，梳理改革开放 40 年大学生理想信念教育史，有利于体现共产主义理论和实践

---

① 刘建军等：《信仰的呼唤：社会主义市场经济条件下的信仰问题研究》，人民出版社 2011 年版，第 14 页。

的一脉相承，补充马克思主义关于大学生理想信念教育的基础理论。

（二）梳理改革开放以来大学生理想信念教育历史

把握改革开放以来各个历史阶段大学生理想信念教育的实施情况和鲜明特征，是深化理论研究的重要着力点。当前，学界研究有两个鲜明的特点：一是并未形成对改革开放40年大学生理想信念教育史的整体研究。学界仅有少数著作和论文，从我国革命、建设和改革的整个历程对大学生理想信念教育整体做线索性的脉络勾勒，并未开展整体、系统的探究；二是产生了少量关于新时期大学生理想信念教育专题史的研究成果，即对大学生理想信念教育某一要素的历史研究，但依托某一历史阶段、重大事件、经典文献等要素未开展充分的研究。纵观已有研究成果，仍然缺乏从历史的视角研究大学生理想信念教育的发展历史。本书以改革开放40年为视角，从探究理论基础、基本内涵和现实依据出发，尝试分析改革开放初期、全面改革时期、社会主义市场经济条件下、全面建设小康社会时期以及决胜全面建成小康社会进程中的大学生理想信念教育的时空背景、存在问题和实践探索，形成对大学生理想信念教育发展和转变的规律性认识。

（三）研究改革开放以来大学生理想信念教育的成效和问题

改革开放以来，由于国内外形势、党和国家中心任务、国家政策以及大学生自身理想信念的发展变化，大学生理想信念教育历经恢复、遭受挫折和逐步发展的历史演变过程。一是要实事求是，准确把握大学生理想信念教育的成效及问题，弄清楚影响大学生理想信念教育实效的主要因素。具体而言，就是要立足于特定历史阶段开展理想信念教育的时空背景，透过世情、国情、党情的变化，认清大学生理想信念教育发展的主客观、宏微观条件，准确把握影响大学生树立正确理想信念的因素。二是要运用辩证思维，全面总结大学生理想信念教育正反两方面的经验。总体而言，大学生理想信念教育经历40年的探索，虽然遭受过严重挫折，但总体仍在不断前进并取得重大成绩，研究新时期大学生理想信念教育的成效和问题，有助于不断推进大学生理想信念教育。

三、概念界定

认识概念是开展研究的基础和前提，回答"是什么"的问题旨在探寻研究问题的价值合理性，以构建科学的问题域。

（一）研究时段

之所以将改革开放以来的大学生理想信念教育作为研究对象，主要是基于两方面的考虑：一方面，改革开放历史进程中我国社会主义现代化建设这一总主题，是贯穿40年大学生理想信念教育的一条主线；另一方面，在长达40年接续探索的改革开放历程中，在实现社会主义现代化建设这一总主题之下，各个历史阶段形成的分主题，使大学生理想信念教育具有鲜明的阶段性特征。因此，从历史视角，分阶段地研究大学生理想信念教育具有可能性和必要性。

明确划分依据，是分阶段研究的前提和基础。研究改革开放以来大学生理想信念教育问题，既要关注国际"大气候"、国内"小环境"的影响，更要着眼于大学生思想观念的基本情况。一是世情变化，即国际形势、国际社会主义运动的影响，如全球化、科学技术革命浪潮、东欧剧变、苏联解体等重大事件。二是国情、党情变化，即党的会议、领导集体的作用、现代化战略等。基于此，学界对于改革开放史的划分，主要有"两分法""三分法""四分法"和"五分法"。所谓"两分法"，是以1992年南方谈话和党的十四大为时间节点，将改革开放分为两大历史阶段；"三分法"是以1984年启动全面改革和1992年南方谈话为分界点；"四分法"是以1984年农村改革、1989年党的十三届四中全会、1992年党的十四大为分界点；"五分法"是以1984年启动全面改革、1992年南方谈话、2002年党的十六大、2012年党的十八大为分界点。三是大学生思想观念的基本情况，即大学生自身理想追求、价值取向、行为特点等。在改革开放40年的历史进程中产生了以"校园民主墙""潘晓讨论""张华救老农到底值不值""寻找丢失的草帽""当代大学生患有'空心病'"等为代表的热点事件。四是大学生理想信念教育历史变迁，包括思想政治教育学科从建立、发展到深化、繁荣的过程；思想政治理论课由"78方案"（1977—1984）到"85方案"（1984—1997）、"98方案"（1998—2004）、"05方案"（2005—）的演进过程；大学生理想信念教育由思想政治教育的重要内容到"核心"的发展过程。

综上所述，本书依据世情、国情、党情，大学生思想观念的基本情况以及大学生理想信念教育的历史变迁，将改革开放以来的大学生理想信念教育分为五个时期：改革开放初期（1978—1984）、全面改革时期（1984—1992）、社会主义市场经济条件下（1992—2002）、全面建设小康社会时期（2002—2012）以及决胜全面建成小康社会进程中（2012—2018）。

(二) 相关概念

理想信念作为一个综合性的概念，并不是"理想"与"信念"的简单相加，而是一个内涵更丰富、更全面的概念。

1. 理想信念

从历史考察的视角来看，"理想信念"的形成经历了"理想"和"信念"两个概念由独立分化到融合统一的逻辑演变过程。马克思和恩格斯并未明确地从正面上使用"理想""信仰"的概念，到列宁时期，首次明确使用了"社会主义理想""社会主义信念"等提法，并指出青年大学生、工人群众不能自发地产生共产主义理想和信念，需要从外面进行"灌输"。中国共产党人在此基础之上，更是在正面意义上广泛使用共产主义理想、信念（理想信念）的概念，并一再强调理想信念对于我国革命、建设和改革的重要性。1985年，邓小平在总结社会主义建设经验和马克思主义的根本特征之时，说道："马克思主义的另一个名词就是共产主义。我们多年奋斗就是为了共产主义，我们的信念理想就是要搞共产主义。"[①] 其第一次将"理想"和"信念"这两个独立的概念合并起来，用作"信念理想"。1996年，江泽民在全国宣传部长会议上强调，党员干部要有"坚定的共产主义和社会主义理

---

① 《邓小平文选》第3卷，人民出版社1993年版，第137页。

想信念"，由此，正式提出并使用"理想信念"的概念。此后，在党和国家的文件中，"理想信念"一词成为使用频率较高且具有特定政治含义的术语。改革开放40年来，社会上普遍讨论过"信仰危机"问题，可以说人们对理想信念的渴望已日益觉醒，并越来越表现出对理想信念的追求。在这种背景下，随着党对理想信念教育的重视，及时地回应了人们的理想信念的需要和渴求，使理想信念逐步走进社会生活领域，成为人们普遍接受和认同的新概念。

从学术界研究来看，对于"理想信念"概念的界定和考察主要有三种研究路径：一是认为"理想信念"概念具有特定政治含义，特指中国共产党以"社会主义-共产主义"为核心的理想信念。吴潜涛认为："理想信念，指的是马克思主义的科学信仰和坚定的社会主义理想信念，而不是其他意义上的理想信念。"[①] 二是将"理想信念"定位为一种广义层面的意识或精神。黄蓉生认为理想信念是"人们人生诉求、政治立场和政治主张以奋斗目标为表征的超越自我、超越现实的高度自觉意识"。[②] 三是将"理想信念"归结为一种活动态度。戴焰军认为："理想信念，就是现实生活中的人在对自己活动目的了解和认识基础上所形成的活动态度。"[③] 还有学者尝试从人类社会历史、哲学人类学、社会学、心理学等视角来探讨理想信念的内涵。当前存在的对"理想信念"的不同理解，在某种程度上反映出理想信念内涵的多层次性，认识理想信念这一概念，需要把握以下要点：

第一，理想信念承载一种思想体系，其产生和使用应与国际共产主义运动和中国共产党所领导的革命、建设和改革的社会现实相对应。列宁在俄国社会主义建设时期，理想、信念概念的产生和使用与俄国社会主义革命和建设所面临的困难和现实需要密切相关。同样，在我国社会主义革命的困难时期，也格外重视革命理想教育，教育共产党人要有不怕困难的革命精神；在

[①] 吴潜涛：《正确理解理想信念的科学含义》，《教学与研究》2011年第4期。
[②] 黄蓉生：《改革开放以来大学生理想信念教育论略》，《高校理论战线》2009年第7期。
[③] 戴焰军：《理想信念教育的意义和要求》，《中国党政干部论坛》2009年第11期。

我国社会主义建设和改革开放时期，面对我国一穷二白的落后局面和社会主义初级阶段的基本国情，中国特色社会主义使"社会主义-共产主义"理想信念落在了实处。

第二，理想信念与社会制度相联系。社会制度决定了理想信念的政治方向，社会制度的不同必然导致理想信念的差异。在我国改革开放的历史进程中，始终客观地存在着"坚持社会主义道路"和"走资本主义道路"两条路线的斗争。新时期不断涌现出的各种错误思潮，带来了两种制度间的博弈。在我国社会主义制度的语境下，理想信念实质是指共产主义的世界观、人生观、价值观。

第三，理想信念体现一定的价值判断。理想信念作为一个人世界观、人生观、价值观的集中体现，是一个国家、民族和个体政治方向正确与否的评判准则。当今世界，理想信念的差异，最典型地表现为是"为人民服务"还是"寻求个人利益最大化"。社会主义理想信念体现于为人民服务，遵循集体主义原则。

第四，理想信念具有实践功能。理想信念的实践功能表现为，人们通过理性认识，在头脑中形成具有可行性和可操作性的实践观念，并通过一定的实践手段，使感性的实践观念成为现实。因此，共产主义理想信念，不仅指导人们正确认识人类社会发展的状态、原因及规律，更体现为对人的实践活动的规范和指导。

综上所述，本书中的理想信念是一个具有特定政治含义的概念，其本质是以"社会主义-共产主义"为核心的价值观念，它以社会主义现实为前提，是个人价值选择和社会发展的方向指引和精神支撑。

2. 理想信念教育

理想信念教育作为对现实的人开展的教育实践活动，具有广义和狭义之分。

广义的理想信念教育，作为人类社会普遍存在的活动，泛指在所有阶级社会中统治阶级依托某种世界观、人生观、价值观和社会理想，使其社会成员形成阶级统治所期望的理想信念的教育实践活动。开展理想信念教育的根本任务则是为了实现社会成员理想信念状态由"实然"向"应然"的转化。

狭义的理想信念教育特指中国共产党的理想信念教育。在社会主义中国，理想信念教育着眼于整个社会系统，是中国共产党开展的以"社会主义-共产主义"理论为主要内容的教育活动，旨在使社会成员形成以"社会主义-共产主义"为核心的世界观、人生观、价值观。从学术界已有研究成果来看，部分学者围绕狭义的理想信念教育的概念进行了界定。如朱喜坤认为，理想信念教育是"对全体社会成员特别是共产党员和先进分子进行社会主义、共产主义理想信念教育。"[①]彭绪琴指出："'理想信念教育'是一种特殊的信仰教育，即特指社会主义与共产主义信仰的教育。"[②]

总之，理想信念教育是全体社会成员为逐步树立共产主义远大理想、中国特色社会主义共同理想，坚定信念为实现共产主义不懈奋斗的教育实践活动，其实质是全体社会成员形成以"社会主义-共产主义"为核心的世界观、人生观、价值观。

3. 大学生理想信念教育

大学生是"在高等学校读书的学生"[③]的统称。本书未对大学生做进一步区分和细化，凡是对高校在读学生进行的理想信念教育都属于本研究的范畴。

综上，大学生理想信念教育是指大学生为逐步树立共产主义远大理想、中国特色社会主义共同理想，坚定信念为实现共产主义不懈奋斗的教育实践活动，其实质是大学生形成以"社会主义-共产主义"为核心的世界观、人生观和价值观。其中，教育的"应然"要求与大学生理想信念"实然"现状之间的矛盾是大学生理想信念教育过程的基本矛盾。要坚定大学生共产主义理想信念，应从理论、历史、制度和实践层面着重讲清楚以下四个方面的问

[①] 朱喜坤:《论理想信念教育的概念与地位》，《理论学刊》2006年第12期。
[②] 彭绪琴:《当代大学生理想信念教育研究》，中共中央党校出版社2008年版，第14页。
[③] 黄河清编著:《近现代词源》，上海辞书出版社2010年版，第129页。

题：从理论学说层面，讲清楚人类社会发展的客观规律，认识马克思主义理论的科学性和彻底性；从历史层面，讲清楚共产主义从空想到科学、理论到实践、一国到多国的发展历程，揭示共产主义代替资本主义的历史必然性；从社会制度层面，讲清楚我国社会主义初级阶段的基本国情和党的基本路线方针政策，体现社会主义制度的优越性；从现实运动层面，讲清楚社会主义实践取得的成就和存在的问题，认识共产主义运动是前进性与曲折性的统一。大学生理想信念教育的主要内容包括：教育和引导大学生理性认同科学理论的马克思主义理论教育、正确认识历史规律的历史教育、准确把握本国实际的国情教育和投身社会实践的艰苦奋斗教育。

四、研究现状述评

（一）研究现状

改革开放40年，随着社会发展和实践推进，学界关于大学生理想信念教育取得突破性进展的研究主要体现在理论、历史和现实三个维度。

1. 基础理论研究

基础理论研究，即对大学生理想信念教育内涵、地位作用、目标内容、过程规律、原则方法等原理的研究。学界关于大学生理想信念教育指导思想、目标任务等已基本达成共识，但由于研究背景和视角的不同，学者对大学生理想信念教育的内容、规律、原则、方法等形成了不同观点。

第一，关于大学生理想信念教育内容的研究。依据中央文件精神和大学生理想信念教育自身特殊的规定性，学者对大学生理想信念教育内容形成了具有代表性的观点。骆郁廷认为应对大学生进行马克思主义基本理论教育，党的基本路线教育，中国革命、建设和改革开放的历史教育，基本国情和形势政策教育，科学发展观教育。[①] 彭绪琴将大学生理想信念教育的内容总结为马克思主义基本理论的教育，社会主义历史的教育，社会主义现实问题、

---

① 骆郁廷：《当代大学生思想政治教育》，中国人民大学出版社2010年版，第112—115页。

社会主义未来的教育。① 可以看出，大学生理想信念教育内容尚未形成体系，需要明晰要素、区分层次、构建体系，以增强大学生理想信念教育的针对性和实效性。

第二，关于大学生理想信念教育规律的研究。规律是各要素之间的本质的、必然的联系，认识大学生理想信念教育的规律旨在深化对其本质的研究。然而，学术界关于理想信念教育规律论及不多，仅有彭绪琴在其著作中尝试构建理想信念教育规律体系并将其划分为两个层次：基本规律和具体规律。大学生理想信念教育的基本规律是指教育、合理超越、再教育、再合理超越以至无穷的规律；具体规律包括双向互动规律、反复施教规律、一致性规律。② 总地看来，学术界对于大学生理想信念教育规律的研究还不够，亟待深化。

第三，关于大学生理想信念教育原则的研究。由于学者各自研究专业背景以及研究视角的不同，关于大学生理想信念教育原则的研究并未达成很好的共识。包括：坚持针对性与实效性相统一的原则、坚持主体性与社会性相统一的原则、坚持理论性与实践性相统一的原则、坚持长期性与近期性相统一的原则、坚持学校与社会和家庭相统一的同频共振的原则、注重主导性和大众化相统一、注重说服力和感召力相结合、坚持理想信念教育的系统性等。研究中存在的问题：第一，无论是表述、形式，还是本质、内容都存在很大差异；二是部分原则并不是大学生理想信念教育所独有，未能很好揭示和体现大学生理想信念教育的特殊性。

第四，关于大学生理想信念教育方法对策的研究。关于理想信念教育方法对策的研究，在整个研究成果中占有相当比例，讨论也很充分，多数学者围绕理论教育、社会实践、校园文化、队伍建设、学生党建、网络教育等维度进行探索。此外，还有学者从回归生活世界、以人为本、学生自组织、多

---

① 彭绪琴：《当代大学生理想信念教育研究》，中共中央党校出版社2008年版，第60页。
② 彭绪琴：《当代大学生理想信念教育研究》，中共中央党校出版社2008年版，第176页。

学科交叉、新媒体、马克思主义生态文明等视角进行了研究。

2. 历史研究

研究大学生理想信念教育历史，有助于深刻认识规律，服务现实需要。学界关于大学生理想信念教育历史的研究主要有四类。

第一，探讨大学生理想信念教育整体的历史。依据不同的标准，学者对于大学生理想信念教育的历史分期不尽相同。一是新中国成立以来的大学生理想信念教育分期。依据社会政治经济发展以及高校贯彻党的国家教育方针的情况，将新中国成立以来的大学生理想信念教育分为两个阶段：20世纪50年代至70年代末，新民主主义教育到社会主义教育的转变；20世纪70年代末至今，高校大学生理想信念教育不断实现正规化、科学化发展。[①] 姜华将新中国成立以来的大学生理想信念教育分为六个阶段：起步探索（1949—1956）、曲折发展（1957—1965）、遭遇挫折（1966—1976）、恢复发展（1977—1991）、持续发展（1992—2003）、深入发展（2004—）[②]。二是改革开放以来的大学生理想信念教育分期。黄蓉生将其分为四个阶段：1978年十一届三中全会召开，开创大学生理想信念教育的新时期；20世纪80年代中期到90年代初，大学生理想信念教育受到冲击；1992年，大学生理想信念教育得到发展；21世纪，大学生理想信念教育获得新的发展契机。[③] 总地说来，学界关于大学生理想信念教育历史进程的关注度还不够。

第二，关于大学生理想信念教育专题史的研究。主要探讨大学生理想信念教育的某一要素，即某一时期、特定对象、重要文献、典型事件、经验启示等。关于教育内容，彭明霞认为，高校理想信念教育内容演变经历了六个阶段：1949—1956年，在坚持马列主义理论教育的基础上，着重进行新民主主义教育；1956—1966年，着重进行社会主义教育；1966—1978年，突

---

① 陈勇、王欢、梅红：《大学生理想信念教育的发展历程、基本经验和时代要求》，《思想理论教育导刊》2010年第9期。
② 姜华：《大学生理想信念教育研究》，西南师范大学出版社2016年版，第66—88页。
③ 黄蓉生、姜华：《改革开放以来大学生理想信念教育论略》，《高校理论战线》2009年第7期。

出无产阶级专政教育,对毛主席著作的学习取代了马克思列宁主义理论的学习;1978—1992年,在坚持马列主义理论教育的基础上,坚决反对资产阶级自由化思潮;1992—2002年,邓小平理论、"三个代表"重要思想成为高校理想信念教育的中心内容;2002—2011年,突出了对科学发展观的学习。[1] 关于教育对象的研究,涉及对边疆地区高校少数民族大学生、大学生党员、"90后""95后""00后"大学生、理工院校大学生、高职院校大学生、民办高校大学生、农科类大学生理想信念教育的探讨。此外,还有少量研究成果涉及社会主义市场经济时期、建设小康社会时期和十八大以来的大学生理想信念教育。综上,学界针对大学生理想信念教育专题史研究极度缺乏的现状,决定了加强专题史研究是深化历史研究的重要切入点。

第三,大学生理想信念教育历史经验研究。学术界关于大学生理想信念教育历史经验的总结有一定关注。一是新中国成立以来大学生理想信念教育基本经验研究。陈勇等将新中国成立以来大学生理想信念教育的基本经验归纳为两方面:以马克思主义理论尤其是马克思主义中国化最新成果为指导,坚持理论教育与实践教育相结合;以高校为大学生理想信念教育主阵地,坚持学校、家庭、社会多渠道相结合。[2] 二是改革开放以来的大学生理想信念教育基本经验研究。张瑜等将其概括为:始终把理想信念教育置于大学生思想政治教育的核心位置,突出教育的连续性与长期性;始终围绕共产主义理想和社会主义信念这一教育根本主旨,牢牢把握教育内容的主导性;始终重视高校思想政治理论课程的教学与研究,加强和巩固理想信念教育的主渠道;始终重视大学生思想政治教育工作队伍建设,强化理想信念教育的保障机制;始终坚持理论联系实际的教学原则,不断加强和完善学校主渠道教育与社会实践教育相结合的教育模式;始终积极探索新形势下的教育新方法,

---

[1] 彭明霞:《高校理想信念教育内容的历史回顾与展望》,《黑龙江高教研究》2011年第4期。
[2] 陈勇、王欢、梅红:《大学生理想信念教育的发展历程、基本经验和时代要求》。

坚持创造性地开展教育工作；始终在改革开放的进程中提升社会主义优越性和感召力，增强环境的育人功能。①

第四，马克思主义经典作家以及党和国家领导人青年理想信念教育思想研究。马克思主义经典作家和中国共产党人都十分强调对青年、大学生进行理想信念教育。学界围绕马克思、恩格斯、列宁、毛泽东、周恩来、邓小平、江泽民、胡锦涛、习近平的理想信念教育思想，产生了一些学位论文和学术论文。

3. 现实问题研究

学界研究既着眼于贴近大学生生活和成长的实际，也关注国家经济、社会发展背景下大学生理想信念教育的深入推进。

第一，贴近学生生活实际的大学生理想信念教育。一是以就业创业、职业生涯规划、弘扬职业理想等为契机开展理想信念教育；二是依托互联网、手机、微信等新媒体形成了大学生自组织，要重视大学生自组织视域下的大学生理想信念教育；三是从强化党的历史及基本理论教育，提高学员的思想素质，搞好组织考察工作，对新入党的学生从严要求，严把"入口关"等方面做了相应分析。

第二，国家、社会发展背景下的大学生理想信念教育。学界高度关注社会主义市场经济、构建和谐社会、应对全球化、全面建设小康社会、实现"中国梦"、决胜全面建成小康社会背景下的大学生理想信念教育问题。一是依据国内外形势的转换，探讨大学生理想信念教育面临的机遇挑战和时代要求；分析大学生理想信念教育对推进国家和社会发展的意义；探究加强大学生理想信念教育的着力点和对策。二是从社会主义核心价值体系与大学生理想信念教育的关系维度，讨论如何以社会主义核心价值体系引领大学生理想信念教育，以及大学生理想信念教育践行社会主义核心价值体系的对策和方

---

① 张瑜、杨增崇：《试论改革开放以来大学生理想信念教育的主要经验》，《学校党建与思想教育》2009年第3期（中）。

法。三是围绕"中国梦"与大学生理想信念教育之间的内在关联,集中探究"中国梦"背景(视域)下的大学生理想信念教育,或者是如何以"中国梦"引导、引领、统领、融入大学生理想信念教育。

(二)研究述评

学界关于大学生理想信念教育的研究,虽然产生了很多有价值的研究成果,但对某些内容的研究仍存在欠缺,理想信念教育研究亟需拓宽视野、深化研究。

1. 厘清概念内涵和边界

目前,学界对大学生理想信念教育的研究呈现出蓬勃的局面,但这些研究却疏于探究大学生理想信念教育概念的深刻意蕴。大学生理想信念教育往往作为人们约定俗成的概念,以至于在研究中暗含着这样一个前提或假设:人人都知道、了解理想信念教育的确切概念及深刻内涵。梳理学术界的已有研究成果发现,由于对于大学生理想信念教育概念、内涵认识不准确导致研究中存在诸多问题:一是大学生理想信念教育研究的泛化,理想信念教育研究停留在表层,真正触及内核的理论性探索比较少,使大学生理想信念教育研究缺乏相应的广度和深度,弱化了大学生理想信念教育研究的理论价值;二是大学生理想信念教育、理想信念教育、思想政治教育概念、内涵的混淆和交叉,需要厘清大学生理想信念教育概念的科学内涵和深刻意蕴,分析相关概念的边界,建立明确的研究方向。

2. 重视整体和系统研究

加强大学生理想信念教育整体性、系统性研究,需要围绕两个方面展开:一是理论与实践相结合,研究大学生理想信念教育的历史进程和基本经验。要真正地理解和掌握当代大学生理想信念现状和发展趋势,就必须去了解其形成和进化的历史形式和更迭过程;要掌握和再现大学生理想信念教育的演化逻辑和发展规律,就必须具体地研究大学生理想信念教育历史。目前学术界鲜有专门研究大学生理想信念教育史的著作或高水平论文,亟待加强和深化。二是事实呈现与理论提炼相结合,探寻大学生理想信念教育的本质和规律。纵观已有研究成果，研究焦点还停留在事实描述和实践探索本身，而对大学生理想信念教育的理论基础、本质特征、变迁规律还缺乏深入、系统的提炼和概括。

3. 加强深度和创新研究

已有成果已覆盖大学生理想信念教育理论、历史、实践等方面，但仍存在研究深度不够、领域还需拓展的问题。首先，研究内容创新。理论层面，要界定大学生理想信念教育概念，梳理马克思主义经典作家理想信念教育思想，探究大学生理想信念形成和发展规律等。历史层面，要重视研究特定历史时期、重大事件、典型文件中的理想信念教育，以五四精神、红船精神、井冈山精神、长征精神、延安精神、西柏坡精神等红色资源为依托研究大学生理想信念教育。现实层面，要关注社会转型，分析大学生理想信念教育与社会变迁的互动。其次，研究方法创新。加强多学科研究协同，充分运用教育学、心理学、社会学、统计学等学科知识协同攻关，探究大学生理想信念形成和发展规律、大学生理想信念教育本质等理论问题。此外，还应综合运用传统研究、定量研究方法，呈现大学生的理想信念状况，梳理大学生理想信念的嬗变，突出大学生理想信念教育效果评价。

第一章　大学生理想信念教育的理论基础、基本内涵及现实依据

马克思主义是大学生理想信念教育的理论基础，研究马克思主义理论蕴含的大学生理想信念教育思想，是探究马克思主义视野中大学生理想信念教育基本内涵的前提，更是大学生理想信念教育发展演变的思想指导。自马克思主义诞生和社会主义运动开展以来，大学生理想信念教育也随之产生并发展。马克思主义经典作家高度重视对大学生的理想信念教育，并围绕如何教育进行探索，积累了丰富的经验，形成了较系统的大学生理想信念教育思想，成为新时期大学生理想信念教育的理论基础。这些思想，客观地呈现了改革开放以前大学生理想信念教育理论和实践的历史演化过程，丰富了大学生理想信念教育的内涵和外延，成为分析大学生理想信念教育基本内涵的前提和基础。大学生理想信念教育作为一项教育实践活动，要以马克思主义为指导，依据世情、国情、党情的变化和大学生自身的特点，辩证地、历史地考察开展大学生理想信念教育的现实依据。

第一节　大学生理想信念教育的理论基础

大学生理想信念教育思想并不是凭空产生的。伴随着共产主义理论学说从无到有、从空想到科学的伟大转变，马克思主义经典作家关于大学生理想信念教育的思想，也经历了从萌芽到产生、由科学理论转变为社会现实的历

| 第一章 | 大学生理想信念教育的理论基础、基本内涵及现实依据

史演变过程。在我国革命、建设和改革的伟大实践中,中国共产党也始终以马克思主义为指导,将大学生视为党和国家事业的生力军,在理论和实践中形成了中国化马克思主义语境下的大学生理想信念教育思想。由于历史阶段、时代背景和实践条件的不同,大学生理想信念教育具有不同的内涵和外延,对于"大学生""理想信念""理想信念教育"概念的理解需要回到特定的时空背景之下。

一、马克思恩格斯论大学生理想信念教育

马克思恩格斯高度重视大学生的理想信念教育问题。在论述理想信念教育问题时,他们既关注了"青年""青少年""年轻一代"的理想信念教育,还就大学生这一具体群体的理想信念教育做出了论述。马克思恩格斯从无产阶级革命的现实出发,阐明了大学生在无产阶级革命中的地位与作用,大学生如何服务于无产阶级解放的需要、实现大学生的全面发展等问题,为大学生理想信念教育奠定了科学的理论基础。

首先,大学生在无产阶级革命实践中具有重要的地位和作用。大学生具有"有教养""受过良好教育"的特点,吸收大学生来充实无产阶级队伍,用共产主义理论武装的大学生,能够增强无产阶级革命的战斗力。马克思曾提出,工人阶级和人类的未来取决于正在成长的年轻一代。第一,大学生充实了无产阶级队伍的规模。大学生具有较高的文化素质和思想觉悟,作为青年群体的重要组成部分,开始在国际无产阶级革命中发挥作用,成为变革现实的重要力量。1891年,恩格斯在考察德国社会主义力量的构成时,做出了"对党提供补充人员最多的正是年轻的一代"[①]的论断,认识到正在成长的大学生将是社会主义的主要力量。第二,武装起来的大学生是革命武装的核心和真正力量。随着产业革命的发生和发展,欧洲的大学生运动也应运而生,并在国际青年运动中发挥了重要的作用。一方面大学生成为反对封建残

---

① 《马克思恩格斯文集》第 4 卷,人民出版社 2009 年版,第 429 页。

余的资产阶级民主革命斗争的重要力量；另一方面在反对资本家和帝国主义的阶级斗争中，大学生始终站在革命运动的前列，在革命的某些斗争中发挥了主导作用。第三，尽管大学生有突出的先进性，但由于刚刚从旧制度的精神枷锁中解脱和觉醒，没有武装、没有组织、不受信任，不能完全理解两个阶级斗争的根源和局势。从与工人比较的视角来看，大学生"在工人面前所极力炫耀的'学识'，还是差得很远的，而工人们本能地、'直接地'（用黑格尔的话来说）掌握了的东西，他们这些大学生要费很大力气才能获得"[1]。因此，开展大学生理想信念教育具有突出的重要性和必要性。

其次，提出培养和造就全面发展的人的理想信念教育目标。人的全面而自由的发展是共产主义的主要特征，实现人的全面发展是马克思恩格斯大学生理想信念教育思想的核心。首先，理想信念教育对大学生的全面发展具有巨大作用。马克思恩格斯批判了片面强调"遗传对人的发展的决定性作用""人是环境的产物"等错误观点，强调教育是促进人的发展的决定性因素，并在处理个人发展和社会发展的关系、个人理想和社会理想的关系中讨论大学生理想信念教育的目标。马克思在《青年在选择职业时的考虑》中指出，青年在选择职业的时候应将个人与社会联系起来，"历史承认那些为共同目标劳动因而自己变得高尚的人是伟大人物；经验赞美那些为大多数人带来幸福的人是最幸福的人"[2]。其次，消除资本主义私有制，是大学生获得全面发展的重要途径。资本主义私有制是造成人的片面性发展的根源，要实现人的全面发展需要消灭私有制。马克思认为，人的本质是一切社会关系的总和，个人只有在集体、社会中才能实现自身的全面发展。因此，马克思恩格斯强调，在教育中要使青年一代，"把个人的目的变成普遍的目的，把粗野的本能变成合乎道德的意向，把天然的独立性变成精神的自由；使个人以整体的生活为乐事，整体则以个人的信念为乐事"[3]。

---

[1]《马克思恩格斯全集》第38卷，人民出版社1972年版，第274页。
[2]《马克思恩格斯全集》第40卷，人民出版社1982年版，第7页。
[3]《马克思恩格斯全集》第1卷，人民出版社1995年版，第217页。

再次，马克思主义的唯物史观解决了大学生理想信念教育的原则方法问题。马克思恩格斯虽然没有直接论述如何加强大学生理想信念教育，但他们依据培养和造就全面发展的人的教育目标，为促进大学生理想信念教育提供了方法论指导。第一，要使大学生受到纯粹的无产阶级教育。社会主义者主张运用多种方式方法，一是开展理论宣传教育。为帮助大学生树立共产主义的理想信念，马克思恩格斯特别重视运用简明扼要的方式进行理论普及，包括开设讲习班、创办阅览室、做专题报告、阅读通俗小册子以及听社会主义者演讲等方式进行教育。二是设立大学生社会主义组织。1893年，欧洲部分参加了社会主义运动的大学生，在日内瓦召开了社会主义大学生代表大会，倡导设立国际书记处，将《社会主义者大学生》作为国际社会主义者大学生书记处的机关报。尽管当时的大学生多数来自剥削阶级家庭，受的是资产阶级学校的教育，但只要他们接受马克思主义、投身于社会主义事业，就可以成为无产阶级的一部分。第二，教育要同物质生产实践结合起来。理想信念作为社会意识，其产生和变化离不开特定的社会经济关系和物质生产实践活动。马克思恩格斯立足于现代机器大工业生产的现实需求指出，教育同物质生产实践相结合是"造就全面发展的人的唯一方法"[①]。一是促使其社会意识向社会力量的转变。之所以要通过革命实践将社会意识变为社会力量，是因为只有在革命运动中才能摆脱陈旧的思想观念，获得重建社会的能力。二是克服人的片面发展。在资本主义制度下，机器大工业带来了物质生产实践中脑力劳动和体力劳动的对立。如果不能实现生产劳动和教育的结合，会造成大学生人格和思想的畸形，从而难以承担无产阶级革命的历史使命。

二、列宁的大学生理想信念教育思想

列宁时期实现了社会主义由空想到现实的转变，深刻改变了世界历史和

[①]《马克思恩格斯选集》第2卷，人民出版社2012年版，第230页。

人类文明的发展进程。列宁作为无产阶级革命导师和伟大的马克思主义者，在领导无产阶级革命和社会主义建设的历史进程中，高度重视大学生的重要作用，积极组织和发动广大青年大学生参与共产主义运动，并就大学生理想信念教育任务目标、主要内容、原则方法等做出了深刻阐释。

首先，大学生是社会主义革命和建设的主力军。大学生作为知识分子中的"无产阶级"，具有先进性、革命性的特点，是俄国现代化的重要推动因素。列宁在《孟什维主义的危机》中明确指出："我们是未来的党，而未来是属于青年的。我们是革新者的党，而总是青年更乐于跟着革新者走。我们是跟腐朽的旧事物进行忘我斗争的党，而总是青年首先投身到忘我的斗争中去。"① 大学生作为青年中的先锋队，在俄国无产阶级解放运动和社会主义建设中都发挥了重要作用。第一，青年大学生决定着无产阶级革命斗争的结局。大学生具有朝气蓬勃、富于激昂的革命精神，列宁强调："必须更广泛和更大胆地、更大胆和更广泛地、再更广泛和再更大胆地吸收青年参加工作。"② 第二，大学生担负着建立共产主义社会的任务。这一时期，列宁开始着手制定俄国向社会主义过渡的路线方针、方案，世界资本主义和国内外反动派开始以武装干涉，企图遏制无产阶级国家的存在和发展。青年大学生在以列宁为首的共产党的领导下积极捍卫社会主义的成果。列宁指出，"从某种意义上可以说，真正建立共产主义社会的任务正是要由青年来担负"③。第三，大学生一代努力的结果是建立共产主义社会。列宁认为未来社会的建设是一个长期的过程，需要青年更加勤勉。无产阶级革命胜利后，进行社会主义建设的历史任务，责无旁贷地落到了俄国大学生肩上。列宁指出，"青年一代努力的结果将建立一个与旧社会完全不同的社会，即共产主义社会"④。

---

① 《列宁全集》第14卷，人民出版社2017年版，第161页。
② 《列宁全集》第9卷，人民出版社2017年版，第228页。
③ 《列宁全集》第39卷，人民出版社2017年版，第328页。
④ 《列宁全集》第39卷，人民出版社2017年版，第329页。

| 第一章 | 大学生理想信念教育的理论基础、基本内涵及现实依据

其次,理想信念教育的目标是培养"真正的共产主义者"。列宁围绕俄国无产阶级革命和社会主义建设的需要,强调学校应当通过学习、教育和训练,向大学生传播一般共产主义原则和无产阶级思想,把大学生培养成真正的共产主义者和最终实现共产主义的一代人。第一,培养完整而彻底的社会主义世界观。由于俄国内部存在着各种思想派别和社会思潮的斗争,这些争论直接影响着青年革命世界观的确立。在十月革命以前,列宁就针对国内流行的一种庸俗"革命主义"的观点,提出了培养大学生"完整而彻底的革命世界观"[①] 这一首要任务。大学生既要通过切实研究马克思主义,批判俄国的民粹主义和机会主义等错误思潮,树立革命世界观,还要积极从事社会活动。第二,培养全面发展和受到全面训练的人。在无产阶级夺取政权后,俄国内部还存在旧社会的习惯势力和传统,无产阶级政党必须同这些顽固势力进行经济、军事、教育和行政上的全面斗争。在社会主义国家,则需要逐渐摧毁资产阶级的统治和社会阶级划分,消灭私有制以及人与人之间的分工,"培养出全面发展的和受到全面训练的人,即会做一切工作的人"[②]。第三,培养能够最终实现共产主义的一代人。大学生应为社会去从事忘我的劳动,自觉地、创造性地参加社会生产。在俄国实现了无产阶级专政之后,整个共产主义宣传要落实到指导经济建设,对大学生的宣传和教育也必须在新的历史阶段进行重新定位。

再次,将学习共产主义理论、掌握现代知识以及培养共产主义道德作为大学生理想信念教育的重要内容。青年的共产主义意识也不是从来就有的,必须有组织、有领导地开展正面的马克思主义理论宣传和教育。列宁在《青年团的任务》中指出,青年担负着真正建立共产主义社会的任务,全体青年的任务就是要学习。第一,学习共产主义理论。共产主义形成于人类知识总和的基础之上,是具有丰富内涵的科学知识体系,大学生要用人类创造的一

[①] 《列宁全集》第 7 卷,人民出版社 2013 年版,第 235 页。
[②] 《列宁全集》第 39 卷,人民出版社 2017 年版,第 29 页。

切财富武装头脑。一是学习马克思主义的精神实质，避免只领会共产主义的结论和口号；二是从资本主义旧学校吸取有用的东西，用批判的精神来对待资本主义。列宁指出，不善于把马克思主义原理融会贯通、运用于鲜活的实践，则"很容易造就出一些共产主义的书呆子或吹牛家"[1]，"没有资本主义文化的遗产，我们建不成社会主义"[2]。第二，掌握一切现代知识。接受现代教育、掌握现代科学知识，是大学生建设社会主义社会的必然要求。俄国建立无产阶级专政之后，最主要的任务是恢复工业和农业的经济任务，为建立社会主义社会奠定物质基础。列宁依据对俄国的形势和任务的正确判断，强调"只有受了现代教育，他才能建立共产主义社会，如果不受这种教育，共产主义仍然不过是一种愿望而已"[3]。要教育、培养和发动大学生学习知识，实现电气化，把科学技术运用于工业和农业上去，使大学生成为共产主义建设者的带头人。第三，培养"共产主义道德"。共产主义道德是摧毁资产阶级旧社会，团结全体劳动者为创立共产主义新社会的无产阶级服务的道德。俄国无产阶级政权在建立后，国内外反动派不断诘难和攻击这一新生政权。列宁指出资产阶级、地主的道德是从"上帝的意旨"中引申出来的，是一种把全社会的劳动成果交给个人、"只关心自己而不顾别人"[4]的道德，而共产主义的道德是从"无产阶级斗争的利益"中引申出来的。在大学生中培养真正的共产主义者，必须同无产阶级联合起来，加强反对剥削者的教育，坚持反对利己主义者和私有者，反对讨好巴结有权势的人，反对"我赚我钱，其他一切与我无关"的心理和习惯。

最后，提出开展大学生理想信念教育的基本原则。大学生理想信念教育的实质，是要使大学生在实践中把自己的工作和精力献给社会主义事业，为实现共产主义理想进行斗争。为更好地实现理想信念教育的目标，列宁依据

---

[1]《列宁全集》第39卷，人民出版社2017年版，第329页。
[2]《列宁全集》第36卷，人民出版社2017年版，第129页。
[3]《列宁全集》第39卷，人民出版社2017年版，第336页。
[4]《列宁全集》第39卷，人民出版社2017年版，第341页。

历史唯物主义原理，提出了大学生理想信念教育的原则。第一，理论密切联系实际。十月革命前后，俄国革命性质发生了根本的变化，这就决定了必须依据党在不同时期的中心工作开展教育，既坚持教育与革命斗争实际相结合，也坚持教育与经济工作相结合。第二，教育与生产劳动相结合。教育同生产劳动的结合，是进行理想信念教育强有力的手段。列宁指出："没有年轻一代的教育和生产劳动的结合，未来社会的理想是不能想象的。"[①] 1917年，在《俄共（布）纲领草案初稿》中，列宁提出了"教育和社会生产劳动紧密结合起来"的思想，并通过写入党章将其上升为党和国家的意志，这对教育和培养全面发展的大学生具有重大意义。这一原则主要包括三层内涵：一是教育与生产劳动相结合包含着两个相互联系、相互依存的子系统，即学校教育与生产劳动的结合（教产结合）和生产劳动与教育相结合（产教结合）；二是教育与生产劳动相结合需要以现代科学技术为"中介"；三是教育与生产劳动相结合的目的，在于培养适应现代化社会生产的合格劳动后备军。第三，教育应该因人而异。大学生是现实的、具体的人，必然在认识水平、学习能力、理论思想等方面存在差异，需要具体问题具体分析。如，俄国大学生报纸《大学生报》创刊号的编辑部文章，将20世纪90年初的俄国大学生分为六大政治派别：反动派、漠不关心派、学院派、自由派、社会革命党人和社会民主党人。[②] 这就决定了大学生理想信念教育必须从大学生的实际出发，在教育、培训、训练中要运用不同的策略，开展有层次性、有针对性的教育，既发挥先进青年组织的作用，团结和动员一切具有革命主动性的青年，又扫除文盲，在文化教育的基础上宣传马克思主义。

三、毛泽东的大学生理想信念教育思想

新民主主义革命和社会主义建设时期，毛泽东围绕革命和建设的中心任

---

① 《列宁全集》第2卷，人民出版社2013年版，第463页。
② 《列宁全集》第7卷，人民出版社2013年版，第323页。

务，在理论和实践层面对大学生理想信念教育进行了系统的探索。

首先，大学生在革命中起着先锋队的作用。在中国不断追求和实现民族解放的历史中，青年"起了某种先锋队的作用"①。第一，知识青年和学生青年是反帝反封建的重要力量。从革命运动的任务来看，进步青年是有阶级觉悟、能为自己阶级的利益而奋斗的先进分子；从革命运动实际来看，中国知识青年和学生青年构成中国反帝反封建队伍的一支军队，同工农大众一道成为革命的根本力量。1922年5月，中国社会主义青年团第一次全国代表大会通过的《中国社会主义青年团纲领》指出："应宣传社会主义于大多数青年无产阶级"②，使更多的青年勇于担负反帝反封建的革命任务。第二，青年学生具有很大的革命性。青年学生的革命性体现为在反对地主阶级统治和封建专制制度、建立社会主义制度的革命中的带头和先进作用。大多数青年之所以具有很大的革命性是由中国国内外条件决定的。一方面，中国的资本主义在某种程度上的发展造就了全国一大批青年知识分子，他们学习了先进的文化和科学技术；另一方面中国半殖民地半封建社会的基本国情，阻碍资本主义的发展，很多青年在社会上找不到出路，饱受失学和失业的痛苦。新民主主义革命时期青年工作的主要任务就是要发动知识青年、工农青年斗争，通过组织少先队、青工部以及建立团的支部宣传和鼓动广大群众。因此，要完成新民主主义革命的胜利，就要懂得中国革命的规律，不断认识和发挥青年的作用。

其次，大学生理想信念教育的内容。加强共产主义的思想教育，可以教育青年认清我国革命现阶段的任务，懂得革命最终的发展方向。1940年，毛泽东在《新民主主义论》中指出："在现时，毫无疑义，应该扩大共产主义思想的宣传，加紧马克思列宁主义的学习。"③第一，开展马克思主义教育。无论在革命发展的哪一个阶段，青年总是积极学习当时最进步的科学理

---

① 《毛泽东选集》第2卷，人民出版社1991年版，第565页。
② 《建党以来重要文献选编（1921—1949）》第1册，中央文献出版社2011年版，第75页。
③ 《毛泽东选集》第2卷，人民出版社1991年版，第706页。

论，追求当时最高尚的理想。马克思主义作为无产阶级最正确、最革命的科学思想，是中国共产党的理论基础，中国共产党始终重视对青年大学生开展马克思主义理论教育。一方面要教育青年大学生掌握马克思主义，逐步克服资产阶级、小资产阶级的思想；另一方面要教育青年认识革命的中心任务和发展前途。中共三大确定了"应该以国民革命运动为中心任务"[①]，明确了民主革命时期青年理想信念教育的重点。第二，加强阶级教育、党的教育。毛泽东指出，在革命时期尤其是抗日战争时期，青年应树立的正确政治方向就是"要打日本、怎样打日本、为什么日本帝国主义一定能打倒"[②]。在社会主义建设时期，围绕党的中心任务的转变，"新中国的学校教育事业，是要培养青年一代成为社会主义社会全面发展的成员，使他们能为建设伟大的社会主义国家而奋斗"[③]。1957年，毛泽东在中共八届三中全会上提出了"又红又专"的要求，其中"红"就是坚持无产阶级和共产主义理想信念的政治方向问题。第三，开展艰苦奋斗教育。要完成革命的政治任务，应发扬艰苦奋斗的精神。在抗日战争时期，抗大遵循了"坚持正确的政治方向，艰苦奋斗的工作作风，灵活机动的战略战术"[④]的教育方针，为国家、民族和社会培养了一大批进步有为、富于革命性的青年学生。新中国成立之后，我国社会主义建设取得了显著的成就，改变了国家分裂、混乱和落后的局面，但社会仍然存在诸多矛盾，社会主义建设的任务依旧很艰巨，要通过开展艰苦奋斗教育让广大青年认识到，要真正实现共产主义还必须要依靠辛勤劳动。

再次，青年与工农民众相结合、教育与生产劳动相结合、理论与实际相结合是开展大学生理想信念教育的重要原则方法。第一，青年与工农民众相结合。中国民主革命的成功需要依靠一定的社会势力，其中工农是革命的根

---

① 《建党以来重要文献选编（1921—1949）》第1册，第258页。
② 《毛泽东文集》第2卷，人民出版社1991年版，第116页。
③ 《建党以来重要文献选编（1921—1949）》第5册，中央文献出版社2011年版，第112页。
④ 《毛泽东军事文集》第2卷，军事科学出版社、中央文献出版社1993年版，第461页。

本力量，工人阶级是革命的领导阶级。毛泽东指出："知识分子如果不和工农民众相结合，则将一事无成。"[①] 青年作为知识分子的重要组成部分，也需要与工农相结合，在帮助工农干部学习的同时，帮助自身获得实践经验，为民主革命的胜利凝聚力量。第二，教育与生产劳动相结合。青年学生参加生产劳动，是树立马克思主义世界观和学习技术知识的重要途径。在抗日战争全面爆发后，由于日本侵略军对抗日根据地的扫荡和国民党顽固派的经济封锁，中国共产党解放区为战胜财政经济的困难，广泛开展生产运动。一方面，通过革命斗争和经济建设实现青年自身发展；另一方面，使青年获得战胜苦难的信心和勇气，坚定革命胜利的信念。第三，理论联系实际。开展共产主义的宣传和教育，需要将实现共产主义的远大目标同民主革命纲领相联系，让青年懂得中国革命的基本任务和发展前途。一是要教育青年将共产主义理论转化为现时的纲领、路线和政策。由于不少青年缺乏丰富的政治经验，在大是大非面前缺乏辨别是非的能力，极易受到资产阶级的欺骗而被争夺过去，将马克思列宁主义理论同中国革命实际相结合，才是真正科学、正确的态度。二是满足青年实际上的需要。这种需要不是教育者头脑中"幻想"出来的需要，而要从青年反帝反封建、在实践中锻炼自我的迫切需要出发。三是教育青年必须坚持具体问题具体分析。依据矛盾特殊性和普遍性关系的原理，青年学生有自身的特殊性。开展理想信念教育"必须分别情况，加以团结、教育和任用，只对其中极少数坚决的反革命分子，才经过群众路线予以适当的处置"[②]。

第二节 大学生理想信念教育的基本内涵

所谓内涵，是指"对象的特有属性，特别是本质属性在概念中的反映"。

[①] 《毛泽东选集》第2卷，人民出版社1991年版，第559页。
[②] 《毛泽东选集》第4卷，人民出版社1991年版，第1270页。

"对象的特有属性、本质属性存在于客观事物中，是认识的对象。"[①] 概念的内涵存在于思维之中，是概念所反映的本质属性的总和，是认识的内容。任何事物都是变化发展的，人们对事物的认识会随着事物的变化经历由浅入深、由简单到复杂的发展过程。概念的内涵并不是一成不变的，因此，把握概念的基本内涵是认识事物本质的关键。自马克思主义诞生和社会主义运动开展以来，大学生理想信念教育就随之产生并发展，其内涵和外延也得到了不断的丰富。马克思主义经典作家、中国共产党人在深入认识和实践共产主义的过程中，深化了对大学生理想信念教育的理解和把握，形成了关于大学生理想信念教育基本内涵的认识。

大学生理想信念教育，是大学生逐步树立共产主义远大理想、中国特色社会主义共同理想的教育实践活动，其实质是大学生形成以"社会主义-共产主义"为核心的世界观、人生观和价值观。大学生理想信念教育具有全面的内涵和严谨的结构，全面、准确地认识和把握大学生理想信念教育的基本内涵，是教育实践活动获得良好教育实效的前提和基础。具体而言，大学生理想信念教育包括理论教育、历史教育、国情教育和实践教育，其中，理论教育是前提，历史教育是重点，国情教育是基础，实践教育是关键。在实践中，应充分把握大学生理想信念教育的基本内涵，在不同的历史条件下，依据大学生成长成才的特点，实施全面的理想信念教育，以获得良好的教育效果。

一、加强理论武装，理性认同科学理论

科学的理想信念不是凭空产生的，而是源于对科学理论的学习和掌握。坚定的理想信念应建立在理性认同科学理论的基础之上。在这里，理论武装特指马克思主义理论，而不是其他的、一般的理论教育。在多样文化、多元价值并存的时代，加强马克思主义理论武装，就是教育大学生以马克思主义

---

① 金炳华主编：《马克思主义哲学大辞典》，上海辞书出版社2002年版，第582页。

的立场、观点和方法，进行正确的价值判断和价值选择，从而树立科学的世界观、人生观、价值观。共产主义远大理想和中国特色社会主义共同理想作为一种政治价值观，涉及民族国家、政治制度、政治体制和意识形态等内容。在大学生对理想信念的诉求中，如何实现理论真理性与价值性的统一，提升政治价值观的感召力和信仰力，培育大学生的政治价值认同，是形成正确理想信念的基础。

首先，确立对共产主义的价值认同。大学生理想信念教育的实质，是确立大学生对共产主义远大理想和中国特色社会主义共同理想的价值认同。马克思主义既是一个知识体系，也是一个价值体系。但在现实社会中，大学生对于理想信念的诉求，存在着作为知识的理想信念与大学生价值认同的矛盾与分裂，产生了"二律背反"的认识误区，即将马克思主义视为一种纯粹的知识体系或一种纯粹的信仰体系。归根结底有两方面的原因：一是在当前大学生理想信念教育中，存在将马克思主义理论教条化、形式化、实用化、主观化的误区，使马克思主义仅仅作为一种知识的样态呈现；二是理想信念教育中缺乏对当代大学生主体性价值需求的观照，使马克思主义脱离了价值的规定性。诚如马克思所言："理论只要说服人，就能掌握群众，而理论只要彻底，就能说服人。所谓彻底，就是抓住事物的根本。"[①] 这启示大学生理想信念教育应包含两层内涵：一是以马克思主义知识体系本身的真理性"说服"大学生。马克思主义理论体系是反映自然、社会和思维发展规律的真理，中国特色社会主义理论体系是反映马克思主义同中国具体实际相结合的真理。要在"说服"的过程中促使大学生"知其然，知其所以然，知其所非然，知其所必然"。二是以马克思主义满足大学生理想信念诉求的价值性"掌握"大学生。当代大学生思想意识略带矛盾性的发展特点，需要依据学生的理想信念诉求，从理论上给予高层引导，在思想源头解决学生思想困惑、价值迷茫的过程中真正"掌握"大学生。

---

① 《马克思恩格斯选集》第1卷，人民出版社2012年版，第9—10页。

其次，提升政治理想信念的信仰力。政治理想信念作为理想信念体系中最集中、最高的表现形式，决定着个体政治观点、政治立场、政治知识、政治素质形成，影响着社会共同体和共同理想的形成。高校理想信念教育的主要任务是通过科学理论武装，促使大学生的政治社会化，实现以"社会主义-共产主义"为核心的政治理想信念的传播和延续。当前，在经济全球化、信息网络化、价值多元化、教育大众化的现实境遇之下，反映到大学生思想观念之中，则是社会意识的多样化和多元化，其结果是在一定程度上导致了价值相对主义、虚无主义，从而削弱了以"社会主义-共产主义"政治理想信念的信仰力。提升政治理想信念信仰力，前提在于解决好真懂、真信的问题，关键在于避免共产主义理想信念陷入"终极化"和"世俗化"的两极化矛盾，着力点在培育大学生对共产主义理想信念的认同、忠诚和责任感。因此，加强科学武装，需要从理论上说清楚共产主义远大理想实现的历史必然性。一方面通过马克思主义理论和中国特色社会主义理论体系入脑、入心，回应大学生对社会主义制度、政府合法性等问题的质疑，培养大学生对社会主义理论、道路、制度和文化的笃信和奉行，树立积极、健康的政治生活态度。另一方面将政治理想信念作为连接大学生与民族、国家的精神纽带，汇聚共同的理想和价值目标，消解共产主义理想信念体系遭遇的分歧，维持社会的稳定发展。

再次，培育大学生的政治价值认同。找准理想信念价值结构的最佳结合点，是培育大学生政治理想信念价值认同的关键点。中国特色社会主义共同理想作为共产主义"终极理想"与"社会主义"过渡理论的集中体现，是培育大学生"社会主义-共产主义"理想信念的基础和前提。中国特色社会主义以"初级阶段"为最核心、最根本的内容，以党和国家在社会主义初级阶段制定的路线方针政策为出发点，是当代中国社会转型的基本理论依据。中国特色社会主义共同理想作为共产主义远大理想的"中介"，其重大的现实意义在于，在我国社会主义现代化建设实践的过程中，真正地将共产主义远大理想转化为现实的运动，使之不再是一种"虚无缥缈""宏大叙事""遥不可及"的"空想"。因此，共产主义远大理想和中国特色社会主义共同理想与大学生的成长成才，从根本上形成了一种"共生"的关系，大学生自身的发展与社会的发展统一于共产主义的现实运动之中。这就有力地回应了当前社会中，人们关于共产主义远大理想所产生的虚化、窄化、矮化的误区。在理想信念教育中，加强中国特色社会主义理论体系的科学武装，正确定位中国特色社会主义的"桥梁"作用，以中国特色社会主义共同理想作为博大理论情怀和卓越实践精神的结合点，对于引导大学生在理想信念的整体结构中，更好地把握和树立中国特色社会主义共同理想，具有极强的理论和现实意义。

二、深化历史认知，正确认识历史规律

历史规律是历史观领域的一个重要问题，对历史规律的认识和理解程度直接影响大学生对马克思主义唯物史观的把握程度，以及能否在此基础上确立正确的历史观。高校理想信念教育必须始终坚持唯物史观的指导，紧密联系党的历史、中国历史和世界历史的发展规律，培育大学生的历史自觉。历史教育作为培育大学生历史自觉的实践活动，旨在坚持历史唯物主义基本原理，把事物置于过去、现在、未来的历史发展进程中进行思考，促使其形成对历史发展规律的深刻体悟、所处历史方位的准确定位和对历史发展前景的自觉营造。

首先，深刻体悟历史发展规律。共产主义理想信念是在揭示社会历史发展规律和批判资本主义的基础上提出来的科学结论。客观世界特别是人类社会发展的一般规律，即"两个必然"的历史规律反映着人类社会历史发展的客观必然，是构成共产主义实现的历史基础。大学生共产主义理想信念的确立，需要建立在正确把握社会发展普遍规律和社会基本形态演变规律的基础之上，其核心问题是让学生了解和领悟历史和人民选择了马克思主义、选择了中国共产党、选择了社会主义道路的深刻原因和历史必然性。这就要求大学生理想信念教育从理论和实践层面对这一问题进行回应。从理论维度来

看，马克思主义科学性、革命性、价值性的特征，满足了当时中国探索挽救民族危亡之路的理论需求；从实践维度来看，随着马克思主义在中国的传播、中国共产党的建立，新中国成立前后的革命局面和历史命运发生了翻天覆地的变化，从根本上改变了近代以来中国挨打、挨饿、挨骂的命运，真正屹立于世界民族之林。深刻体悟历史发展规律、正确认识历史发展的客观必然性，对于大学生树立科学理想信念具有重大意义。正如法国哲学家、思想系统的历史学家福柯所说："谁控制了人们的记忆，谁就控制了人们的行为的脉动……因此，占有记忆，控制它、管理它，是生死攸关的。"[①] 清代龚自珍也曾指出："欲知大道，必先为史。"深化历史认知，一方面能够帮助大学生更好认识国情、认清国家发展趋势，理解并支持国家当前实施的方针政策，另一方面有助于大学生在认识世界和改造世界的过程中自觉地运用规律，提高自身认识水平，构筑大学生坚定理想信念的客观基础。因为，不能正确认识历史发展的客观必然性，不了解社会主义和资本主义的本质和发展规律，就不会懂得社会主义的优越性，更不能破除资本主义万世永存的观念。

其次，准确定位主体历史方位。认清实践主体的历史方位，事关大学生对"成为什么样的人、怎样更好成长成才"这一基本问题的回答，对大学生能否树立科学理想信念意义重大。所谓主体的历史方位，是指要从宏观的、总体的历史大环境中来确认实践主体自身的坐标及主体的历史任务。[②] 中国特色社会主义事业是需要一代代中华民族不断为之奋斗的实践过程，大学生作为当代社会主义现代化建设的实践主体，如何以其蓬勃的朝气、强烈的求知欲、宽广的视野和远大的抱负，确认自身的历史使命和历史方位就显得尤为重要。当代大学生理想信念状况，从宏观层面看，总体上呈现出健康、积

---

① [法] 马切尔·福柯：《疯癫与文明》，刘北成等译，生活·读书·新知三联书店2007年版，第97页。

② 方同义：《论社会主义历史自觉能动性的主体方位和制约因素》，《浙江社会科学》2004年第3期。

极、向上的特征；从微观层面看，部分大学生对个人理想和社会理想的关系认识相对不足，较多追求个人生活理想和职业理想。对于大学生理想信念出现的这一倾向，归根结底在于当代大学生缺乏对历史对比的切身体会，缺乏对改革开放以前残酷的革命战争、匮乏的物质条件、贫穷的社会生活的历史记忆，从而难以在国家发展和时代潮流中明确自身的历史方位。方位不清，则方向不明。大学生把握好自身在社会、国家所处的方位，是保证个体不落后于时代的一大关键。作为实践主体的大学生，必然需要在历史发展的进程和潮流中思考一系列问题：作为社会主义实践的主体应该做什么、怎样做？应该具备什么样的精神品质？如何看待当前的历史大环境和历史发展的时代特征？而对于这些问题的回答，则成为大学生树立共产主义远大理想、脚踏实地从事中国特色社会主义实践的重点。

再次，自觉营造历史发展前景。人类社会发展具有客观规律性，人们掌握历史发展规律，准确定位自身历史方位之后，就能够自觉、能动地按照预定目标创造历史。正如马克思恩格斯指出的，只有支配和控制历史规律，"人们才完全自觉地自己创造自己的历史"[①]，其核心便是"社会主义历史自觉能动性"思想。历史规律是历史发展客观必然性与历史主体能动选择性的统一，大学生唯有真正认识二者的统一，才能勇于并敢于肩负时代的重任。大学生作为中国特色社会主义的生力军，最富有朝气和理想，更应正确认识和选择自己的发展道路和未来前景。正如习近平指出的，大学生应"勇做走在时代前列的奋进者、开拓者、奉献者"[②]。因此，在明确了自身的定位之后，大学生还应思考：用什么样的途径、措施和方法去实现理想目标？大学生主体实践在历史进程中处于何种阶段？共产主义实现的长期性、艰巨性需要大学生具备什么样的精神状态？当前，我国仍处于社会主义初级阶段，共产主义的实现需要几代人、十几代人甚至是几十代人的努力来共同实现，这

[①] 《马克思恩格斯选集》第3卷，人民出版社2012年版，第671页。
[②] 《习近平谈治国理政》第1卷，外文出版社2018年版，第167页。

需要大学生不断学习，善于把握历史规律，认清历史发展趋势，总结历史经验；勇于大胆试验和探索，正确处理各种矛盾关系；勇于解放思想、实事求是，积累经验、收获成果；勇于确立坚定的人生理想、保持乐观的人生态度，更好地践行社会主义核心价值观。反之，方向不明、故步自封、不思进取、怠惰懈怠等则成为影响大学生参与社会主义实践的严重障碍。

三、立足中国实际，准确把握基本国情

共产主义理想信念与社会主义现实有着密切的联系，社会现实和社会发展趋势愈能反映共产主义，人们也愈容易在认识世界和改造世界的过程中坚定共产主义理想信念。国情教育作为开展大学生理想信念教育的基础，是大学生在参与中国特色社会主义现代化建设进程中，对民族国家、政治制度、路线方针政策、意识形态等所产生的一种情感和认知上的归属感，其实质是对社会主义制度和国家的认同和信仰。因此，需要从国情教育入手，帮助大学生准确认识中国的基本国情事实，正确理解和执行党的路线方针政策，把握中国发展的精神动力，找到个人理想信念同国家前途命运的契合点。

首先，认识中国发展的国情事实。认清中国发展的国情事实，有助于增强大学生热爱祖国、建设祖国的热情和信心，促使大学生在政治认识上由一般认同上升到高度自觉，在具体实践中由一般参与转变为积极奉献。毛泽东曾指出："认清中国的国情，乃是认清一切革命问题的基本的根据。"[①] 因此，在具体的教育实践中，需要依据当前的世情、国情、党情的新变化，结合当代大学生成长成才的特点，解决大学生对于国家发展产生的困惑。改革开放以来，在新与旧、中与外、义与利、理想与现实等矛盾错综复杂的背景下，部分大学生对国情认识不清，对国家的方针政策产生了误解。究其原因，可以从事实和认识层面进行分析：在事实层面，我国的基本国情同马克思主义所设想的社会主义理论存在着一定反差；在认识层面，部分大学生脱

---

① 《毛泽东选集》第 2 卷，人民出版社 1991 年版，第 633 页。

离我国的基本国情和具体历史条件，盲目地同资本主义国家进行比较。这些问题的存在也成为历史虚无主义、资产阶级自由化、民族虚无主义等错误思潮蔓延的土壤，并直接影响大学生对社会主义国家的认同和进行现代化建设的信心。这就对如何认识我国的国情事实提出了以下要求：从关系国家前途、民族兴衰的高度认识国情教育的重要性；完整介绍我国的自然状况、所处的历史阶段、社会结构、意识形态、对外关系；正面回应我国当前发展所面临的机遇和挑战。只有正确地理解和评价国情事实，才能够矫正错误观念、深化肤浅认识，增强大学生建设中国特色社会主义的责任感和紧迫感。

其次，理解中国发展的路线方针政策。我国制定的路线方针政策是由基本国情决定的，也是马克思主义基本原理同我国具体实践相结合的产物。坚决贯彻党的路线方针政策，是坚定对中国特色社会主义现代化建设的信心、树立共产主义理想信念的重要基础。改革开放以来，党依据我国处于社会主义初级阶段的历史方位、生产力与生产关系之间的矛盾以及中国仍然是世界上最大的发展中国家的国际地位，制定了以"一个中心、两个基本点"为主要内容的基本路线，并在此基础上形成了具体的纲领、方针和政策。依据辩证唯物主义原理，任何事物都是变化发展的，正确把握我国发展的路线方针政策，有助于大学生掌握认识和实践的辩证关系，增强全面认识、落实路线方针政策的自觉性。正确理解中国发展的路线方针政策，要反对两种错误的思想倾向，一是超越国情，脱离现实的"理想主义"；二是目光短浅，无所追求的"现实主义"。在我国90多年的社会主义革命、建设和改革的历史进程中，这两种错误思想倾向带来的教训是十分深刻的。社会主义是一个不断发展和完善的过程，要认识社会主义发展过程中的曲折和反复，认识社会主义事业的长期性、艰巨性。从我国当前的实际情况来看，开展大学生理想信念教育，尤其要反对那种罔顾国家长远发展的"现实主义"倾向，必须始终坚持中国特色社会主义共同理想和共产主义远大理想的统一。

再次，积蓄中国发展的精神动力。改革开放以来，我国的各条战线都取得了巨大进步，但是巩固和发展社会主义具有重要性、长期性和艰巨性，决定了必须增强危机意识和忧患意识，而这种意识能为社会主义建设凝聚强大的精神动力。所谓忧患意识，是指在社会发展转折时期或改革转折时期，实践主体表现出的一种防范意识和预见意识。忧劳可以兴国，逸豫可以亡身。中国共产党领导革命、建设和改革的实践证明，对于未来发展始终保持高度的警觉，是中国共产党事业发展的重大财富。因此，每个大学生都要正确、辩证、全面地认识和掌握我国当前的基本国情，要努力学习、深刻理解、正确运用这种忧患意识，并将其聚合、转化为现实的社会责任感、历史使命感和坚定的理想信念，为中国特色社会主义事业增添强大的推动力。高校理想信念教育应该引导大学生培育这种忧患意识，并将忧患之思转变为解决忧患的实际行动。一是正确而深刻地认识我国处于并将长期处于社会主义初级阶段的基本国情；二是要以世界眼光、中国情怀和时代特征把握时代的发展要求，学会正确研判国内外发展的形势；三是辩证、全面地看待我国当前发展进程中所取得的成就和存在的问题，正确认识和处理各种社会矛盾。在世界多极化、经济全球化的浪潮之中，大学生一定要有这种忧患意识，勇于担当时代重任，从而真正做到"任凭风浪起，稳坐钓鱼船"。

四、投身社会实践，矢志不渝艰苦奋斗

共产主义理想信念是思想认识问题，更是实践问题。实践作为社会发展的逻辑起点和开展认识活动的实践基础，是共产主义存在的基本方式，在理想信念形成的外化阶段发挥关键性的作用。因此，理想信念教育的过程也是引导大学生将抽象理论层面的理想信念内化为个体价值认同的过程。开展大学生理想信念教育，需要始终立足于社会实践活动，为大学生创造在实践中认识中国特色社会主义理论、制度、道路、文化的自信的机会，让大学生在实践中真实感悟、真情认同，促使自身的理想信念在实践中得以发挥和检验。

首先，在实践中改造主观世界。认识世界和改造世界是人类创造历史的两种基本活动，社会实践是实现存在向思维、客观向意识转化的关键。离开

了改造客观世界的社会实践活动，大学生就难以形成对客观世界的正确认识，也难以形成对世界的正确的观点和看法，更难以形成"社会主义-共产主义"理想信念。马克思恩格斯曾指出："无论为了使这种共产主义意识普遍地产生还是为了实现事业本身，使人们普遍地发生变化是必需的，这种变化只有在实际运动中，在革命中才有可能实现。"① 所以，共产主义理想信念是在改造客观世界的具体实践中培养形成的，社会实践是大学生形成科学理想信念的关键。首先，实践是马克思主义认识论的基本观点，它是共产主义理想信念教育的重要内容，正如毛泽东曾说的："共产主义的宇宙观是辩证唯物论和历史唯物论。"② 在实际生活中，由于大学生缺乏应有的生活阅历和知识积累，容易脱离实际，产生片面化、绝对化的看法。大学生只有真正走入社会，辩证地看待我国社会主义现代化建设的成就和问题，正确认识社会主义建设的长期性、曲折性和艰巨性，才能克服思想上脱离实际的错误倾向，逐步树立正确的理想信念。其次，人民是社会变革的决定力量，这是培养大学生主人翁思想、历史责任感的立足点。人民群众是社会主义物质财富和精神财富的创造者，是支撑社会发展的脊梁。大学生要善于向群众学习，在实践中形成与人民群众同呼吸共命运的共同体和使命感，真正成为中国特色社会主义现代化建设的建设者和接班人。

其次，在实践中完善理想信念体系。理想信念是一个体系，而不是对单一观念的信念。大学生把握"社会主义-共产主义"理想信念丰富的理论和实践内涵，构建并完善个体的理想信念体系，是解决我国现阶段信仰危机、促进中国发展的重要手段和重要抓手。大学生理想信念有知、情、意、行四个组成部分，其共产主义理想信念的形成，是将共产主义由知识变为情感、意志和行为的过程，其中，社会实践活动则是共产主义由知识转变为信仰的关键条件。在实践中，大学生实现自身理想信念体系的完善主要包含两层内

---

① 《马克思恩格斯选集》第1卷，人民出版社2012年版，第170页。
② 《毛泽东选集》第2卷，人民出版社1991年版，第688页。

涵：一是理想信念由微观到中观、宏观的转化。在个人理想信念体系中，理解、坚持党的路线方针政策是基础，认同和践行社会主义核心价值观是桥梁，共产主义远大理想是坚定理想信念的根本，起着指导的作用。大学生共产主义理想信念体系，在由微观理想向中观理想、宏观理想演化的过程中，形成了大学生个体生活理想、职业理想、道德理想和政治理想的探寻及定位。二是在继承以往理想信念体系的基础上实现创新发展。改革开放以来，党和国家在对"什么是社会主义""如何建设社会主义"这些问题进行探索的实践中，也使人们的理想信念建立在更科学、更现实的基础上。在全面建成小康社会的历史进程中，大学生应认识现阶段我国所处时代的特点和历史使命，正确理解"中国梦"的时代内涵，牢固树立实现中华民族"两个一百年"的奋斗目标，勇于并敢于做社会主义核心价值观的践行者。

再次，在实践中实现政治社会化。政治社会化是个体与社会在政治情感、政治态度、政治信仰等方面的互动，是大学生树立马克思主义立场、观点、方法的过程，其重要意义在于对社会政治理想信念的传播和延续。政治社会化作为大学生学习知识与提升能力的统一，能够激发大学生走入社会、参与政治的积极性和热情，是促进大学生全面发展的重要途径。当代大学生往往更关注国家民族的命运，富于积极的政治热情，具有强烈的历史责任感和使命感，这是我国进行社会主义现代化建设的强大动力。但在现实生活中，大学生政治思想往往带有理想色彩，并使大学生的政治评价具有鲜明的矛盾性，一方面以理想的标准去评价社会现实，另一方面以国家政治改革、政治发展的失误去否定国家发展的成就。这种矛盾性容易促使大学生产生对社会发展的不满情绪，导致大学生对主流意识形态缺乏信心，对国家未来发展趋势持怀疑态度。社会实践作为大学生走入社会、了解国情的载体，则成了大学生理想联系现实的桥梁。在实践中，大学生能够正确看待我国处于改革开放攻坚期的国情事实，全面认识我国政治、经济、文化等战线所存在的各种苦难和挑战，辩证地理解社会主义现代化建设的历史过程。因此，在实践中促使大学生实现自身的社会化，继承主流价值观念，树立科学的政治理想信念,则是大学生理想信念教育的应有之义。

第三节 大学生理想信念教育的现实依据

大学生理想信念教育的发展、巩固、完善,需要从历史与现实、理论和实践等维度出发来探讨。改革开放 40 年,世情、国情、党情的发展变化以及大学生自身成长成才特点的演化,是大学生理想信念教育理论和实践发展演变的重要动因,也是研究大学生理想信念教育历史的重要现实依据。

一、多极化、全球化、信息化趋势

国际形势反映国家与国家之间政治、经济、科技文化相互关系的现状及动态。改革开放 40 年,世界格局发生了深刻变革,政治多极化、经济全球化、社会信息化迅猛发展,把世界联结成一个紧密联系的有机整体。这种国际关系的发展、变革和调整,打破了社会主义和资本主义意识形态完全隔绝、彼此分离的状态,形成相互融合、影响,相互比较、竞争,深刻地影响着改革开放 40 年的大学生理想信念教育。

首先,政治旧格局的瓦解与重建。世界政治格局主要反映了社会主义和资本主义两种制度、两大体系的发展、矛盾和斗争。政治格局发生的剧烈变化,直接影响着我国的意识形态建设和人们对社会主义前途和方向的认识。

第一,苏联解体、东欧剧变,社会主义阵营遭受重创,社会主义"渺茫论""失败论"等错误思潮沉渣泛起。"冷战"格局实质上反映了社会主义和资本主义两种制度的博弈和斗争。1991 年苏联解体标志着"旧的世界格局已经打破",人们开始怀疑马克思主义,对社会主义的前途和前景悲观失望。亚里士多德认为:"一种政体如果要达到长治久安的目的,必须使全邦各部分(各阶级)的人民都能够参加而且怀抱着它存在和延续的意愿。"[①] 在这

---

① [古希腊]亚里士多德:《政治学》,吴寿彭译,商务印书馆 1997 年版,第 188 页。

样的紧要关头，中国坚持了社会主义道路，成为世界上一面光辉的社会主义旗帜。2008年，全球性的金融危机暴露了国际政治经济秩序的不合理性和不公正性，世界格局进入重新洗牌的大变革时期。中国道路从一开始就在总结苏联模式社会主义经验教训的基础上，明确界定了经济文化相对落后国家建设社会主义的根本任务和历史方位。[①] 当代中国在全球颓势中强势而起，愈加彰显独特的制度优势和非凡的世界意义，增强了社会主义意识形态的影响力和感召力。

第二，西方资本主义国家的"和平演变"战略，企图推翻社会主义制度。改革开放以来，西方一些资本主义国家一直在军事、政治、经济、文化等各个领域对社会主义国家进行侵略、干涉、颠覆和渗透。"如何塑造对手价值观的同时，防止对手的反渗透、反塑造，就成了所有强国都必须面对的问题。"[②] 在社会主义建设中，加强大学生理想信念教育是与以美国为首的"和平演变"做斗争的重要手段。2018年，美国在战略上以"新愿景"为指导，以"美国优先"为路径，以"让美国重新伟大"为目标，把中国定位为"竞争对手"，并从经济、教育、文化交往等方面出台全面的政策，对中美间的意识形态和全球治理都产生了深刻影响。在这样的背景下，通过加强理想信念教育，引导大学生拨开不同意识形态的迷雾，划清马克思主义和非马克思主义、反马克思主义的界限，自觉抵制西方错误思潮的影响至关重要。

其次，经济全球化与逆全球化叠加。近40年的经济全球化，既推动了全球经济总量的重新分配，也为不同文化和意识形态的流动、传播创造了条件。但在2008年国际金融危机爆发以后，资本主义大国经济复苏缓慢，陷入长期停滞的情形下，出现"反全球化"和"逆全球化"现象[③]。经济全球化趋势和逆全球化浪潮的叠加，必然深刻影响大学生对社会主义发展的进

[①] 徐崇温：《中国道路的国际影响和世界意义》，《毛泽东邓小平理论研究》2018年第1期。
[②] 戴旭：《美国通过文化渗透塑造各国人民的价值观》，《世界社会主义研究》2018年第2期。
[③] 栾文莲：《对当前西方国家反全球化和逆全球化的分析评判》，《马克思主义研究》2018年第4期。

程、资本主义的发展历程、我国社会主义改革实践以及当今国际环境和国际斗争等问题的认识。

第一，西方资本主义在全球化中占主导优势的现实，不可避免地动摇着大学生的理想信念。马克思恩格斯在《共产党宣言》阐明了人类社会发展"两个必然"的历史规律，列宁将帝国主义看作资本主义社会发展的最后阶段，是资本主义"腐朽""垂死"的时期。在现实中，发达的资本主义国家并没有消失，反而成为全球化的主导者和推动者。20世纪80年代，伴随资产阶级自由化思潮的泛滥，在我国掀起的"西方文化热"，折射出部分大学生崇尚西方的心态，90年代，苏东剧变、我国经济体制转型带来的问题更加剧了大学生对社会主义的不信任和对西方的向往。如何看待两种社会制度的发展情况，如何理解历史的走向和趋势，直接影响着人们对社会主义的认同和坚持。中国特色社会主义在改革开放新时期显示出的巨大优越性，有利于增强大学生对于社会主义制度的认可和认同，必将为开展大学生理想信念教育奠定有利基础。

第二，与经济全球化相伴而来的文化全球化，影响大学生对社会主义的认同和信仰。西方资本主义国家利用全球化占主导地位的优势，大肆宣传西化的价值取向，削弱中国社会主义的主流意识形态。在我国改革开放历程中，各种思潮如历史虚无主义、社会主义"早产论""普世价值"等思潮，均以全球化、市场化来模糊社会主义和资本主义这两种意识形态的根本差异，通过"丑化"中国共产党和抨击社会主义，以达到影响大学生对共产主义理想信念的认同的目的。这就要求中国共产党必须"牢牢掌握意识形态工作领导权"，高校必须坚持党的教育方针，不遗余力地开展理想信念教育，不断扩大马克思主义信仰的影响力。

第三，"逆全球化"挑战与新全球化的机遇。逆全球化是资本主义社会矛盾和阶级矛盾激化的产物，表现为：经济贸易保护主义更加严重；反失业、反贫困的反全球化抗议运动更加高涨；政党和政府开始拥护反全球化行为，逆全球化举措成为主流；与逆全球化潮流同时掀起了民粹主义思潮；反移民、反难民的浪潮在欧美国家泛起等①。为突围逆全球化的暗流，中国不断扩大内需，积极推进"一带一路"倡议，加强国际贸易合作，引领互利合作的世界发展潮流。越是在这样的背景下，越要引导大学生树立中国特色社会主义道路自信、理论自信、制度自信、文化自信。

再次，科技革命带来的机遇挑战。新科技革命和社会主义运动作为重要的时代特征，二者之间存在紧密的互动关系。新科技革命浪潮的兴起为社会主义运动带来了前所未有的机遇和挑战，与此同时，科技发展所带来的思维变革，能够产生巨大的变革力量。《大数据时代》的作者维克·托迈尔-舍伯恩格提出："大数据是一种价值观、方法论……这是一场思维的大变革。"②

第一，科技革命的全方位性、渗透性，会对世界共产主义运动产生多方面的影响。从世界近代历史发展进程来看，科学社会主义理论和实践与世界科技革命浪潮的相互影响，可以分为以下几个阶段：18世纪第一次工业革命，促进科学社会主义诞生；19世纪科技革命，推动社会主义运动蓬勃发展；20世纪40年代第三次科技革命，社会主义国家探索国家发展和改革的道路；20世纪70年代以来出现了第四次科技革命，社会主义运动则面临新的机遇和挑战。这些影响具体表现为：科技革命鲜明地揭示和暴露了资本主义固有的基本矛盾以及社会更替的规律性，造就了变革旧制度和建设社会主义的阶级力量，为实现共产主义奠定了物质基础。在理想信念教育中，应从科技发展与社会主义的内在关联出发，引导大学生关注世界科技革命浪潮以及知识经济的发展趋势，正确认识"科学技术是第一生产力"的思想，认识建立社会主义市场经济体制，走中国特色社会主义道路的历史必然性，认识坚持改革开放，学习和借鉴人类社会的优秀成果的重要性。

第二，伴随科技革命而来的信息技术和大数据发展，催生了大学生对网络意识形态的需求，使高校传统理想信念教育面临着新的困境。马克尔·海

---

① 栾文莲：《对当前西方国家反全球化和逆全球化的分析评判》，《马克思主义研究》2019年第4期。
② 《寻找通往未来的钥匙》，《人民日报》2013年2月1日。

姆指出:"技术的危险在于它能改变人类……改变着我们的知、思、欲的方式。"① 在"人人都是中心"的传播格局中,网络意识形态个体化特征更加凸显。近年来,以新媒体从业人员、网络"意见领袖"、网络大V等为代表的网络人士大量涌现,在一定程度上成为能够左右互联网议题的重要力量。如何保持马克思主义意识形态的主导地位,促使大学生树立科学价值观念和理想追求,成为新时代背景下大学生理想信念教育亟待破解的难题。

二、国情、党情发生的深刻变化

中国社会变革与大学生理想信念形成和演变之间有着明显的"联动效应"。具体而言,社会经济和政治处于协调发展或良性循环时期,社会主导价值对大学生群体价值"吸纳"功能明显;相反,社会经济、政治发展的紧缩、滞胀时期,大学生群体对社会主导价值"偏离"特征明显。② 研究改革开放40年大学生理想信念教育,需要考察新时期中国特色社会主义的基本国情和党情的重大变化。

首先,中国特色社会主义的国情。立足于中国特色社会主义的国情,有助于更好地探寻大学生理想信念嬗变的现实根源,概括把握社会变革与大学生理想信念之间的"联动效应"。

第一,初级阶段的基本国情没有变,但综合国力显著增强。改革开放40年来的中国,"硬实力"和"软实力"得到了显著增强。随着全面改革的深入,我国社会各方面发生了巨大的变化,"国内生产总值从五十四万亿元增长到八十万亿元,稳居世界第二,对世界经济增长贡献率超过百分之三十"③。"解放生产力,发展生产力",促进社会经济的良性、有序发展,我国经济的高速增长,综合国力的显著增强,从总体来说不断提升了

---

① [美]迈克尔·海姆:《从界面到网络空间:虚拟实在的形而上学》,金吾伦等译,上海科技教育出版社2000年版,第62页。
② 杨雄:《巨变中的中国青年》,上海人民出版社2015年版,第34页。
③ 习近平:《决胜全面建成小康社会 夺取新时代中国特色社会主义伟大胜利——在中国共产党第十九次全国代表大会上的报告》,第3页。

社会主义意识形态的吸引力和凝聚力。实践证明，改革开放以来社会主义现代化建设的成就，有利于增强大学生对社会主义中国的自信心和自豪感。

第二，我国社会主要矛盾发生转变，人民日益增长的美好生活需要和不平衡不充分之间的矛盾更加突出。正确认识和把握我国社会主要矛盾，党和国家的建设事业就会顺利推进；反之，党和国家的事业发展就会停滞甚至受到损害。[①] 经过40年的建设与发展，中国特色社会主义进入新时代，我国社会主义社会的主要矛盾已经转化为"人民日益增长的美好生活需要和不平衡不充分的发展之间的矛盾"[②]。其中，"美好生活需要"准确地表达了人们在政治、经济、文化、社会、生态等各个领域的美好希冀。随着社会主义市场经济的深入发展，大学生价值取向和理想追求也日益多样化，其需要已从对生存、享乐需求的满足，逐步上升到对实现个人理想和实现价值需求的满足。高校理想信念教育需要着眼于"个人与社会""理想与现实""物质与精神"等关系问题进行引导，尽可能满足大学生的价值需求和精神需求。

第三，国际地位没有变，但国际影响力日益增大。改革开放40年的历程，我国逐步认清国际环境，抓住经济全球化的历史机遇，日益走进世界舞台的中央，彻底改变了中国近现代历史上"挨饿""挨打""挨骂"的局面，为中国的发展赢得了更大的主动权。但由于国内发展差距巨大、人均收入在世界上尚未进入前列，我国仍然是世界上最大的发展中国家。可喜的是，随着我国国际影响力的增大，广大发展中国家日益加强同我国的合作，学习社会主义建设的经验，西方发达国家也开始深入研究"中国模式""中国道路""中国经验"，不断提升了我国社会主义制度的吸引力和社会主义意识形态的国际影响力。

[①] 王树荫：《牢牢把握新时代社会主要矛盾这个根本》，《思想理论教育导刊》2017年第11期。
[②] 习近平：《决胜全面建成小康社会 夺取新时代中国特色社会主义伟大胜利——在中国共产党第十九次全国代表大会上的报告》，人民出版社2017年版，第11页。

其次，改革开放40年党情的重大变化。中国共产党是共产主义理想的社会现实和外部体现，党自身的情况对大学生理想信念教育效果起着强化巩固的积极作用或产生削弱消解的影响。

第一，党的基本理论和指导思想的发展与创新。积极接纳党的基本理论和指导思想的发展与创新，是理想信念教育回应党的理论创新的重要方式。改革开放40年，中国共产党围绕中国特色社会主义这一主线，科学地回答了"什么是社会主义，怎样建设社会主义""建设什么样的党，怎样建设党""实现什么样的发展，怎样发展""新时代坚持和发展什么样的中国特色社会主义，怎样坚持和发展中国特色社会主义"等问题，形成了邓小平理论、"三个代表"重要思想、科学发展观、习近平新时代中国特色社会主义思想等一系列党的理论创新成果，成为党和国家的指导思想。围绕中国特色社会主义理论体系，各高校开展多样的学习活动，有利于大学生把马克思主义同我国实际国情相结合，把共产主义理想和党的路线方针政策相结合，对于大学生树立正确理想信念具有重要作用。

第二，党的领导水平和执政能力的提升。党的领导水平和执政能力的提升，是党对执政规律的深刻把握和自觉运用，是建设社会主义的重要保证。党的执政能力水平关系党的执政地位和社会主义事业的人心向背。改革开放以来，依据时代发展特点和实践发展的需要，党围绕"为何执政""如何执政""如何执好政"等核心问题进行了不断探索。提升党的领导水平和执政能力有助于增强党自身的凝聚力和感召力，有助于大学生更加信任、更加拥护党的领导。

第三，党内产生了突出的问题。中国共产党是共产主义理想的外在体现，始终保持党的先进性和纯洁性，才能更好地坚定共产主义理想信念；反之，则会弱化中国共产党的威信和共产主义理想信念的吸引力。改革开放以后，党内不正之风的盛行、腐败现象的出现、党员干部理想信念的缺失、党员为人民服务的能力较低等问题，影响了党的形象和威信，削弱了共产主义理想信念的传播。步入中国特色社会主义新时代，"党面临的精神懈怠危险、能力不足危险、脱离群众危险、消极腐败危险"[1] 具有尖锐性和严峻性。在"四大危险"中,"精神懈怠危险"是首要的危险,其核心是理想信念的危机。由此,党提出了加强共产党员精神"补钙"的命题。全面从严治党,以坚定理想信念加强党的思想建设,对于树立党的威信和维护党的形象意义重大,对于大学生确立共产主义理想信念具有良好的示范和带头作用。

三、大学生思想观念的基本情况

大学生成长成才的特点包括心理、价值观念和行为选择等,其中思想观念、价值观方面的特点与理想信念联系更为紧密,总结大学生思想观念方面的特点,对加强大学生理想信念教育具有重要意义。改革开放以来,在空前的文化冲突、经济转型和社会变革中,大学生关于个人、社会、国家关系的思考,促进了大学生自我意识的觉醒、大学生价值观的多元化倾向和大学生精神需求的多样化。

首先,大学生自我意识的觉醒。自我意识是指主体对自身的认识,理想信念的形成和发展与自我意识有着密切的联系。改革开放以来,由于社会政治、经济、文化的全方位变革,促使大学生自我意识中知、情、意的觉醒。

第一,主体意识的增强。从改革开放以来的"四次大讨论",可以看大学生对自身价值和意义的反思和追寻:"潘晓讨论",反映了大学生在追自我价值和人生意义的价值迷茫;"雷锋精神大讨论",引发了在经济体换过程中大学生对时代精神的思考;"寻帽讨论",揭示了多元价值选择大学生带来的理想困惑;"梅晓讨论",反映了大学生对自我发展的追求。新世纪新阶段,"80"后大学生在 2008 年"汶川地震"中的无私的奉献精神和强烈的社会责任感,体现了大学生主体意识在其价值选择中的积极作用。随着改革开放的深入,大学生的主体意识更加显著。

---

[1] 习近平:《决胜全面建成小康社会 夺取新时代中国特色社会主义伟大胜利——在中国共产党第十九次全国代表大会上的报告》,人民出版社 2017 年版,第 61 页。

第二，自我认同感的逐步形成。自我认同既是关于"我是谁""我的价值是什么"的一种稳定意识，也是关于对国家、民族的自我认同，大学生形成良好的自我认同有助于大学生树立坚定的、正确的理想信念。总地说来，改革开放40年来，伴随大学生对理想、对价值的深入探索，逐步深化了大学生对自我价值的认识，不断增强了大学生对本民族、对国家的自我认同感。

第三，自我设计的自觉性有所提高。自我设计是大学生"现实自我"对"理想自我"的追求，是大学生实现自身全面发展、适应社会发展的需要。"自我设计"这一命题产生于我国20世纪80年代中后期，随着存在主义等西方思潮的传入而产生，并成为不少学生反对约束的口头禅，如"走自己的路，让别人说去吧"就是许多大学生的座右铭。在当时的时代背景下，"自我设计"被当作极端个人主义思想，是"资产阶级自由化"在大学生中的表现而受到批判。但大学生通过"自我设计"来探寻和实现人生理想和人生价值，也产生了积极的意义。在新的时代背景下，"自我设计"被予以重新审视，大学生开始主动重新认识和设计自我，以适应社会主义现代化建设的需要。

其次，大学生价值观的多元化倾向。大学生价值观是大学生关于自身价值及其如何实现的看法，与大学生理想信念紧密相连。改革开放以来，随着思想解放、经济发展、中西文化的交流与碰撞，大学生价值观冲破了传统单一的价值标准，逐步从"一元"走向"多元"。

第一，价值选择的多重性。在现代社会的多元文化背景下，大学生对文化、价值的选择呈现出了多重性的特征。依据不同社会因素对大学生的影响，大学生的价值选择可分为社会型、科学型、信仰型、权力型以及经济型等。如20世纪80年代，高考恢复，"四个现代化的关键是科学技术现代化"口号提出，大学生掀起了学习科学技术的热潮，引发了大学校园中的学习热、成才热、科学热。80年代中后期，在经济体制改革的背景下，由于受到"一切向钱看"的不良社会风气和"读书无用论"思想的影响，在大学校园掀起了"经商热""股票热""投资热""退学潮"等热潮。以上例子分别说明了科学、经济等因素在大学生价值选择中的影响。

第二,价值标准的多样性。价值标准是大学生对事物进行价值判断的依据,体现大学生的价值取向。依据不同的标准,可以将价值标准划分为不同的种类。如:有的大学生重理想,有的重现实;有的以社会利益为上,有的以个人利益为上;有的"唯书",有的"唯实"等。改革开放初期关于"大学生冒死救老农值不值得"以及当前关于"北大学子卖猪肉"等讨论,都涉及一个价值评判的问题。当然,张华冒死救老人的崇高精神得到大学生普遍的认可,也有不少大学生在践行和传承这种精神,这表明崇高的、向上的价值观仍然占据着主导地位。而对"北大学子卖猪肉"的做法也逐渐被越来越多的大学生所接受,呈现出了价值标准走向多样的事实。

第三,价值意识的两重性。"两重性"是相对于改革开放以前的"单一性"而言的。改革开放以后,许多大学生不仅注重社会价值,也开始关注自我价值的实现,体现了价值意识的两重性。由20世纪80年代的"潘晓讨论"引发的一场大范围的人生观讨论,其核心问题聚焦于以"潘晓"为代表的青年集体对"个人与社会"关系问题的思考。我国是社会主义国家,要坚持集体主义原则和为人民服务的宗旨,这就要求大学生在个人理想和社会理想的矛盾统一中树立正确的理想信念。随着改革开放的深入,我国的综合实力得到明显提升,人民群众的生活水平得到极大提高,大学生对于国家的认可度不断提升。

再次,大学生精神需求的多样化。大学生精神需求是大学生理想信念教育的重要出发点。精神需求作为一种社会意识,由于受到特定时代的政治、经济、文化活动的影响,并在不同时代呈现出不同的特征。在改革开放的新时代,大学生十分重视对自身文化、精神生活需要的满足,其文化需求、满足精神需求的精神生活方式都呈现出了多样化特点。

第一,文化需求的多样化。大学生的文化需求受文化商品的价格、自身收入、闲暇时间等因素的影响。由于时代的限制,改革开放初期的大学生,受部分文化商品价格高昂、自身收入水平低、闲暇时间少等因素的影响，其文化需求得不到很好满足。随着改革开放的深入，社会生活水平的提高，大学生文化需求不仅得到提高，还呈现出多样化的特点。作为当代大学生主体的"95后""00后"，具有思维活跃、追求新奇、崇尚潮流的特点，商业电影、足球联赛、报刊杂志、电视、游戏、音乐、电动玩具等已成为满足大学生文化需求的重要手段。在这样的背景下，既要看到文化需求多样化对于促进大学生自身发展的重要作用，也要看到伴随"流行文化""快餐文化""网络文化"而来的享乐主义、现实主义对大学生理想信念带来的消极影响。

第二，精神生活方式的多样化。精神生活是"现实的个体满足自身精神需要而进行的精神活动及其精神生活状态与方式"[①]。理想信念属于精神生活的范畴，体现着人生存的意义和价值，是个人内在的高层次需求。改革开放以来，伴随着物质生活的丰富，大学生进行精神生活的方式呈现出多样化的特点。改革开放初期，大学生满足自身精神需要的精神活动相对单一，主要以阅读、上课、学习小组、社会实践为主。在"互联网＋"时代，越来越多的大学生开始运用现代化手段开展各样的精神生活，如微博、微信、QQ、App、MOOC等。而作为互联网原著民的"00后"，他们追求个性化的表达方式、寻找独特价值认同，将原本小众的B站、QQ空间变成兴趣的聚合地，以及交友的主阵地和意见的集散地[②]。改革开放以来，大学生满足自身精神生活的方式发生了巨大的变化。新时期，优化大学生精神活动，也是大学生理想信念教育的重要内容之一。

[①] 万美容、曾兰：《90后大学生精神生活研究论纲》，《学校党建与思想教育》2015年第1期。
[②] 桂从路：《聆听"00后"的声音》，《人民日报》2017年8月25日。

第二章 改革开放初期的大学生理想信念教育（1978—1984）

改革开放初期，即党的十一届三中全会以后，到1984年启动全面改革的起步阶段。经过1978年中央工作会议和十一届三中全会关于思想问题的讨论，纠正了指导思想上"左"的错误，重新确立了马克思主义的思想路线、政治路线和组织路线，实现了党的工作重点的转移。随着拨乱反正的全面展开，面对思想战线上"左"和右两股思潮的斗争、多种思潮涌入的复杂现实，不少大学生在新环境面前感到无所适从。各高校正是在应对这些具体问题的过程中，明确了理想信念教育的目标和方向，逐步恢复马列主义理论教育、加强共产主义思想品德教育。总地看来，这一时期的大学生理想信念教育依据中央精神，适时从正面开展了有效的引导和教育，克服了过去教育严重脱离实际的弊端，取得了良好的教育效果。

第一节 党的实事求是路线的重新确立

改革开放初期的大学生理想信念教育的起步和发展，是以拨乱反正为背景展开的，通过对"实践是检验真理的唯一标准"这一理论问题的讨论，揭开了全国思想解放的序幕，重新确立了实事求是的思想路线，逐步恢复了大学生理想信念教育优良传统和正确的思想指导。在党的实事求是思想路线的指导下，党和国家进一步解放思想，做出了把工作中心向经济建设转移的战略决策,明确了培育社会主义新人的理想信念教育目标。改革开放初期一系列决策的实施,为开创大学生理想信念教育的新局面奠定了必要的前提条件。

一、"真理标准讨论"与思想解放

改革开放初期的思想解放运动,重新确立了实事求是的思想路线,为新时期的大学生理想信念教育提出了正确的理论依据。

在思想战线上,关于真理标准问题的讨论指向从哲学层面回答的"要不要改革开放的问题",其实质是对"什么是社会主义"这一问题的反思,邓小平指出:"关于真理标准问题的争论,的确是个思想路线问题,是个政治问题,是个关系到党和国家的前途和命运的问题。"[①] 1977年,邓小平提出了"准确的完整的毛泽东思想"的概念,成为全党解放思想的先导。1978年5月,《实践是检验真理的唯一标准》先后在《理论动态》《光明日报》《人民日报》发表,明确强调社会实践作为检验真理的唯一标准,是坚持马克思主义的一个基本原则。1978年12月,党的十一届三中全会坚决批判了"两个凡是"的错误方针,对端正思想路线、促进思想解放、提高人们建设社会主义的积极性产生了深远影响。伴随我国各条战线上的思想解放运动和全面的拨乱反正,有助于大学生学会掌握自己的命运、勇于创造美好的前景,极大地激起了部分大学生关心和参与国家政治的积极性,激发了大学生对建设社会主义现代化事业的热情。

二、全党确立经济建设的工作重心

理想信念教育属于上层建筑的范畴,随着党和国家工作中心的转移,为保证现代化建设沿着社会主义方向前进,需要理想信念教育更好地、更自觉地为建设社会主义现代化服务。

---

① 《邓小平文选》第2卷,人民出版社1994年版,第143页。

| 第二章 |　改革开放初期的大学生理想信念教育（1978—1984）

改革开放后，伴随着国内外交往的深入，我国的社会主义现代化建设与世界先进水平存在的巨大差距，在一定程度上，动摇和弱化了人们关于社会主义的信心和信念。面对中国向何处去的重大历史关头，1978年召开了党的十一届三中全会，邓小平依据国内外形势的变化，深刻总结了新中国成立以来社会主义建设的经验教训，肯定了"八大"关于我国社会主要矛盾的正确判断，郑重地做出了把党和国家工作重点转移到经济建设的重大决策。随着改革开放政策的实施，开启了我国社会主义现代化建设新征程，促进工业、农业、国防和科学技术的现代化成为党和国家在新时期的中心任务。如何保证社会主义经济建设顺利发展，更好地服从、服务于党和国家经济建设的工作中心，是大学生理想信念教育面临的艰巨任务和要求。一是要把握政治与经济的辩证关系，帮助大学生排除各种思想障碍，正确认识十一届三中全会的路线方针政策，积极投身改革开放的伟大实践。二是客观认识国内外敌对分子对社会主义现代化建设的干扰和破坏，旗帜鲜明地坚持四项基本原则，开展反对资产阶级自由化的斗争。三是围绕经济建设中的新情况、新问题，不断丰富和发展大学生理想信念教育的内容、原则和方法，在社会主义现代化建设的伟大实践中激发大学生的奉献精神和积极性。

三、教育科学文化领域的拨乱反正

随着党和国家指导思想的拨乱反正和工作中心的转移，恢复和发展教育科学文化事业，开展精神文明建设具有重要意义。邓小平指出："不抓科学、教育，四个现代化就没有希望，就成为一句空话。"[①] 积极开展教育、科学和文化战线的拨乱反正，为新时期大学生理想信念教育恢复整顿奠定了基础。

首先，恢复高考制度，使我国教育事业发展和人才培养工作走上正轨。1978年4月，全国教育工作会议的召开，标志着教育领域"拨乱反正"的

---

① 《邓小平文选》第2卷，人民出版社1994年版，第68页。

全面开始。邓小平在会议上指出，要通过教育造就具有社会主义觉悟的一代新人。一方面高考制度的恢复为大学生实现个人理想开辟了通道，大学生个人价值开始明晰，个人奋斗意识开始升腾。"当年上山下乡的知识青年们，从田间地头扔下锄头镰刀，放下高高挽起的裤管，洗净满身的污泥，重新捧起了荒废多年的课本。"①"把失去的青春夺回来"成为当时大学生价值取向的主流。另一方面，高考制度的恢复带来了尊重知识和尊重人才的社会风气。高考入学办法宣布后，社会风气得到很快改善。当时由王通讯和雷桢孝合写的文章《祝你成功》，经《中国青年报》等报刊转载之后，在社会中引起了很大的轰动。

其次，提出科学技术现代化。实现科学技术现代化是巩固社会主义制度的物质基础，是有效战胜资本主义、逐步实现向共产主义过渡的物质条件。1978年3月18日，邓小平在全国科学大会上提出了"四个现代化的关键是科学技术现代化"的著名论断，制定了《1978—1985年全国科学技术发展规划纲要》。科学技术战线的拨乱反正，为大学生理想信念教育提出了新要求：要在教育中以马克思主义为指导，坚持正确的政治方向；要在全社会提倡"尊重知识、尊重人才"的氛围，激发大学生勇攀科学技术高峰；激发大学生的革命精神，将个人理想同实现四个现代化结合起来，积极投身社会主义现代化建设。1978年徐迟《哥德巴赫猜想》的报告文学，点燃了科学热的烈焰，掀起了大学生努力学习成才、为"四化"贡献力量的思想热潮。

再次，确立正确的文艺思想和路线。1978年5月27日，全国文学艺术联合会在北京召开第一次全国性会议，宣布正式恢复文联、作协、音协、剧协、影协、舞协的工作。1979年10月30日，中国文学艺术工作者第四次代表大会的召开，肯定了新中国成立以来17年文艺路线的正确性，以继续坚持"百花齐放"的方针。伴随改革开放的推进，文艺领域的拨乱反正，极大激发了文学艺术者的积极性，涌现出了一大批文学艺术作品。对于大学生

---

① 时间等主编：《实话实说的实话》，上海文化出版社1999年版，第311页。

而言，纷繁复杂、数量众多的文艺作品带来了两方面的影响，一方面有助于大学生思想解放，正确认识我国的社会主义制度和基本国情；另一方面由文艺作品所引发的争论，给新时期的大学生理想信念教育带来了新的挑战。

第二节 改革开放对大学生理想信念的影响

20世纪80年代初是一个风起云涌的时代，由劫后欣喜转入批判讨论成为这一时期大学生思想观念和价值取向的主要特征。社会层面，从改革开放到掀起真理标准问题的讨论，解构了原有价值体系，引发了旧有价值观与新价值观的冲突。学生层面，通过高考步入校园的大学生，他们具有丰富的社会生活阅历，在思想解放的大潮中，思想极其活跃。改革开放初期，大众舆论中的人生观大讨论、文学艺术领域中涌现的文学思潮、思想理论界关于热点理论和思潮的探讨，引发了大学生价值观念的嬗变，激发了大学生对理想和信仰的思索和探寻。

一、人生观大讨论影响大学生价值观念的嬗变

十一届三中全会以来，随着思想解放和社会变革的推进，社会各个领域发生的巨大变化，为大学生价值观念、价值标准的更新和转变提供了基础。关于真理标准问题的讨论，加速了大学生主体意识的觉醒，并激励和推动着大学生去探寻人生的意义。改革开放初期，大学生价值观念的变化主要表现如下：

首先，集体本位向个体本位偏移。20世纪80年代初，在社会剧烈转型的背景下，大学生价值观的重要变化体现了青年大学生呼唤理想、重建信仰的需求。1980年5月，《中国青年》杂志发表"潘晓"的一篇《人生的路啊，怎么越走越窄……》的读者来信，此信一经发表迅速在全国掀起一场关于人生观的大讨论，体现了大学生关于理想与现实、自我与他人、自我与社会之间关系的思索，归结起来集中体现为自我价值实现的问题。大学生对自

我价值、个人作用的强调，表明大学生价值取向开始向个体本位倾斜。一是由集体主义向个人主义、利己主义的偏移。"主观为自己，客观为别人"的观点反映了个人在处理与他人、集体、社会之间的矛盾时的个人利益和个人价值的偏向。在对首都大学生思想政治状况的调研中，对"主观为自己，客观为他人"这一问题，大学生选择"完全同意""同意"的比例分别为6.2%、39.9%。[①] 因此，如何教育青年认识"主观为自己，客观为他人"的本质，处理个人、社会和集体的关系，是大学生理想信念教育的重要内容。二是面对社会经济深刻的变革，大学生更关注自我价值、个人未来发展方向。由"潘晓来信"引发了广大青年对真理和理想的追求，应该如何投身四化建设等问题的追问和讨论。关于"潘晓讨论"的"六万件信稿里，跳动着青年们渴望为祖国四化大业贡献才智的赤子之心"[②]。总地说来，"潘晓讨论"作为改革开放初期以大学生为主角的一次理性反思，把大学生思想深处的东西呈现了出来，它标志着20世纪80年代初大学生价值观念的重要转折。

其次，思想讨论转变为社会参与。改革开放初期，中国大学生价值取向已从思想讨论转为现实的社会参与。在北京地区，自1980年10月始，北京大学、清华大学、北京钢铁学院、北京师范学院、中国人民大学等十几所高校，近百名大学生先后打出了竞选宣言，学生竞选活动在全市高校中蔓延。[③] 应该说，在民主竞选运动中，当时大多数参与竞选、热心于竞选的学生的动机是好的，展现了大学生渴望参与社会的高昂热情。但不可忽视的是，由于当时宣传舆论和思想教育没有进行及时的正确引导，也导致部分大学生对中国国情缺乏理性的分析和判断。虽然，轰轰烈烈的大学生竞选运动最终夭折了，但在这个过程中大学生关于"如何崛起""相信什么"等问题

[①] 中共北京市委高校工作委员会、中共北京市委研究室、北京高校德育研究会：《对八十年代首都大学生纵向研究》，北京师范学院出版社1990年版，第152页。
[②] 彭波主编：《潘晓讨论：一代中国青年的思想初恋》，南开大学出版社2000年版，第41页。
[③] 廖叔俊等主编：《北京高等教育的沿革和重大历史事件》，中国广播电视出版社2006年版，第537页。

| 第二章 | 改革开放初期的大学生理想信念教育（1978—1984）

的思考，反映了大学生开始探索参与社会、实现自身价值的方法的积极趋势。事实上，"竞选活动"的夭折，问题并不在"竞选"这一形式本身，而是极少数敌对分子通过竞选演说的方式，鼓吹西方"议会制民主"，发布反对四项基本原则的言论。因此，校园竞选运动中反映出来的一些问题，是阻碍我国"四化"建设的不安定因素，必须加强管理。1980年12月25日，邓小平同志在中央工作会议上讲话指出："最近一些与非法组织有关的人物特别活跃，他们假借种种名义放肆地发表反党反社会主义的言论。这种危险的信号，应该引起全党、全国人民和全国青年的足够警惕！"[①] 加强理想信念教育，维护和巩固高校的安定团结，成为这一时期高校面临的重要任务。

再次，人生价值评判标准的变化。十一届三中全会以来，经济体制改革已经逐步开始，对于经济和道德的关系问题的回答，对人们处理个人与社会、认识人生价值的评判标准有直接影响。1982年7月11日，第四军医大学空医系学生张华，为救落入粪池的掏粪老农魏志德献出了年轻的生命。随后，《文汇报》理论部收到一篇署名为"多言"的文章，指出"拿了金子去换取等量的石子""不合算"，12月《文汇报》启动了"大学生冒死救老农值得吗"的讨论，成为大学生思想解放的一大标志性事件。值得注意的是，这次讨论以"值得"和"不值得"为问题展开，可以说明两方面的问题：一是伴随着我国以市场为导向的经济改革，经济价值开始在人生价值评判中发挥着重要作用。关于"张华救人"的问题，部分人不是从道德的角度来考虑，而是从经济角度出发，由此凸显了市场经济对社会主义道德的冲击。二是"个人生命价值"问题成为讨论的重点问题。改革开放初期，社会领域中"绝对的集体主义""整体主义观念"依然存在，对于"个人"生命价值的追问也同样涉及个人与集体关系的讨论，"人生价值评判的标准是什么"，这也是大学生对理想信念问题的思索。这一讨论是由大学生广泛参与的集体思索，"讨论启动后20天内，《文汇报》收到全国各地的信稿

[①] 《邓小平文选》第2卷，人民出版社1994年版，第365页。

4500多件，1/3来自高校学生"①，足以显现大学生对理想信念、价值观问题的普遍关注。

二、文艺作品引发大学生对理想的追问和追寻

文艺作品反映了特定时代背景下社会现实生活，具有批判和反思功能，是"时代的晴雨表"。改革开放初期，在社会转型过程中涌现出的"反思文学""改革文学"，作为关涉社会生活的文学，直指对以往政治信仰形成的历史根源的反思，以及对现实社会中存在的问题的批判，呼唤人的解放和个人价值的实现。

首先，对社会主义制度本身的追问。1978年由真理标准问题讨论开启的思想解放运动，是我国实现社会全面变革的思想准备和精神条件。大学生作为这场运动的主力军，一方面开始对过去的历史发出否定的声音，另一方面由于对未来社会发展目标并没有切合实际的构想，由此带来的普遍的怀疑情绪，引发了大学生理想信念层面的危机。这一时期出现的"反思文学""改革文学"，其实质上是一股青年思潮，因为"这些作品大多出自青年作者之手，而且热心的读者也是青年，其反映的主要人物也是青年"②。1980年，梁小斌的一首朦胧诗《中国，我的钥匙③丢了》，反映了大学生对历史的反思和批判，并通过"寻找"钥匙体现大学生对理想和希望的追求和追寻。"改革文学"思潮、朦胧诗现象的兴起，引发了大学生关于社会主义制度的追问，但由于历史和现实的各种原因，如消极文化残余的泛滥、改革开放以来思想文化的多元化发展以及高校思想政治教育的失误，导致部分大学生不能正确看待中国共产党在这一历史性转变和探索中的失误，看不到改革开放和社会主义建设的伟大成就，而仅从个人的恩怨去理解问题。

---

① 柯进：《张华救人引发生命价值追问》，《中国教育报》2009年9月18日。
② 刘书林：《社会思潮与青年教育研究》，高等教育出版社2010年版，第15页。
③ 说明："钥匙"象征着青年一代在十年"文化大革命"中失去的青春、理想、人生价值等一切美好的东西。

| **第二章** | 改革开放初期的大学生理想信念教育（1978—1984）

《中国，我的钥匙丢了》（节选）①

中国，我的钥匙丢了。

那是十多年前，

我沿着红色大街疯狂地奔跑，

我跑到了郊外的荒野上欢叫，

后来，我的钥匙丢了。

心灵，苦难的心灵，

不愿再流浪了，我想回家，

打开抽屉、翻一翻我儿童时代的画片，

还看一看那夹在书页里的

翠绿的三叶草。

……

天，又开始下雨，

我的钥匙啊，你躺在哪里？

我想风雨腐蚀了你，

你已经锈迹斑斑了。

不，我不那样认为，

我要顽强地寻找，

希望能把你重新找到。

其次，集体主义意识淡化与个体意识的增强。价值变革时代，价值信念的失落和紊乱，在一定程度上削弱了大学生的社会意识、集体意识和群体意识，促使了大学生主体意识的觉醒。由于对社会、集体价值的无视，社会责任感、集体主义观念开始被个人主义代替，部分大学生认为集体是不务实的，因而带有某种空泛的色彩。而当青年大学生发出了这样的追问，"人为什么活着"，以集体主义为基点的解释似乎不能回答他们的疑问。因此，西方思潮大量涌入中国，弗洛伊德、萨特等人的著作为回答这个问题切开了一个口子。青年大学生开始意识到存在于集体之外的个人存在，对于个人的情感、生活空间、美好未来的向往成为无数青年人的追求。流行歌曲作为一种感性的人类精神活动形式，表征着大众的思想情感，反映社会大众心理和行为方式，也极易对大学生产生深刻影响。这一时期，《甜蜜蜜》《乡恋》《军港之夜》《太阳岛上》等流行歌曲广为流传，话语中"你""我"的叙述口吻，委婉、温柔的歌唱，满足了青年人那种渴望关怀、渴望纯真的心理，挑战了过去个人必须是集体"螺丝钉"的集体主义传统。据某大学调查，大学生中欣赏"个人奋斗"的人由 1985 年的 20.4% 上升到 1987 年的 42.5%，

---

① 阎月君等编选：《朦胧诗选编》，春风文艺出版社 1985 年版，第 148—149 页。

而主张集体主义价值观的人到1987年时只有9%。

再次,文艺领域中背离社会主义方向的错误倾向。在我国文艺界存在着一些具有错误思想倾向的作品,对大学生造成了明显的负面影响。这些错误倾向主要表现在以下几方面:第一,歪曲生活、丑化现实。部分作品罔顾社会主义的成就,通过揭露现实生活中的矛盾,罗列社会丑恶现象,并肆意放大,发泄对社会主义制度的不满情绪。"一些作者对三中全会以来我们党领导全国人民开展的热气腾腾的四化建设毫无热情,却热衷于捕捉和表现我们社会中那些阴暗的东西,并将它扩大化。"[1] 这些作品既不能引导大学生正确认识社会主义中国的现实,还会对大学生平添一种怀疑社会主义制度、动摇社会主义信念的不信任情绪。第二,宣扬生存竞争,主张极端个人主义。这类作品漠视社会主义原则,宣扬一种违反社会主义道德的原则。如以中篇小说《在同一地平线上》为代表的作品,极力宣扬"自由竞争,适者生存"的法则,描绘了一个充满竞争、尔虞我诈的社会关系,利己的、冷酷的人际关系。第三,表现消极悲观心理,散布虚无主义。这类作品将个人剥离于时代和社会的洪流之外,看不清人类和社会的前途和命运。由于大学生不能完全看清现实生活中存在的一些问题,加之受西方资产阶级思潮的影响,难以正确地对待社会和人生。总地看来,在我国文学艺术作品中,不同程度地宣扬了抽象人性论、人道主义、极端个人主义等错误思想。这就为新时期大学生理想信念教育提出了新任务,在理想信念教育中,提高大学生分辨是非的能力、揭露"精神污染"的实质成为重中之重。

三、思潮论争使大学生陷入理想与现实的矛盾

改革开放初期,在旧时代向新时代交替转换的过程中,大量西方思潮在中国传播。这一阶段,我国思想理论界围绕对历史的反思和对社会主义前途

---

[1] 四川省社会科学院综合理论研究室编:《异化与人道主义问题评论集》,四川省社会科学院出版社1984年版,第83页。

| 第二章 | 改革开放初期的大学生理想信念教育（1978—1984）

命运的关注，掀起的对历史和现实的反思和批判，给大学生带来的直接后果，是传统精神偶像坍塌带来的信仰真空，以及向新时代转变过程中自我意识的产生。

首先，打破精神偶像带来的信仰真空。"精神偶像即人们赖以生活、工作、奋斗下去的精神支柱，或者说是精神依托。"[①] 在我国革命取得成功、建立社会主义国家的进程中，在全国范围内形成了对毛泽东的崇敬和对"毛泽东思想"的坚信不疑，牢固确立了毛泽东在人们心目中的偶像地位。在国内外"非毛化"思潮的论战中，对领袖人物某些思想、行为的否定，使人们心目中的精神偶像逐渐被推倒，在一定程度上造成了新一代大学生的理想缺失和信仰真空。具体体现为青年大学生找不到一个有效的信仰，他们所看到的是旧的信仰不断地被破坏。在这样的背景下，如何评价领袖人物的问题，成为党内党外、国际国内关注的焦点，对于这一问题的回答，既关系党和国家历史、未来发展的全局，也关系大学生树立正确看待历史的态度。精神偶像被破坏的过程，同样也是新世界、新信仰建立的过程。1981年6月，党的十一届六中全会通过的《关于建国以来党的若干历史问题的决议》（以下简称《决议》）指出，毛泽东的"功绩是第一位的，错误是第二位的"[②]。《决议》的发表澄清了党和国家的一些重大是非问题，全面客观地评价了毛泽东的历史地位，着重阐明了毛泽东思想作为党和国家指导思想的重大意义，在一定程度上统一了全党和全国人民的认识。《决议》的通过，一方面正式回应了国内外关于"非毛化"等错误思潮，另一方面运用辩证唯物主义和历史唯物主义的方法，对新中国成立以来的历史做了科学而系统的总结。关于领袖人物的评价问题对于大学生的最大影响或启示在于，教育大学生"应该树立什么样的历史观"的问题，即大学生应该树立什么样的立场、观点、方法。这就决定了正确认识中国近代、现代的历史发展，是大学生坚定

---

① 陈鹰：《"毛泽东热"和"精神偶像"的建立》，《青年研究》1992年第8期。
② 《中国共产党中央委员会关于建国以来党的若干历史问题的决议》，人民出版社1981年版，第39页。

社会主义、共产主义理想信念的重要内容。

其次,在拨乱反正中觅求人性的复归和解放。自改革开放以来,社会的前进与曲折、积极与消极的同生共长,使部分大学生对此产生了迷惑,陷入理想与现实、希望与失望交替出现的矛盾境地,并转而将目光投向抽象的"人道主义"。早在十一届三中全会后不久,学术界就有了关于人道主义和异化的讨论。20 世纪 80 年代,由周扬在 1983 年马克思逝世 100 周年纪念会上所做的长篇报告引发的争论,究其原因,"关键是把理论和现实政治过分搅和在一起了,是借马克思的抽象理论打现实政治思想的仗"[①]。这场讨论的广度和深度是空前的,在国内,学者们发出了不同的声音,"从 1978—1983 年年底的国内 191 种杂志、64 种报纸、21 种文集中,查阅到有关人、人性、人道主义、异化的文章就有 740 多篇"[②]。在这场讨论中,关于社会主义存在异化的讨论,邓小平认为,这"实际上只会引导人们去批评、怀疑和否定社会主义,使人们对社会主义、共产主义的前途失去信心,认为社会主义和资本主义一样地没有希望"[③]。在社会转折时期,很多大学生都在积极地寻找人生意义、探索人生价值。关于人道主义和异化的争论,对一些重大理论问题的讨论和认识脱离了社会主义运动实践,仅从抽象的原理出发,宣传抽象的人性,这"在青年当中,特别是在一部分大学生和研究生中引起思想混乱"[④]。面对纷繁复杂的思潮论战,有必要教育大学生正确认识人生价值,探索实现人生意义的道路。邓小平强调,要从"关系到我们的事业将由什么样的一代人来接班,关系到党和国家的命运和前途"[⑤]的高度来看待这个问题。在这样的背景下,如何引导大学生客观地认识我国社会主义的制

[①] 卢之超:《关于人道主义和异化问题的再认识——兼与薛德震同志商榷》,《马克思主义研究》2008 年第 3 期。

[②] 林泰主编:《问道:改革开放以来的社会思潮与青年思想政治教育研究》,中国社会科学出版社 2013 年版,第 32 页。

[③] 《邓小平文选》第 3 卷,人民出版社 1993 年版,第 42 页。

[④] 喻权域:《理论工作者要坚持革命批判风格 在清除精神污染中发挥积极作用》,《人民日报》1983 年 11 月 10 日。

[⑤] 《邓小平文选》第 3 卷,人民出版社 1993 年版,第 45 页。

度，深刻理解党和国家制定和实施的重大战略决策，是大学生理想信念教育面临的重大问题。

第三节　大学生理想信念教育的初步探索

"革命的理想，共产主义的品德，要从小开始培养"[①]，这是我国教育事业历来积累的优良传统。改革开放初期，由于在改革开放和社会主义现代化建设进程中出现的不少问题，党和国家不断地探索大学生理想信念教育恢复和发展的新思路。1980年4月29日，教育部召开教育工作会议，并联合共青团中央颁布《关于加强高等学校思想政治工作的意见》（以下简称《意见》），明确提出了大学生理想信念教育的主要内容，即"要旗帜鲜明地对学生进行系统的马克思列宁主义、毛泽东思想基本原理的教育，革命理想教育，共产主义道德品质教育"，"培养学生运用马克思主义的立场、观点、方法分析问题和解决问题的能力，逐步确立辩证唯物主义的世界观"[②] 的教育目标。党的十二大提出了建设有中国特色社会主义的指导思想，初步形成了以实现小康为目标的历史性战略决策，并强调了共产主义思想在社会主义精神文明建设中的核心地位。1983年，邓小平为北京景山学校题词："教育要面向现代化、面向世界、面向未来。"[③] 总地看来，改革开放初期党和国家围绕教育的改革与发展，提出的一系列战略措施，为新时期的大学生理想信念教育指明了方向。

一、恢复马列主义理论教育

马列主义理论教育对培养大学生的无产阶级世界观，确立坚定正确的政

---

① 《邓小平文选》第2卷，人民出版社1994年版，第105页。
② 教育部社会科学司组编：《普通高校思想政治理论课文献选编（1949—2008）》，中国人民大学出版社2008年版，第80页。
③ 《邓小平文选》第3卷，人民出版社1993年版，第35页。

治方向，提高分析问题和解决问题的能力具有重要的作用。改革开放初期，教育部、中宣部下发了一系列关于加强"马列主义理论教育"的《意见》《试行办法》和《若干规定》，从课程设置、教材编写、恢复机构、补充师资、创新方式方法等方面对恢复正规化的马列主义理论教育进行了规定和谋划。

首先，调整马列主义理论课设置，编写教材。马克思列宁主义和毛泽东思想是党和国家的指导思想，是培养大学生无产阶级世界观和共产主义理想信念的基础。改革开放初期的大学生，具有鲜明的时代特点：一方面积极向上，勇于学习，主流是好的；另一方面由于对马克思主义基本原理学习不够深入，思想上容易受"左"的或右的错误思潮的影响，导致部分大学生思想方法片面、偏激。大学生要完整、准确地掌握马列主义、毛泽东思想的科学体系，需要用辩证唯物主义和历史唯物主义、政治经济学和科学社会主义武装头脑。1980年7月，教育部围绕在高校开展系统的马列主义理论教育，制定了《改进和加强高等学校马列主义课的试行办法》，确定在全国开设《中共党史》《哲学》《政治经济学》《国际共产主义运动史》等课程，编写了四门课的教学大纲。1982年4月，李秀林、王于、李淮春主编的《辩证唯物主义和历史唯物主义原理》由中国人民大学出版社出版，该教材被全国各高校广泛采用。[①] 这一时期的课程设置和教材编写关注的主要问题包括：第一，高等学校马列主义理论教育同中等学校政治理论课的衔接，即如何解决与中学课程重复的问题。哲学、党史、政治经济学等课程与中学课程存在不同程度的重复，其中学生对党史课程的意见最多。为解决教育中的这一问题，部分院校老师通过自行编写和联合编写教材的方式进行了研究和探索，一定程度上有助于解决这一困境，但也存在重复研究、教材质量不高的情况。为此，1982年教育部定期组织高校教师修订四门课程的教学大纲，解决教材编写的相关问题。第二，密切联系实际，讲清马列主义、毛泽东思想

[①] 中国人民大学校史研究丛书编委会编：《中国人民大学纪事（1937—2007）》上卷，中国人民大学出版社2007年版，第293页。

第二章 改革开放初期的大学生理想信念教育（1978—1984）

的基本原理，解决学生思想上存在的问题。在课堂中勇于突破理论禁区，紧密结合社会主义政治、经济、文化建设的实际，如在经济学中突出讲授社会主义市场经济相关理论、社会主义国民经济比例失调等问题。

其次，恢复马列主义教研室，补充师资队伍。改革开放以前，马列主义教研室均遭到不同程度的破坏，或被撤销，或被合并。为适应新时期、新形势的需要，重新恢复马列主义研究室迫在眉睫，中国人民大学、厦门大学、复旦大学等高校陆续恢复和建立了马列主义教研室，并由校党委直接领导。如1978年1月30日，中国人民大学党委、革委会发出通知，恢复马列主义教研室（原政治理论课教研室），由校党委副书记汪小川任教研室主任。[①] 1980年4月，厦门大学马列主义教研室单独建制，并设立中共党史、政治经济学、马克思主义哲学、国际共产主义运动四个教研室。正规化、正常化的理论教育要以稳固的组织机构为基础，同样需要一支稳定的教师工作队伍，而当时的马列主义课教师队伍"由于数量不足，骨干教师的年龄偏高，面临着青黄不接的严重状况，亟待充实提高"[②]。教育部主要从三个方面着手解决这一问题：一是从大局着眼，鼓励部分教师克服做思想政治工作"吃亏论""危险论"的负面情绪和思想障碍。二是委托部分高校举办教师进修班、讲习班、研讨班，提高教师队伍理论水平。自1980年以来，中国人民大学举办过哲学和中共党史教师进修班、辩证唯物主义原理讲习班、马克思主义理论课教师研讨班和进修班[③]，组织全国100多所高校的教师进行学习。1982年2月11日，复旦大学举办"高等学校政治经济学教师进修班"[④]，对70名从事高校政治经济学工作3年以上的讲师，进行了为期5个

[①] 王学珍等主编：《北京大学纪事（1898—1997）》下，北京大学出版社1998年版，第811页。

[②] 教育部思想政治工作司组编：《加强和改进大学生思想政治教育重要文献选编（1978—2008）》，中国人民大学出版社2008年版，第43页。

[③] 中国人民大学校史研究丛书编委会编：《中国人民大学纪事（1937—2007）》上卷，中国人民大学出版社2007年版，第274、285、423页。

[④] 《复旦大学百年纪事》编纂委员会编：《复旦大学百年纪事（1905—2005）》，复旦大学出版社2005年版，第352页。

月的培训，使广大马列主义教师的理论水平得到了不断提高。三是采用多种方式扩充马列主义课教师队伍，如增设马列主义基础专业，开办马克思主义双学位班、研究生班等。

最后，广泛举办理论研讨会，成立马列主义学习小组。为了顺利地实现学校教学重点的转移，各高校党政领导通过采取诸多有力措施，对大学生进行深入的马列主义理论教育。第一，在大学生中开展"实践是检验真理的唯一标准"的讨论。组织真理标准问题讨论的重点在于，引导大学生解放思想。如1978年，厦门大学秋季新学期开始后，文科师生率先投入学习，哲学系结合十一届三中全会文件精神，在全系教职工和学生中举行报告会。① 第二，围绕学习马克思主义开展学术专题研讨会。如中国人民大学举办"社会主义初级阶段的历史经验和现代化民主化任务"主题报告、"爱国主义和社会主义"学术讨论会。1983年3月14日，复旦大学举办"马克思著作展览"，共展出300多本著作和资料，分为马克思主义在中国的早期传播、各种中文版的马克思著作、各种外文版的马克思著作等5个专题，其中包括已故陈望道校长翻译的《共产党宣言》的第一个中文译本。② 第三，各高校大学生成立马列主义学习小组。通过成立学习小组，使大学生通过调查研究、深入思考，运用历史唯物主义的观点，更好地发扬民主、解放思想。如复旦大学哲学系"求索社"、新闻系"四五学会"、计算机系"知言社"，其中历史系成立了"史冀社"（1980年），在《史冀社社章》中将宗旨规定为："以学习、研究史学为主，促使本社员努力成为又红又专的史学工作者，为实现四个现代化服务。"③ 截至1983年1月9日，北京全市大学生中已成立马列主义学习小组、党课学习小组900多个，参加者达1.1万人（仅北京外语学

---

① 厦门大学档案馆、厦门大学校史研究室编：《厦门大学校史（1949—1991）》第2卷，厦门大学出版社2006年版，第215页。
② 《复旦大学百年纪事》编纂委员会编：《复旦大学百年纪事（1905—2005）》，复旦大学出版社2005年版，第362页。
③ 上海市高等教育研究所编：《中国大学生历程（1978—1990）》，上海市高等教育研究所出版社1991年版，第23页。

院的马列、党课学习小组就由原来的 2 个增加到 23 个），占在校生总数的 11%①，高校学生中逐渐形成了认真探求马克思主义真理的良好风气。

二、坚持四项基本原则，清除精神污染

四项基本原则作为大学生理想信念教育的基本指导思想，是大学生树立正确的政治方向、提高政治觉悟的根本原则。改革开放以来，在高校教学科研蓬勃开展的形势下，大学生产生了空前的学习热情和积极性，同时有部分学生存在重业务、轻政治的倾向，甚至在少数师生中产生了一股否定和怀疑四项基本原则的错误思潮。1980 年 1 月，邓小平在中央召集的干部会上强调指出："要加强各级学校的政治教育、形势教育、思想教育，包括人生观教育、道德教育。"② 为了制止社会上自由化思潮的泛滥，1980 年 4 月，教育部、共青团中央《关于加强高等学校学生思想政治工作的意见》指出："在进行马列主义基本理论教育中，要着重进行坚持四项基本原则的教育。"③

首先，进行四项基本原则教育，引导大学生明辨是非。随着新时期党和国家实现了工作中心的转移，西方社会思潮的不断涌入，使大学生产生了各种各样的思想问题。一是怀疑或反对改革开放，从"左"的方面干扰十一届三中全会做出的方针政策；二是怀疑或反对四项基本原则，企图从右的方面破坏改革开放。两种错误思想的根本都是反对四项基本原则，取消共产党的领导，故在理想信念教育中开展四项基本原则教育，揭示错误思潮的实质刻不容缓。

第一，围绕党在新时期的总任务开展专题教育活动。各高校结合《三中全会以来重要文献选编》《邓小平文集》和《陈云文稿》等书籍，开展专题

---

① 上海市高等教育研究所编：《中国大学生历程（1978—1990）》，上海市高等教育研究所出版社 1991 年版，第 82 页。
② 《邓小平文选》第 2 卷，人民出版社 1994 年版，第 369 页。
③ 教育部社会科学司组编：《普通高校思想政治理论课文献选编（1949—2008）》，中国人民大学出版社 2008 年版，第 81 页。

教育活动。通过专题讨论、比对分析，引导大学生明确80年代的三大任务和宏伟目标，并同错误思想理论划清界限，明确社会主义制度的优越性，解决大学生的思想问题，提高马列主义理论水平。如1980年5月30日至6月10日，厦门大学经济系、世界经济系、马列主义教研室哲学系、国际政治系联合举办了《资本主义制度腐朽性和社会主义制度的优越性》大型专题讨论会。[①]

第二，引导大学生用阶级的、历史的、实践的观点认识社会主义社会。重点在于将社会主义制度同具体政策偏差、同党在工作中的错误、同个别党员干部的错误区别开来。如1979年，清华大学工程化学系七十二班团支部，组织了"关于社会主义制度问题"的讨论，提出"从我做起，从现在做起"，帮助大学生坚定了坚持社会主义道路的信念。[②]

第三，引导学生学习十一届六中全会精神。为了改变部分高校思想政治工作涣散和软弱无力的状况，1981年，教育部部长蒋南翔强调，学习《关于建国以来党的若干历史问题的决议》，是这一时期教育战线开展四项基本原则教育的中心任务。依据中央精神和教育部的部署，各高校先后组织大学生学习了《关于建国以来党的若干历史问题的决议》、党的十二大文件等，对大学生开展了系统的形势教育。通过学习，引导大学生正确认识毛泽东同志和毛泽东思想在中国革命中的历史地位，提高马克思主义理论水平，坚定社会主义信念。

其次，认清资产阶级精神污染的危害与实质。"精神污染"主要通过一些反马克思主义的言论、文艺作品传达对党、对社会主义的怀疑和不信任的情绪。精神污染在高校蔓延的危害主要有以下几方面："一，由于资产阶级的哲学思想、政治、文艺和其他方面理论观点的影响，少数学生对四项基本

[①]《复旦大学百年纪事》编纂委员会编：《复旦大学百年纪事（1905—2005）》，复旦大学出版社2005年版，第340页。

[②] 上海市高等教育研究所编：《中国大学生历程（1978—1990）》，上海市高等教育研究所出版社1991年版，第18页。

第二章 改革开放初期的大学生理想信念教育（1978—1984）

原则的信念产生动摇。二，受到以个人主义为核心的资产阶级人生哲学的污染，部分青年学生中极端个人主义和无政府主义思潮有所滋长。三，由于资产阶级生活方式和道德观念的腐蚀，极少数学生道德品质败坏，甚至走上犯罪的道路。"① 1983年，邓小平在《党在组织战线和思想战线上的迫切任务》的讲话中，着重指出了在我国理论和文艺领域中存在的"精神污染"的问题，提出必须采取必要的制止措施，应通过教育引导大学生树立正确的立场，提高辨别能力。

第一，加强正面教育，学习邓小平关于批判精神污染的相关论述。1983年8月31日，《教育部关于组织大、中小学教职工、学生学习〈邓小平文选〉的通知》指出："大学生（包括研究生）、高中学生认真学习《邓小平文选》"②，要重点学习邓小平关于坚持四项基本原则，关于建设社会主义精神文明，关于教育、科学、人才在四化建设重要作用的论述。这对大学生逐步掌握马克思主义的基本立场、思想观点和思维方式，坚定对国内形势和"四化"前途的信心，培育社会主义事业的优秀人才意义重大。

第二，开展清除精神污染的斗争。为克服思想宣传工作的涣散状态，宣传四项基本原则，清除违反四项基本原则的言论，1981年，中共中央先后印发《关于当前报刊新闻广播宣传方针的决议》和《关于处理非法刊物非法组织和有关问题的指示》，强调要有力地同资产阶级自由化思潮做斗争。各高校依据中央精神，着力清除思想战线上的精神污染，号召大学生同精神污染做斗争，并采取多种措施清除带有污染色彩的东西。如首都高等院校将《关于人道主义和异化问题》这一文章，作为大学生共产主义思想品德教育的重要教材，"从4月份开始组织学生学习，帮助大学生从理论上、思想上分清是非，树立共产主义的世界观和人生观，坚定社会主义方向"③。

---

① 庄永龄：《加强高校思想政治工作 反对和清除精神污染》，《人民日报》1983年11月17日。
② 何东昌主编：《中华人民共和国重要教育文献（1976—1990）》，海南出版社1998年版，第2126页。
③ 刘佩珩：《首都高校决定把胡乔木重要文章作为形势教育课和共产主义思想品德课的教材》，《人民日报》1984年3月30日。

第三，重点开展对大学生党员的教育。在我国实行对外开放政策的背景下，资产阶级的思想观点、生活方式、文化垃圾开始通过各种渠道侵入党内，其消极影响集中表现为党员思想不纯、组织纪律涣散等现象。要充分发挥大学生党员的先锋模范作用，就必须着重对党员进行教育。如北京大学党委于1981年印发《关于在全校党员中进行反对资本主义思想腐蚀、坚持共产主义思想教育的计划》[①]，规定从7月到10月份，在党员中普遍进行一次反对资本主义思想腐蚀、坚持共产主义思想的教育，提高大学生党员的思想认识和理论水平。

三、加强共产主义思想品德教育

共产主义思想品德教育的任务是针对大学生普遍关心的人生、价值、理想等现实问题，对大学生进行共产主义人生观、共产主义道德教育。共产主义思想品德课作为大学生的一门必修课被纳入教学计划，实现了大学生理想信念教育的针对性和理论性的有机结合，是开展大学生理想信念教育的一项成功创造。改革开放初期，各高校陆续通过成立教研室，制订教学计划，开设共产主义思想品德课程，组织课外学习活动，不断加强对大学生的共产主义思想品德教育。

首先，成立共产主义品德教育教研室，制订教学计划。早在1979年8月，共青团中央、教育部就联合召开了北京等12个城市青少年共产主义道德教育座谈会，将青年的思想品德教育提上日程。20世纪80年代初，大连工学院、华东师范大学等单位从学生的实际出发开设了思想修养课，并取得了良好的教学效果。1982年7月，教育部召开高等学校思想政治工作座谈会，提出要在高等学校中逐步开设共产主义思想品德课。在教育部的统筹部署下，各高校陆续成立共产主义品德教育教研室，制订教学计划，为加强共产主义品德教育有序开展提供了组织保障。如1982年7月，厦门大学成立

[①] 王学珍等主编：《北京大学纪事（1898—1997）》下，北京大学出版社1998年版，第891页。

| 第二章 |　改革开放初期的大学生理想信念教育（1978—1984）

共产主义品德教育教研室，在校党委宣传部具体指导下，开展大学德育的教学和研究工作，并从1982级本科生开始，德育课作为一门必修课纳入各系各专业的教学计划，每周四下午上两节。1979、1980、1981三个年级，制订过渡性的教学计划，开设"美育"选修课。[①] 根据1982年教育部发布的《关于在高等学校逐步开设共产主义思想品德课程的通知》，复旦大学校党委会决定，于1982年9月6日正式成立思想政治研究室并举行第一次会议，其主要任务是："（1）探索大学生思想特点，研究新形势下思想政治教育的规律；（2）承担学校形势任务和思想品德课的教学；（3）定期轮训政工干部。"[②] 1983年2月，中共南京大学委员会印发《关于在我校建立德育教研室的通知》，正式建立德育教研室，培养德、智、体全面发展的又红又专的建设人才，具体而言："自1983—1984学年起，在我校大学生中开设共产主义思想品德课（简称德育课），并把它作为一门必修课，列入教学计划。"[③] 截止到1983年3月，全国有200多所高等院校开设了思想品德课，并运用教育部政教司牵头组织编写的《道德品质修养》参考大纲，对大学生进行有计划的系统共产主义思想品德教育。

其次，开设共产主义思想品德课，解决学生思想问题。共产主义思想品德课要想取得实效，必须从实际出发，遵循学生思想成长的规律，从理论上解决学生的思想困惑。1984年，教育部发布《关于高等学校开设共产主义思想品德课的若干规定》，强调共产主义思想品德课的主要任务是"对学生进行共产主义人生观和共产主义道德教育"[④]，帮助大学生逐步树立共产主义人生观，培养共产主义的道德品质。总而言之，这一时期共产主义思想品

[①] 厦门大学档案馆、厦门大学校史研究室编：《厦门大学校史（1949—1991）》第2卷，厦门大学出版社1990年版，第249页。

[②] 《复旦大学百年纪事》编纂委员会编：《复旦大学百年纪事（1905—2005）》，复旦大学出版社2005年版，第357页。

[③] 《南大百年实录》编辑组编：《南大百年实录》下卷，南京大学出版社2002年版，第603页。

[④] 何东昌主编：《中华人民共和国重要教育文献（1976—1990）》，海南出版社1998年版，第2216页。

德课的主要内容有三个方面：第一，共产主义人生观教育。人生观、价值观与理想信念有着密切的联系，开展共产主义人生观教育是要帮助大学生认清"为什么人服务""人生价值评判标准是什么"的问题，使大学成长为富于革命理想、又红又专的社会主义新人。在开展共产主义人生价值观教育的过程中，各高校针对在大学生中影响较大的资产阶级人生观，如资产阶级"个人主义""人道主义"思潮，进行了深入剖析，揭露错误思潮的实质。同时各高校还结合社会舆论中影响较大的"潘晓讨论""大学生冒死救老农值不值"等问题展开讨论。如厦门大学在校刊开辟《"今日大学生"笔谈——关于人生观问题的讨论》专栏，发表了大学生撰写的14篇文章。[①] 第二，共产主义道德教育。1981年2月，中共中央宣传部、教育部、文化部、卫生部、公安部联合发出《关于开展文明礼貌活动的通知》，强调"特别是在青少年中继续进行共产主义道德教育"[②]。此后，复旦大学对全校学生开展社会主义道德风尚教育，通过并实施《复旦大学学生道德规范》。第三，爱国主义教育。改革开放初期，以共产主义思想为指导，热爱社会主义祖国，服务于"两个文明"建设，反对霸权主义等都是爱国主义的基本内容。在共产主义品德教育中加强爱国主义教育，是实现大学生由爱国者转变为共产主义者的重要途径。1983年，《关于加强爱国主义宣传教育的意见》强调，在我国社会主义现代化建设的历史进程中培养青年的爱国主义精神是社会主义精神文明建设的一项重要任务。

最后，学习英雄人物、先进事迹。改革开放初期，张华、张海迪等作为大学生的优秀代表，生动演绎和体现着共产主义人生观、共产主义理想信念。开展学习优秀大学生的教育活动，旨在帮助大学生处理好个人与国家的关系，认清个体在社会中的地位和作用，是社会主义精神文明建设的重要组

[①] 厦门大学档案馆、厦门大学校史研究室编：《厦门大学校史（1949—1991）》第2卷，厦门大学出版社1990年版，第251页。
[②] 教育部思想政治工作司组编：《加强和改进大学生思想政治教育重要文献选编（1978—2008）》，中国人民大学出版社2008年版，第17页。

| 第二章 | 改革开放初期的大学生理想信念教育（1978—1984）

成部分。1982年10月21日，教育部发出《关于在高等学校中开展向张华学习活动的通知》，号召"在学生中进行一次生动的共产主义思想、信念和道德教育"①。10月23日，全国学联和北京市学联在清华大学联合召开了"向张华同志学习"座谈会，清华大学、北京大学、北京医学院等九所高等院校的学生代表参加了座谈会。此后，各高校纷纷开展优秀大学生学习活动，兴起了"学习张华，做有理想、有道德、有文化、有纪律的新一代大学生"的热潮。"张华的事迹像一股清新的风，吹进了大学的校园。在一代年轻人的脑海中激起了一层层的波澜，他们在认真思考着：在全面开创社会主义建设新局面的新时期里，怎样做一名合格的大学生？"②1983年3月5日，是党中央和毛泽东等老一辈无产阶级革命家号召"向雷锋同志学习"20周年，首都各界举行纪念向雷锋同志学习20周年大会，胡乔木做了题为《做80年代的新雷锋》的报告，号召一切愿意学习先进的人们适应新时期的需要，做80年代的新雷锋。同日，全国青少年学雷锋先进集体和先进个人代表大会在京举行，"中国的保尔"张海迪、"80年代的活雷锋"朱伯儒等在会上发言。1984年3月，中共中央宣传部、共青团中央联合做出《关于向"一山两湖"等英雄群体学习的决定》，"一山两湖"英雄群体③为当代大学生树立了一组闪耀着共产主义思想光辉的、具有鲜明时代特点的英雄群像，使全国青年大学生受到教育和鼓舞，促进了社会风气的好转。这一时期，各高校还集中开展了"五讲四美三热爱""全国文明礼貌月"等活动，引导大学生将理想付诸实践，在实践中坚定改革开放的信念。

---

① 《教育部发出关于在高等学校学生中开展向张华学习活动的通知》，《光明日报》1982年10月21日。

② 江林、王宗仁：《当代大学生的榜样——记人民解放军第四军医大学学员张华》，《人民日报》1982年11月2日。

③ 说明："一山两湖"英雄群体指的是1983年5月，中国人民解放军第四军医大学学生和其他群众一起在华山险境抢救遇险游人而组成的群体；1983年12月9日，太原市十五中女学生池越忠、青年工人王志胜等人在太原市迎泽湖中抢救两名落水儿童而组成的群体；1984年2月15日，在河北省石家庄市动物园的沉绿湖上，为营救一名落水儿童，由王德恒、蒲昭枫等来自全国六个省市群众自动形成的抢救群体。

四、进行增强"四化"信心的教育

在党和国家将工作中心转移到经济建设以后，大学生理想信念教育就开始全面服务于四个现代化建设。改革开放初期，我国各行各业百废待兴，部分大学生对实现四个现代化、对中国共产党的领导信心不足，认为四个现代化建设的目标难以实现。因此，要在教育中使大学生正确认识党在各条战线上的成就、认清我国目前的任务和形势，逐步增强大学生实现"四化"的信心。

首先，正确认识党在各条战线上的成就。要正确认识党在各条战线上的成果，就必须带领学生走入社会生活实际，切身感受。为此，各校开展了多样的活动，让大学生观察、体会改革开放以来的成就。如1982年寒假，北京大学、中国农业大学等校组织155名家在农村的大学生在各自的家乡开展调查研究，写出157篇调查报告，受到了表扬，同年5月22日，《人民日报》还就此发表评论员文章《赞"百村调查"》。[①] 1983年寒假，北京团市委、市学联组织了27所高等院校的400多名大学生，深入北京市工、农、财贸、交通、环卫、公安、政法、科技等战线100多个单位进行社会调查，使大学生看到了党在各条战线上取得的成就，在社会现实中澄清了模糊的认识，修正了错误的认识。为了深化大学生对改革开放的认识，部分高校围绕改革开放中的重大问题，引导大学生正确认识党的路线方针政策的正确性，增强对"四化"的信心。如北京师范学院、国际关系学院的学生带着"农村实行责任制是不是倒退？""大包干到底姓'社'，还是姓'资'？"等问题进行调研，在总结中他们写道："承包责任制肯定不是倒退的，而是历史的进步。这种经营形式是集体经营和社员分散经营相结合的合作经济，它并没有否定合作化的成果，而是在合作化的基础上所采取的一项更符合国情的科学

[①] 中共北京市委教育工作委员会、北京高校德育研究会主编：《北京高校德育二十年·上：改革开放二十年北京高校德育工作回顾与经验总结》，北京邮电大学出版社2000年版，第5页。

第二章 改革开放初期的大学生理想信念教育（1978—1984）

管理形式。"① 重庆医学院药学系同学经过假期调研，完成了 208 份调查报告、假期见闻和心得体会，其中调查访问报告 132 份，占材料总数的 63.5%，调查主题包括农业、工业、文教卫生事业、商业财贸、交通运输、集体所有制、集市贸易以及社会主义制度优越性等，反映了省内外各条战线的大好形势。有同学在调查报告末尾写道："同志，有空不妨走访走访吧！它会使你充满信心和力量。"② 通过了解社会实际，切身体会改革开放以来我国"四化"建设的成果，对于坚定大学生的信心具有重要意义。一是促使大学生从心里信服三中全会以来的路线方针政策，深刻认识改革开放的伟大；二是有助于增强大学生的社会责任感，巩固专业基础。

其次，认清改革开放初期我国的任务和形势。回顾我国社会主义革命、建设和改革的历程，凡是党和国家取得重大成就之时，人们会对社会主义充满信心和信念；而革命和建设受挫，就容易对共产主义失去信心，滋生并助长共产主义"渺茫论"。要增强大学生对"四化"的信心，还必须教育大学生认清我国目前的任务和形势，让大学生对国家未来的发展方向做到"心中有数"。1980 年 1 月 16 日，邓小平做了题为《目前的形势和任务》的讲话，指出了我国 80 年代的三件大事，即反对霸权主义、实现祖国统一、现代化建设。邓小平还就四个现代化的实现所要解决的关键问题进行了总结，即贯彻始终的政治路线，安定团结的政治局面；艰苦奋斗的创业精神和坚持走社会主义的干部队伍。因此，邓小平《目前的形势和任务》的重要报告以及叶剑英同志在庆祝建国三十周年大会上的讲话中的重要精神，成为这一时期大学生的重要学习内容，通过掌握我国当前所面临的形势和任务，有助于大学生坚定社会主义的信心。

---

① 上海市高等教育研究所编：《中国大学生历程（1978—1990）》，上海市高等教育研究所出版社 1991 年版，第 83 页。
② 上海市高等教育研究所编：《中国大学生历程（1978—1990）》，上海市高等教育研究所出版社 1991 年版，第 35 页。

五、开展艰苦奋斗建设社会主义的教育

改革开放初期，我国经济文化等方面发展不平衡，要从根本上解决温饱问题，摆脱"一穷二白"的落后状态，需要凝聚大学生的力量为社会主义建设共同努力。在我国生产力水平十分低下的背景下，共产主义目标的实现需要几代人、十几代人、几十代人的艰苦奋斗才能实现。因此，需要在大学生中开展艰苦奋斗建设社会主义的教育，不断激发大学生的进取精神，为建设社会主义凝聚精神力量。1978年10月4日，《教育部关于讨论和试行全国重点高等学校暂行工作条例（实行草案）的通知》指出，"必须加强对学生进行艰苦奋斗建设社会主义的教育"[1]，开设建设"四化"需要的课程，进行艰苦奋斗教育。

首先，开设建设四化需要的新课程。党的十一届三中全会，在总结我国革命和建设的经验教训，学习世界共产主义运动的伟大实践的基础上，认识到要改变自身落后贫穷的国情，需要进行四化建设，这就要求各高校必须"大力进行革命理想教育，教育学生把个人的理想同祖国的四个现代化建设联系起来"[2]。改革开放初期，各高校围绕学习党的十一届五中全会精神和邓小平《目前的形势和任务》的讲话精神，积极思考和探索"如何培养又红又专的无产阶级革命事业的接班人"的问题，并进行本科教学方案的改革。部分高校围绕四个现代化建设的中心任务，通过开设"四化"需要的课程，实现了学校工作重点的转移，这对提高学校教学质量，激发大学生学习积极性具有重要意义。如中国人民大学在1979级20个专业共开设课程310门，比1978级22个专业多开设40门课程，其中绝大多数专业设置了适应"四

---

[1] 何东昌主编：《中华人民共和国重要教育文献选编（1976—1990）》，海南出版社1998年版，第1645页。

[2] 教育部社会科学司：《普通高校思想政治理论课文献选编（1949—2008）》，中国人民大学出版社2008年版，第81页。

| 第二章 | 改革开放初期的大学生理想信念教育（1978—1984）

化"需要的新课程。① 正是在恢复高考、建设"四化"的背景下，在全国范围内掀起了学习热、科学热和成才热，树立理想、"把失去的青春夺回来"成为这一时期大学生理想信念的主旋律。

其次，进行艰苦奋斗教育。改革开放是我国社会主义建设前所未有的创举，由于没有现成可借鉴的经验，只能"摸着石头过河"探索改革开放的道路。社会主义的中国底子差、基础薄，并且难以在短时间内根本改变这种落后状态，要想创造出一个富强的国家，唯有依靠广大大学生和全体人民团结奋斗。伟大创举的实现，需要凝聚举国上下的力量，大学生作为建设社会主义的主力军，应自觉地投身四个现代化建设。如1979年，全国有一千多名大专院校毕业生，热烈响应党的号召，志愿报名来到西藏高原，参加社会主义建设。这批毕业生来自北京、四川、陕西、甘肃、河北等省、市的几十所大专院校。"他们表示，革命青年志在四方，在四化建设中哪里需要就到哪里去。"② 1981年，北京市学联通过《首都大学生公约》号召大学生争做建设社会主义精神文明的先锋，公约的第一条内容是："（一）热爱中国共产党，热爱社会主义祖国，热爱人民，立志献身于祖国的四化事业。"③ 越来越多的大学生已开始真正投入社会主义现代化建设的伟大实践中，为"四化"建设贡献力量。

---

① 中国人民大学校史研究丛书编委会：《中国人民大学纪事（1937—2007）》上卷，中国人民大学出版社2007年版，第272页。
② 上海市高等教育研究所编：《中国大学生历程（1978—1990）》，上海市高等教育研究所出版社1991年版，第9页。
③ 上海市高等教育研究所编：《中国大学生历程（1978—1990）》，上海市高等教育研究所出版社1991年版，第32页。

第三章　全面改革时期的大学生理想信念教育（1984—1992）

从 1984 年党的十二届三中全会，到 1992 年邓小平"南方谈话"和党的十四大，我国步入了全面改革的历史时期。20 世纪 80 年代中后期，国际形势复杂多变，国内经济运行、体制转轨过程中爆发出深层次矛盾，带来了经济、政治和思想文化领域的深刻变化。1984－1992 年的大学生理想信念教育，呈现出失误与成就并存的特点。第一，自 1984 年改革开放全面展开后，社会各领域产生了巨大的变革，新一代大学生开始带着怀疑和否定的情绪和思想，紧跟社会潮流、参与社会生活，重新审视马克思主义的信仰。第二，由于经济发展和政治思想教育关系的失衡，出现了"一手硬、一手软"的失误，学生对共产主义的信仰、社会主义的信念及共产党的信任出现了危机。第三，1984 年思想政治教育专业的设立，为有针对性地加强和改进理想信念教育奠定了基础。在资产阶级自由化思潮的消极影响下，各高校努力排除各种干扰，始终以邓小平建设有中国特色社会主义理论为指导，坚持不懈地开展了坚持四项基本原则、反对资产阶级自由化的教育；针对大学生关注的热点问题及时开展工作；有力地维护高校的稳定和团结，促使大学生理想信念教育在变革中实现了自身的发展。

第一节　全面改革时期国际国内多变的形势

20 世纪 80 年代中后期，是一个"非常动荡、充满危机的年代"[①]。国际

[①]《改革开放三十年重要文献选编》上，中央文献出版社 2008 年版，第 101 页。

层面，共产主义运动遭受严重挫折，对社会主义事业产生消极影响，冲击着大学生的社会主义信心和信念；国内层面，围绕"为什么要改革"和"向什么方向改革"的艰难探索，共同构成全面改革时期大学生理想信念教育的复杂形势。随着东欧剧变、苏联解体相继发生，结束了长期以来的美苏两极化格局，一些资本主义国家开始加紧对原社会主义国家进行意识形态争夺和文化渗透，另一些发展中国家则紧紧抓住经济全球化的发展机遇，呈现了强劲的发展势头，世界多极化趋势日益明显。世界格局的急剧变化，致使部分大学生对社会主义的前途缺乏信心，对中国的改革开放产生了疑惑。

一、国际共产主义运动遭受严重挫折

20世纪80年代末至90年代初的苏东剧变，使国际共产主义运动遭受了前所未有的严重挫折。这一挫折的深度和广度前所未有，"就社会主义国家来说，由原来的15家减少到5家……就世界各国共产党来说，从原来的180家左右减少为130家左右，少了50家，党员人数由原来的9100万减少到了现在的6400万（其中我国有5800万党员）"[①]。苏东剧变后，世界上的反共反社会主义势力极力鼓吹这是"世界社会主义的大失败"，社会主义很快就会失败甚至消亡。与此同时，社会主义国家纷纷掀起了改革的热潮，不少人开始对社会主义产生了困惑和疑虑，社会主义前途究竟怎样，它将向何处去？面对这样的情况，国内外的反共势力在"积极地"从事活动，试图加紧对社会主义国家（尤其是中国）进行"和平演变"。在这样的大背景下，一大批西方理论著作传入我国，在大学生群体中产生了很大的影响。社会主义运动跌入低潮，对人的思想观念的影响不可小觑。江泽民指出："一些善良的人们产生了疑问和困惑，对世界社会主义的前途也存在这样那样的忧虑，甚至在我们的一些党员和干部中也程度不同地产生了'信仰危机'。这

[①] 李辑：《当前世界社会主义运动的形势》，《资料通讯》1997年第7、8期。

是客观存在的，我们不承认、不正视不行。"① 苏东剧变后，社会主义"原罪说"或"早产论"对我国的社会主义理想信念产生了重大的影响。国内外、理论界关于社会主义基本问题的论战，在一定程度上造成了大学生的思想混乱，对社会主义信念产生了困惑、疑虑和动摇。面对这样的困境，亟需回答"什么是社会主义，怎样建设社会主义"的问题，以帮助大学生坚定共产主义理想信念。

二、社会主义初级阶段的基本国情

准确定位我国所处的发展阶段，是推进社会主义现代化建设的前提和基础。面对世情、国情、党情的新变化，党的十三大明确做出了"我国正处在社会主义初级阶段"的论断，并提出"一个中心，两个基本点"的基本路线和"三步走"的发展战略，成为大学生和广大人民坚定共产主义理想信念的现实基础。

首先，中国处于并将长期处于社会主义初级阶段。认清国情是深化改革开放的基本依据。1987年党的十三大报告全面阐述了社会主义初级阶段理论，明确了中国的最基本国情：处于并将长期处于社会主义的初级阶段。党的十三大报告指出，社会主义初级阶段包括两层含义，"第一，我国社会已经是社会主义社会。我们必须坚持而不能离开社会主义。第二，我国的社会主义社会还处在初级阶段。我们必须从这个实际出发，而不能超越这个阶段"②。准确定位我国社会主义所处的历史阶段，对于克服种种对社会主义和共产主义的误解、破除对社会主义发展前景的迷茫，对加强大学生理想信念教育，奠定了坚实的基础。

其次，确立"一个中心，两个基本点"的基本路线。党的基本路线是现阶段党的任务的系统表述，是党的共产主义远大目标在社会主义初级阶段的

---

① 《江泽民文选》第3卷，人民出版社2006年版，第78页。
② 《改革开放三十年重要文献选编》上，中央文献出版社2008年版，第474页。

具体表现。党的十三大报告指出,"一个中心,两个基本点"是建设有中国特色社会主义的基本路线,即"领导和团结全国各族人民,以经济建设为中心,坚持四项基本原则,坚持改革开放,自力更生,艰苦创业,为把我国建设成为富强、民主、文明的社会主义现代化国家而奋斗"①。确立党在社会主义初级阶段基本路线,有助于准确定位我国社会主义的历史方位,对树立和坚定广大青年、党员干部、群众的社会主义理想、共产主义信念意义重大。

再次,提出"三步走"战略思想。三步走战略思想作为对历史经验和当前实践的深刻总结,是马克思主义普遍真理同我国社会主义初级阶段的国情相结合的产物。"三步走"战略目标的提出是全国人民现阶段共同理想的具体化,是实现共产主义伟大目标不可逾越的必经阶段。"三步走"战略目标的提出,实现了中国特色社会主义阶段性目标和长远目标的有机结合,有利于引导青年大学生、广大群众脚踏实地为实现共同理想而奋斗,不断朝着社会主义现代化的宏伟目标迈进。

三、"两个文明一起抓"的战略格局

十一届三中全会以后,随着经济建设中心地位的确认,在党和国家生活中逐渐形成了一种"一手硬、一手软"的局面。在全面改革时期,邓小平多次强调"实现四个现代化"需要加强"社会主义精神文明建设"。1985年,邓小平在中国共产党全国代表会议上就精神文明的科学内涵做出阐释,他指出:"所谓精神文明,不但是指教育、科学、文化(这是完全必要的),而且是指共产主义的思想、理想、信念、道德、纪律,革命的立场和原则,人与人的同志式关系,等等。"② 1986年,党的十二届六中全会通过的《中共中央关于社会主义精神文明建设指导方针的决议》(以下简称《决议》),作为

---

① 《十三大以来重要文献选编》上,中央文献出版社2011年版,第13页。
② 《邓小平文选》第2卷,人民出版社1994年版,第367页。

第一次以党中央名义通过的关于精神文明建设的文件,成为这一时期指导大学生理想信念教育的纲领性文件。

首先,加强思想道德建设。思想道德建设主要解决的是人的世界观、人生观、价值观层面的问题,集中反映了一个国家的理想信念教育状况。面对"一手硬、一手软"的局面,邓小平多次强调要建设高度的社会主义精神文明,要克服无视物质条件决定作用和轻视精神文明建设的错误倾向。十二届六中全会的《决议》,从整体上布局了社会主义精神文明建设的目标任务、内容和方法,强调要"用共同理想动员和团结全国各族人民","树立和发扬社会主义道德风尚","培育有理想、有道德、有文化、有纪律的社会主义公民"[①]。

其次,加强教育科学文化建设。教育科学文化建设主要解决人的知识、能力、素质等问题,是提高人民群众思想道德水平的重要条件,是引导人民群众树立崇高理想与坚定信念的基础。在全球化时代,引导人民群众树立科学的理想信念,必须加强教育科学文化建设。为了加强教育科学文化建设,1986年党的十二届六中全会通过的《决议》提出,要"普及和提高教育科学文化",认为"教育科学文化既是物质文明建设的重要条件,也是提高人民群众思想道德觉悟水平的重要条件"[②]。并要求国家从政策上、资金上支持教育科学文化事业发展,并鼓励社会力量支持这些事业发展。

但是,由于多种原因的影响,在20世纪80年代的一段时间内,"一手硬、一手软"的状况没有得以彻底改变,致使思想政治教育工作受到一定的冲击,大学生理想信念教育在一定程度上被削弱。

四、结束改革姓"资"姓"社"的争论

在我国改革开放的历史进程中,准确认识和准确把握社会主义本质,成

[①] 《中共中央关于社会主义精神文明建设指导方针的决议》,人民出版社1985年版,第5页。
[②] 《改革开放三十年重要文献选编》上,中央文献出版社2008年版,第437页。

为关系社会主义理论科学发展、社会主义实践顺利推进的首要问题,大学生能否以正确的态度对待这一问题,决定其共产主义理想信念的状况。全面改革时期,对于"什么是社会主义"这一问题的回答呈现出"左"、右两种思潮轮番冲击、交替出现的混乱情况。一些人认为改革从一开始就出现了"方向错误",选择了市场取向就削弱了计划经济,重走计划经济体制的老路才是解决问题的根本出路。一些人甚至将计划与市场的问题同社会主义制度的存废问题联系起来,进而认为"市场取向就等于资本主义取向"。针对这些问题,邓小平同志在"南方谈话"中旗帜鲜明地指出:"计划多一点还是市场多一点,不是社会主义与资本主义的本质区别。计划经济不等于社会主义,资本主义也有计划。市场经济不等于资本主义,社会主义也有市场。"①"社会主义的本质,是解放生产力,发展生产力,消灭剥削,消除两极分化,最终达到共同富裕。"② 改革开放和社会主义市场经济到底姓"社"还是姓"资"?实事求是地弄清楚这一争论的重要意义在于帮助大学生立足于解放生产力和发展生产力的高度,认识推进改革开放在我国社会主义发展中的地位,真正认识到改革开放使我国解放新生产力的伟大力量。回顾中国共产党领导革命、建设和改革的历史进程,党和国家始终将解放生产力和发展生产力作为贯穿社会变革、社会实践活动的一条历史主线。

第二节　全面改革时期大学生理想信念的困惑

伴随着改革的全面展开,大学生对改革抱有极大热情和期待,关注和参与改革成为大学校园的热点。然而,在改革开放的环境里,西方学术思潮的传入,国际共产主义运动的挫折,以及我国在深化和推进社会主义改革进程中国民经济出现的问题、党风和社会风气出现的问题,与理想信念教育所倡

---

① 《邓小平文选》第3卷,人民出版社1993年版,第373页。
② 《邓小平文选》第3卷,人民出版社1993年版,第373页。

导的种种科学理想形成了巨大的落差,使大学生对社会主义发展充满疑虑,对理想信念产生困惑。

一、经济体制改革中大学生理想信念迷乱

全面改革时期,伴随着经济体制改革和对外开放的扩大,货币、财富在社会生活中的作用日益凸显。在社会改革如火如荼进行的同时,大学生也被卷入各式各样的热潮之中,商品大潮、特区精神涌入校园,商品经济观念、时间观念、效益观念对大学生产生了不小的冲击,校园中出现了一些"没有理想、没有纪律的表现,比如说,一切向钱看"[①]。20世纪80年代中期以来,大学校园中普遍传染着某种"浮躁病",大学生的理想信念也深受影响,出现了理想信念迷乱等问题。

首先,理想与实践"声像不同频"。即大学生"思想大于行动,理想高于现实,主体实践单薄"[②]的现象,具体表现为想得多而做得少或干脆不做。

一是经济体制转轨阶段,"读书无用论"的兴起。全面改革时期,由于社会上"知识贬值""大学生毕业分配难"等舆论的影响,使大学生普遍产生了价值失落感,在校园中形成一股"退学潮""厌学风""经商热""出国热"的浪潮。这一时期我国就业政策由"统分统配"到"双向选择""自主择业"的变化,意味着大学生也得接受市场的选择,这给青年大学生带来了巨大的心理冲击。80年代中后期,大学生对知识、学历热切追求的形势发生了逆转,研究生报考人数急剧下降,尤其1987年,仅北京地区研究生报考人数就少了近千人;在1987年到1989年这两年间,全国共有700多名研究生中途退学[③]。20世纪80年代中后期,大学生头上"天之骄子"的光环开始暗淡,大学生陷入深深的反思和彷徨之中。例如,《中国青年》杂志

[①]《邓小平文选》第3卷,人民出版社1993年版,第111页。
[②]《第四代人——中央国家机关青年研讨文集》,中央国家机关团委,1987年,第47页。
[③] 丁振国主编:《就业指导教程》,中国地质大学出版社2002年版,第7页。

| 第三章 | 全面改革时期的大学生理想信念教育（1984—1992）

1988 年第 1 期刊登了署名为"朗朗"的《我们究竟出了什么毛病?》的来信，反映了大学生们普遍的困惑和疑问："为什么要上大学?""未来究竟是什么?"①"朗朗来信"深刻地揭示了大学生思想空白与精神危机、社会化与世俗化、奋斗与享乐的冲突。同样，大学生写的一篇《教室铭》②也反映出知识贬值的时代背景下，大学生漫无目的、茫然若失的生活状态：

《教室铭》

"分不在高，及格就行；学不在深，作弊则灵。

斯是教室，唯吾闲情；小说传得快，杂志翻得勤。

琢磨下围棋，寻思看电影。

无书声之乱耳，无复习之劳形。

虽非跳舞场，堪比游乐厅。

心里云：混张文凭!"

二是实践的缺失与空洞的说教共存。这一时期的大学生，既没有参加过工作，也缺乏实践的锻炼与体验，往往眼高手低，只懂得"仰望星空"，而不懂得"脚踏实地"；只懂得空谈理想，而不懂得付诸行动。与此同时，在大学中，政治公共课承担了培养和引导大学生人生理想的任务，但大学生理想信念教育又与现实生活差距较大，理论的"苍白"与现实的"无奈"，使"简单化的政治教育成为学生最讨厌最轻蔑的课程"③。不少大学生认为：政治理论课"关于未来除了教给我们共产主义之外没有别的，虽说为共产主义而奋斗似乎是实实在在的口号，但目标本身就遥远，又让人如何奋斗呢"④？

其次，现实与未来"难以调和"。由于缺乏社会实践，这一时期的大学生对现实的批判和对未来的想象形成了一种"思想超前倾向"。

一是自我价值认识强化。这种自我价值集中体现于大学生对传统的逆反

---

① 朗朗：《我们究竟出了什么毛病?》，《中国青年》1988 年第 1 期。
② 朗朗：《我们究竟出了什么毛病?》，《中国青年》1988 年第 1 期。
③ 刘伟：《象牙塔综合征》，《中国青年》1988 年第 4 期。
④ 程明：《沉重而苍白的理想》，《中国青年》1988 年第 4 期。

和对社会现实的批判。1988年1月13日,在蛇口举行的"青年教育专家与蛇口青年座谈会",会上李燕杰、曲啸、彭清一三位教育专家同蛇口青年关于"淘金者""思想工作"等问题的争论,引发了一场被称为"陈腐说教与现代意识的一次激烈交锋"①的"蛇口风波"。在论战中,理想教育因"灌输""空洞说教"的标签,而被广泛批判和简单否定,甚至部分大学生对提"'深圳走的是中国特色的社会主义道路'就'非常反感'"②。"蛇口风波"的爆发,凸显了新的时代背景下大学生的逆反心理和鲜明个性,"它的意义已经超出了风波的本身"③。

二是主导精神发生倾斜。全面改革时期,伴随着社会分配不公、经济过热、物价上涨等问题的出现,理想与现实的巨大反差,使大学生主导精神由成才和奋斗倾向于不安、浮躁和狂热。这一时期,大学校园围绕"雷锋精神是否适应改革开放的新形势"的问题掀起了热烈讨论,这是继1980年"潘晓讨论"、1983年"张华救老农"讨论之后,大学校园开展的第三次关于"人生价值观"的大讨论。在讨论中,有人提出评价人才的标准不再是"好人",而是"能人",并形成敢于冒尖、善于表现的"新人才观"。此外,随着大学生主导精神的倾斜而兴起的"托派""旋派""麻派""鸳鸯蝴蝶派",则反映出大学生对未来发展和人生追求的茫然和逃避。20世纪80年代中后期,大学校园还兴起了"武侠热",反观武侠小说为什么会受到大学生和青年一代的追捧,归根结底在于武侠本身承载的勇于反抗、敢作敢为的武侠精神,而现实生活中恰恰缺少这种精神。正如一名大学生所说:"看武侠小说真过瘾,多年积压的怨气一吐为快。"④ 这也从侧面反映出大学生内心不安、茫然、不知所措的情绪和思想倾向。

---

① 曾宪斌:《"蛇口风波"答问录》,《青年文摘》(红版)1988年第11期。
② 张一:《理想教育要改进但不能否定》,《人民日报》1988年8月31日。
③ 马立诚编:《蛇口风波》,中国新闻出版社1989年版,第1页。
④ 刘翔平:《精神流浪的轨迹——大学生"读书热"现象分析》,辽宁人民出版社1991年版,第171页。

二、社会思潮传播中大学生理想信念迷失

以哲学经济学著作、现代文艺作品为载体的西方社会思潮，承载着资本主义意识形态化了的思想意识，以它所特有的反传统的叛逆意识，在大学生中得到广泛传播。全面改革时期，社会转折变迁中的大学生，以思想中的动荡困惑、理论缺氧下的求知欲、困惑前行中的探索心态，兴起了学习西方文化的热潮。西方社会思潮所具有的"荒诞性""虚无性"的"流浪意识"，对大学生理想信念的树立和形成产生了不可忽视的负面影响。

首先，价值取向迷失。20世纪80年代中期，改革开放中逐渐暴露出效益和公平、社会期望和实际效果等各种矛盾，使对改革期望很重的大学生倍感困惑，于是部分大学生渴望从书籍中去探寻矛盾的答案。恰好在1985年前后，"二十世纪文库""中国与世界系列丛书""拿来丛书""文学理论译丛""20世纪西方哲学名著译丛""现代社会学比较研究丛书""文化：中国与世界系列丛书""当代经济比较研究丛书"等西方文化、经济学术著作和文学作品先后被引进，带来了西方思潮热的"第二次冲击波"[1]，"萨特热""尼采热""叔本华热""弗洛伊德热""马斯洛热"接踵而至。由于历史的失落感引发了强烈的现实紧迫感，大学生将目光转向西方文化著作，希冀通过学习弥补精神"饥渴"的状态。正如一名大学生所说："现在不是校方要求我们阅读这类书籍，而是我们为了解释急剧变化的社会生活，为了摆脱信仰的危机，为了认识自己而有意选择了这些书籍。"[2] 大学生对于西方文化著作的青睐程度，可以通过"北京大学新华书店畅销书目"（见表1）得以管窥。由于西方价值观的影响，部分大学生面临国家经济落后的国情、脑体倒挂的社会现实，容易对社会主义制度、共产主义理想产生悲观的情绪。依据1990年一份对华东地区六省一市二十所高校的780名大学生的调查显示，

---

[1] 说明："第一次冲击波"是指穿喇叭裤、戴盲公镜、听邓丽君歌曲等。
[2] 刘翔平：《精神流浪的轨迹——大学生"读书热"现象分析》，辽宁人民出版社1991年版，第11页。

大学生不同程度地受到西方价值观的影响，其中对大学生影响较大的实用主义、存在主义和弗洛伊德主义分别占 40.89％、32.69％和 27.69％[1]。

表1　北京大学新华书店畅销书目（1986—1991年）[2]

时间段	畅销书
1986.9—11	《中国近代思想史论》《尼采》《政治学论史》《情绪心理学》
1986.12—1987.2	《首脑论》《弗洛伊德后期著作选读》《孔子学说体系精华》
1987.3—5	《社会主义政治经济学》《自卑与超越》《展望二十一世纪》《历史中的英雄》
1987.6—8	《人的潜能和价值》《周易》《孟子》《中国古文化的奥秘》
1987.9—11	《文化模式》《艺术的真谛》《美学和意境》《中国官僚政治研究》
1987.12—1988.2	《美学新解》《世界文明史》《中国文化要义》《中国传统文化的再估计》
1988.3—5	《人心与人生》《民主和专制的社会起源》《法理学——法哲及其方法》《改革与新思维》
1988.6—8	《六十四卦经解》《悲剧哲学家尼采》《哲学和自然之境》《真与爱——罗素散文集》
1988.9—11	《戴尼提——自我心理调节技术》《外贸会计》《诡辩术》《经营人生》
1988.12—1989.2	《我的哲学的发展》《中国经济改革的思路》《权力和特权社会分层的理论》
1989.3—5	《中国的启蒙运动——知识分子与五四遗产》《危机中的中国知识分子——寻求秩序与意义》《五四：文化的阐释与评价——西方学者论五四》《中国的人格》
1989.6—8	《未来启示录》《中国政治史》《自我论》《突变论》
1989.9—12	《哲学史教程》《西方政治思想史》《中国传统的创造性情化》《从西方哲学到禅佛教》
1990.1—4	《公共关系学》《美语会话》《中华人民共和国法律大全》《伟大的中国革命1980—1985》
1990.5—8	《公共关系学》《政治社会学导论》《古今韬略三十六计及续编》《儒家与现代中国》
1990.9—12	《中国现代政治思想评要》《大国的兴衰》《社会学》《2000年大趋势》
1991.1—5	《新国富论》《管理学》《从西化到现代化》《现代国际关系史》
1991.4—7	《若干重大决策与事件回顾》《权力的转移》《世界人权约法》《当代中国外交》

数据来源：《大学生信息用户研究》课题组．大学生成长环境研究［M］．北京出版社，1993年版，第90页。

---

[1] 刘翔平：《大学生西方思潮读书热调查》，《中国图书评论》1991年第3期。

[2] 说明：该书目源于北京大学新华书店，该店先后两任经理应《中国图书评论》杂志记者之约，自1986年9月起进行畅销书反馈。笔者认为该资料对说明大学生阅读热点的现状具有极大的参考价值。

第三章 全面改革时期的大学生理想信念教育（1984—1992）

其次，人生意义丢弃。长期处于"理论缺氧""精神饥饿"状态的大学生，由于缺乏合理取舍的能力，不加分析地接受了西方理论著作中的某些零散、片面的观点，出现了缺乏历史担当、丢弃人生意义等现象。一是严重的非理想主义倾向。文艺作品作为一种特定时代背景下的文化现象，带有鲜明的意识形态色彩，对大学生的理想、追求具有很大的影响（见表2）。有学者对80年代中后期流行歌曲中所体现的价值进行了梳理和分类，内容主题大致如下：人生就是戏；非理性主义；抽象人性论；音乐就是音乐；玩世不恭、消极颓废、悲观绝望的人生观；抽象的、超阶级的爱；不堪入目、入耳的性挑逗；"世纪末"的颓废情绪。[①] 如1986年由崔健演唱的《一无所有》受到青年大学生的热捧，究其原因就在于这首歌曲反映了社会剧烈转型时期青年一代的失落和迷茫。而这首歌受追捧的程度可以通过一个数据得以管窥。1988年，崔健在北大开演唱会，上千学子夹道欢迎，"2000人的礼堂已黑压压地坐定了近3000人"[②]。二是享乐主义、消费主义的兴起。这一特点可以直接通过大学生的生活方式和消费观念反映出来。20世纪80年代中后期，"躺在父母汇款单生的人"成为部分大学生的代名词。据1987年对北京24所高校1114名大学生的调查数据显示，大学生月平均支出由1983年的31.2元，上升到1987年的72.9元[③]。虽不能忽视大学生消费观念变迁的合理性，但由校园债务危机、消费幼稚症等引发的问题则反映出大学生人生追求、生活目标的转变。

表2 各社会因素对大学生思想影响的排列顺序

各社会因素 \ 调查时间	1986年6月	1987年6月
社会思潮	1	2
报纸杂志	2	4
大学同学	3	5
文艺作品	4	3
社会名流、专家	5	6

---

① 程民生：《流行歌曲热现象引起的思考》，《中国音乐教育》1992年第1期。
② 沈之等编：《全国山河一片"红"》，团结出版社1993年版，第320页。
③ 《不能开源，也当节流》，《中国青年报》1987年2月10日。

续表

各社会因素 \ 调查时间	1986年6月	1987年6月
家长	6	1
政治学习	7	9
任课教师	8	7
班主任	9	8
辅导员	10	10
校、系领导	11	11

数据来源：中共北京市委高校工作委员会，中共北京市委研究室，北京高校德育研究会. 对八十年代首都大学生纵向研究［M］. 北京：北京师范学院出版社，1990：57.

再次，政治信仰迷茫。全面改革时期，大学生政治信仰迷茫是国内外因素共同影响的结果。国际层面，"和平演变"的战略攻势使我国社会主义意识形态主阵地遭受冲击，大学生不同程度地出现了政治信仰迷茫。国内层面，对"文化大革命"和领袖人物的某些思想的否定，也极大地影响了大学生的理想信念，引发了大学生对理想、信仰的疑问。导致大学生信仰迷茫的原因是多方面的：一是西方思潮并没有帮助大学生确立新的信仰。西方哲学著作只是帮助大学生更加彻底地抛弃旧的信仰，但并不能为大学生解开社会人生之谜，而"只能使本来灰暗的心情更加灰暗，使迷惘的头脑更加迷惘"[1]。二是"全盘西化"等错误主张广为传播。许多主张"西化"的观点被缺乏免疫力的大学生不加批判地接受，其中所蕴含的民族虚无主义、历史唯心主义，消解了部分大学生的政治信仰。三是党内和社会上的不正之风，使得部分大学生盲目崇拜资本主义，崇尚多元化、多党制，而对共产主义缺乏信心，带来理想信念层面的剧烈失落感。

三、资产阶级自由化思潮造成大学生迷茫

改革开放以来，资产阶级自由化思潮在我国经过由精神污染、理论攻势、政治攻势、煽动学潮到政治风波的酝酿与发展。20世纪80年代中后

---

[1] 张永杰等：《第四代人》，东方出版社1988年版，第200页。

期,伴随着国际上"和平演变"和"反和平演变"的斗争,国内坚持四项基本原则和反对资产阶级自由化的斗争逐渐升级,部分大学生不同程度地卷入了这场政治斗争,在思想领域引起的混乱,给大学生带来了思想上的迷茫。

首先,对党的领导持怀疑、动摇态度。否定党的领导、主张全盘西化,是西方敌对势力和国内反革命分子极力宣扬的重点问题。依据1986年对首都大学生思想状况的抽样调查来看(见表3),12.1%的大学生认为依靠中国共产党难以实现国家富强,而要实现国家的强大,需要实行多党制,这种观点在非党团员大学生中表现得尤为突出。为什么大学生会产生这样的观点呢?主要有以下原因:一是主观地将改革开放过程中出现的一切社会弊病归结为体制弊端、党和政府的失误,由此产生对党的不信任情绪。二是西方资本主义独大的强势背景,使部分大学生把"多党制"视为中国实现富强的必由之路。在20世纪80年代中后期,北京部分高校出现的各种各样的"研究会""讨论会",直接攻击四项基本原则,抨击中国共产党,使部分大学生在不同程度上受到了影响。三是党内的腐败现象对大学生产生了消极影响,导致大学生对党的信任下降。在部分著述、新闻的误导下,大学生很容易演绎并得出"共产党腐败"的结论,看不到共产党的凝聚力和感召力。从1989年4月首都大学生调研数据看,只有14%的大学生认为,只要认真就能从根本上解决腐败问题[①]。

表3 您对党的领导怎么看?(1986年)

问题与选择	总体人数	年级 一	年级 二	年级 三	年级 四	政治面貌 党员	政治面貌 团员	政治面貌 非党团员	来源地 大城市	来源地 一级城市	来源地 农村
	2723人	712	732	757	402	224	2400	68	1285	687	741
比例		26.1	26.9	27.8	14.8	8.2	88.1	47.2	47.2	25.2	27.2
1.只有坚持共产党的领导,我国社会和经济的发展才能符合人民。	72.3	78.1	73.5	71.7	63.7	87.5	71.9	36.8	73.7	71.0	71.5

---

① 中共北京市委高校工作委员会、中共北京市委研究室、北京高校德育研究会:《对八十年代首都大学生纵向研究》,北京师范学院出版社1990年版,第214页。

续表

问题与选择	总体人数	年级 一	年级 二	年级 三	年级 四	政治面貌 党员	政治面貌 团员	政治面貌 非党团员	来源地 大城市	来源地 一级城市	来源地 农村
	2723人	712	732	757	402	224	2400	68	1285	687	741
比例		26.1	26.9	27.8	14.8	8.2	88.1	47.2	47.2	25.2	27.2
2. 靠共产党领导，中国的富强没有希望。	2.8	3.2	1.8	2.4	4.7	3.1	2.7	4.4	2.3	3.2	3.2
3. 只有实行多党制，中国才能强大。	17.7	12.2	17.3	18.8	23.1	7.1	18.1	36.8	16.8	17.8	20.5

数据来源：中共北京市委高校工作委员会，中共北京市委研究室，北京高校德育研究会. 对八十年代首都大学生纵向研究［M］. 北京：北京师范学院出版社，1990：143.

其次，主张马克思主义"异化论""过时论"。在中国近现代历史上，马克思主义成为我国摆脱积贫积弱、任人欺凌这一落后局面的治病良方，是中国革命胜利的精神动力。改革开放以来，随着资产阶级自由化思潮的泛滥，部分大学生对马克思主义的认识出现了偏差。一是怀疑马克思主义的科学性，否定马克思主义的指导地位。不少学生认为马克思主义过时了，它只能说明过去，而无法负责超出它视野的未来。依据1986年对首都大学生的抽样调查结果可知（见表4），部分大学生对马克思主义已经过时持肯定态度，接近20%的大学生否定了马克思主义的"指导地位"。二是对共产主义的认识存在误区，看不清共产主义的实质。41%的大学生认为，"共产主义是一种理想，其性质等同于一种宗教信仰"；16.5%的大学生认为共产主义"是一种空想，根本不能实现"[①]。不可否认，在全国范围内，不少大学生并没有正确认识共产主义的实质，而处于一种"知之不多、人信亦信"的状态，更谈不上对马克思主义的信仰。"共产主义这种社会形态是否存在？""共产主义是不是空想？"这些问题反映出大学生在认识层面对共产主义理想信念存在的问题。

---

① 中共北京市委高校工作委员会、中共北京市委研究室、北京高校德育研究会：《对八十年代首都大学生纵向研究》，北京师范学院出版社1990年版，第215页。

表 4　您是怎样看待马克思主义的？（1986 年）

问题与选择	总体人数	年级 一	年级 二	年级 三	年级 四	政治面貌 党员	政治面貌 团员	政治面貌 非党团员	来源地 大城市	来源地 一级城市	来源地 农村
	2723人	712	732	757	402	224	2400	68	1285	687	741
比例		26.1	26.9	27.8	14.8	8.2	88.1	47.2	47.2	25.2	27.2
1. 马克思主义是科学，应作为我国社会主义革命和建设的指导思想。	17.8	14.0	17.3	20.2	20.1	23.2	17.3	14.7	18.4	14.8	19.6
2. 马克思主义已经过时了，它只能起束缚人们思想的作用。	2.6	1.5	2.2	3.4	4.7	3.6	2.3	17.4	1.6	2.9	4.0
3. 马克思主义仅仅是一门科学，它与其他社会科学理论应该是平等的，不应有谁指导谁的关系。	22.7	18.1	22.1	25.1	26.6	10.3	23.5	39.7	22.3	25.2	21.2
4. 我们应该既要坚持马克思主义，又要发展马克思主义。	55.3	65.2	57.1	49.5	47.0	61.2	55.4	38.2	58.0	55.8	54.1

数据来源：中共北京市委高校工作委员会，中共北京市委研究室，北京高校德育研究会. 对八十年代首都大学生纵向研究 [M]. 北京：北京师范学院出版社，1990：142.

再次，社会主义制度认同存在错误倾向。部分大学生在认同社会主义制度中存在的错误倾向主要表现在以下几个方面：一是看不到社会主义制度的优越性。部分大学生看到中国虽然已经进行了多年的社会主义建设，但仍有不少人民生活艰难，看到社会主义国家与资本主义国家在富裕程度上的差距，就开始怀疑社会主义制度的优越性。二是看不到社会主义建设的成就。绝大多数学生对"没有共产党就没有新中国"这一结论并无异议，但不少学生对三中全会以来党的路线方针政策知之甚少，看不到我国当前各条战线的新变化和新形势，看不到改革开放以来我国经济社会建设过程中取得的显著成就。三是缺乏实现共产主义的信心。改革开放以来，通过对历史的反思和国内外经济发展状况的认识，绝大多数大学生都热情拥护改革开放的总方针，认为改革是中国实现富强的必由之路。但部分学生对改革的方向、目标缺乏正确理解，认为"改革是补资本主义的课"，其结果是"两种社会制度的融合、趋同"。在1989年4月的调研中（见表5），有59.8%的大学生选择了"前途未卜"。

表5 对我国改革的前景您认为？（1989年4月）

问题与选择	大学生	学生党员
前途光明，道路曲折	33.7%	37.2
前途未卜	58.9%	55.8
不太关心	2.4%	0.8%
不如不改	0.3%	0.8%
越改越糟	4.7	5.6%

数据来源：中共北京市委高校工作委员会，中共北京市委研究室，北京高校德育研究会. 对八十年代首都大学生纵向研究［M］. 北京：北京师范学院出版社，1990：207.

第三节 大学生理想信念教育的变革与发展

全面改革时期，随着党和国家工作中心的转移，对内搞活、对外开放政策的实行以及城乡经济体制改革的不断深入，大学生开始高度关注国内改革。但由于多种原因，高校理想信念教育显得越来越不适应。面对新形势和新变化，党和国家更加重视高校理想信念教育，通过调整教学内容，更新教材，改进教学方法，稳步推进大学生理想信念教育。1985年，《中共中央关于教育体制改革的决定》以及《中共中央关于改革学校思想品德和政治理论课教学的通知》等文件的下发，推动了高校理想信念教育的变革和发展。

一、开展以中国革命史为中心的历史教育

中国革命史既是一门历史课，又是一门马克思主义思想理论课，其兼有的历史教育和理论教育功能对于大学生坚定社会主义理想和信念具有重要意

义。1984年,中共中央印发《关于加强革命传统教育的意见》,提出要将革命传统教育作为共产主义理想信念教育的一项基础性内容。为了更好地"用历史教育青年,教育人民"①,"进行以中国革命史为中心的历史教育"②,各高校围绕党史课程教学改革进行了一系列探索,取得了良好的实绩和效果。

首先,推进《中共党史》课教学改革,开设《中国革命史》课。依据这一时期大学生的特点,国家教育委员会召开座谈会,将党史教育的重心由过去围绕中国共产党自身建设的历史,转变为中国共产党领导革命的历史,并确定了开设《中国革命史》课的指导思想、具体内容和方法步骤。党史课教学改革主要围绕以下几方面展开:一是各高校积极开展教学改革试验。1985年8月1日,《中共中央关于改革学校思想品德和政治理论课程教学的通知》(以下简称《通知》)发出后,各高校进行了传达、学习,并制定了贯彻落实的措施,陆续开设了《中国革命史》课。为更好地促进党史教学改革,北大、人大、师大、清华等高校还开设了《共产国际与中国革命》《中国国民党史》《中华民国史》《中国民主党派史》等一大批选修课程。③ 如北京师范学院分院的教师为学生开设的《当代国际共产主义运动》课,全课共18章,讲述内容全是同学们关心的问题,包括欧洲情报局,苏共二十大,赫鲁晓夫、勃列日涅夫时期的苏联,苏联侵捷,欧洲共产主义,印度的共产主义运动,拉丁美洲及古巴的共产主义运动等内容,很受学生欢迎,到课率明显提高。④ 二是抓紧编写教学大纲、教材和教学参考资料。当时高校思想政治理论课的教材、教学大纲、教学计划长期存在"四脱离"的弊病,即"脱离国

---

① 《邓小平文选》第3卷,人民出版社1993年版,第206页。
② 教育部思想政治工作司组编:《加强和改进大学生思想政治教育重要文献选编(1978—2008)》,中国人民大学出版社2008年版,第55页。
③ 中共北京市委研究室编:《新时期大学生思想政治教育研究》,北京师范大学出版社1988年版,第263页。
④ 中共北京市委研究室编:《新时期大学生思想政治教育研究》,北京师范大学出版社1988年版,第265页。

情,脱离实际,脱离工农,脱离生产劳动"①。为此,国家教委政教司编选了《中国革命史阅读材料汇编》(学生用)一书,作为高等学校学生学习中国革命史的辅助材料。中宣部理论局和国家教委政教司共同编写了《中国社会主义建设》课试用教材。据1987年年底不完整统计,中国革命史教材在100种以上,中国社会主义建设教材在20种以上,马克思主义原理教材在8种以上。②1988年,在全国多数高等学校开设《中国革命史》课。各校政治理论课教师普遍反映,开设《中国革命史》课程受到了学生的欢迎。③

其次,强化爱国主义和革命传统教育。爱国主义和革命传统教育,是大学生了解中国悠久的历史文化传统、澄清错误思想认识的重要途径和渠道。针对当时很多大学生不愿意读有关四项基本原则、有关反对资产阶级自由化的文章和材料的现象,胡乔木指出:"一个重要的原因就是他们既不了解中国目前的实际,也不了解产生中国目前的实际的历史背景。"④ 1985年6月15日,《共青团中央关于不失时机地对青少年进行爱国主义和革命传统教育的通知》,作为改革开放新形势下落实党中央加强青少年思想教育工作的一项重要指示,强调要"不失时机地把对青少年的爱国主义和革命传统教育引向深入"⑤,培育有理想、有道德、有文化、有纪律的一代新人。各高校由此开展的教育主要有:一是充分发挥党史、校史育人的作用。如厦门大学设立党史校史资料征集研究办公室,成立校史、党史编写委员会,出版完整的系列出版物,作为对大学生进行爱国主义和革命传统教育的重要读本和资料。迄1991年3月底,共编纂厦大党史资料三辑、校史资料八辑,编写

---

① 崔建瑞主编:《灵魂塑造者的沉思——武汉地区400名大学生调查专题研究材料选辑》,湖北人民出版社1992年版,第77页。
② 刘英杰主编:《中国教育大事典(1949—1990)》下,浙江教育出版社1993年版,第1424页。
③ 中共北京市委研究室编:《新时期大学生思想政治教育研究》,北京师范大学出版社1988年版,第258页。
④ 《胡乔木文集》第2卷,人民出版社2012年版,第683页。
⑤ 何东昌主编:《中华人民共和国重要教育文献(1976—1990)》,海南出版社1998年版,第2290页。

| 第三章 | 全面改革时期的大学生理想信念教育（1984—1992）

《厦门大学校史》上册及专著《不息的浪涛》等15册，共计500多万字。[①]二是组织学生与部队官兵联谊。通过组织学生赴部队前线学习、邀请部队官兵到高校做报告，加强了学生对部队的了解，有助于大学生深化对党和人民的理解，倍加珍惜国家当前安定团结的形势。如兰州大学与部队建立了良好的联系，邀请部队英模报告团到校做报告，效果十分突出，自1986年开展联谊活动以来，双方互相交流的信件达300多封，纪念品和礼品3000多件，赠言集、留言簿1000多件[②]，使大学生受到优良的爱国主义教育和革命传统教育。

二、强化马克思主义理论教育

全面改革时期，西方对我国逐步进行了由"摧毁"到"融化"的战略转变，使我国意识形态领域的斗争比以往更加尖锐。作为敌对势力进行思想文化渗透的主要场所，高校必须"旗帜鲜明地开展马克思主义基本理论的教育"[③]。1984年，中央宣传部、教育部联合印发《关于加强和改进高等院校马列主义理论教育的若干规定》，突出强调马克思主义理论课在高等教育中的重要地位和作用。

首先，逐步开设《马克思主义原理》课程，探索系统的教学体系。由于国内外多种复杂因素的制约和影响，"在高校的马克思主义理论教育中还相当普遍地存在理论脱离实际和淡化意识形态的倾向，马克思主义理论课教学不受学生重视的状况还未从根本上得到扭转和克服"[④]。1986年上半年教育部政教司召开研讨会，对"马克思主义原理"的教学内容体系、方式方法等

[①] 厦门大学档案馆、厦大学校史研究室编：《厦门大学校史（1949—1991）》第2卷，厦门大学出版社2006年版，第331页。

[②] 陆润林主编：《兰州大学校史（1990—1989）》，兰州大学出版社1990年版，第580—581页。

[③] 何东昌主编：《中华人民共和国重要教育文献（1976—1990）》，海南出版社1998年版，第2921页。

[④] 教育部社会科学司：《普通高校思想政治理论课文献选编（1949—2008）》，中国人民大学出版社2008年版，第138—139页。

内容进行初步探讨,以解决学生不爱听、不感兴趣的矛盾。据此,北京大学制定了关于《改进与加强马克思主义理论课程教学工作的决定》,把马克思主义基本原理课分解为《哲学》《关于帝国主义的理论与当代资本主义》《科学社会主义的产生和发展》这三门课①,初步建立了原理课的教学体系。中国人民大学的马克思主义发展史研究所和哲学系牵头并组成《马克思主义原理》教材组,共同研究和编写这门课的教学要点和教材。此外,为了改变社会主义经济学现行教材体系中,"公有制+几大规律+政策说明"的教条式的教学大纲,中国人民大学经济系经过深入研究,编写出新教学大纲。"同学们普遍认为,这门课信息量大,材料丰富,角度和结构新颖,能够联系实际回答同学们及社会上普遍关心的经济理论问题和经济体制改革的现实问题。"② 20世纪80年代末,中共中央突出强调要采取多种形式帮助大学生正确认识中国特色社会主义道路,着重对大学生进行"坚持社会主义道路和树立正确人生观的专题教育"③,开展社会主义道路教育电视系列讲座④等。

其次,开展马克思主义著作的学习活动。通过学习马克思主义的经典著作,有助于大学生从源头上准确掌握马克思主义科学原理。对于大学生"要鼓励、指导他们认真地阅读若干马克思主义的经典著作,并参阅其他有关资料"⑤。1987年春季学期伊始,北京师范大学就在全校范围内组织开展了"学马列、读原著"活动,"建立起读书小组、学习指导小组、理论学习小组、马列学社、共产主义研讨班等各种形式的活动组织110多个,参加者已达2000多人,占全部在校人数的1/3"⑥。同年,"武汉地区32所大专院校

---

① 王学珍等主编:《北京大学纪事(1898—1997)》(下),北京大学出版社1998年版,第959—960页。
② 中共北京市委研究室编:《新时期大学生思想政治教育研究》,北京师范大学出版社1988年版,第284页。
③ 杨放主编:《教育法规全书》,南海出版公司1990年版,第707页。
④ 杨放主编:《教育法规全书》,南海出版公司1990年版,第707—708页。
⑤ 《教育改革重要文献选编》,人民教育出版社1986年版,第116页。
⑥ 高新:《北师大两千学生竞学马列主义》,《人民日报》1987年3月21日。

| 第三章 | 全面改革时期的大学生理想信念教育（1984—1992）

中有 22 所开办了业余党校"①。为进一步推动马克思主义理论学习，中共中央于 1991 年 7 月发出关于学习《毛泽东选集》第 1 卷至 4 卷第 2 版的通知，《毛泽东选集》第 1 卷至 4 卷成为对青年大学生进行理想信念教育的基本教材。此后，高等学校的一些大学生中出现了认真学习马列主义、毛泽东著作和邓小平等老一辈无产阶级革命家著作的可喜现象，在各大学校园掀起"毛泽东热"的热潮。江西大学图书馆的《矛盾论》《实践论》等书被借阅一空；湖南财经学院图书馆西方哲学思潮书籍，已被马、恩、列、毛的著作所代替。② 一位学生在自述中写道："重学《毛泽东选集》后，我的思想发生了质的飞跃，以一种全新的面貌思考问题。"③ 为了引导和推动高校青年师生学习马克思主义理论活动健康、深入、持久地开展下去，1991 年 2 月 27 日，中央宣传部、国家教委、共青团发出了《关于组织高等学校青年师生学习马克思主义青年读本的通知》④。青年读本包括《马列著作青年读本》《毛泽东邓小平著作青年读本》，以及辅导上述读本的《马克思主义青年读本导读》。在这一精神的指导下，学习活动逐渐展开，蔚然成风。

再次，开办马克思主义理论讲座，成立学习研究会。提升高校马克思主义理论教育的有效性和实效性，需要创新方式方法，增强教育的思想性、针对性和现实性。1987 年 5 月 15 日，应国家经委党组邀请，中国人民大学开办马克思主义理论讲座，由佟柔、郭寿康、高放、李良多、郑建邦、许征帆等学者分别讲授。⑤ 复旦大学政治学专业学生自发成立"马克思主义原著兴趣小组"，通过研究马克思主义经典原著，提高大学生自身的马克思主义理论素养。清华大学建立了马克思主义学习研究会（TMS 协会），创办《活页

---

① 杨建武、朱玉祥：《武汉地区 22 所高校开办业余党校》，《人民日报》1987 年 11 月 27 日。
② 黎宛冰：《再上神坛的毛泽东——毛泽东热现象透析》，哈尔滨出版社 1993 年版，第 398 页。
③ 《大学生教育的回顾与思考》课题组编：《1989：蓦然回首——武汉地区 400 名大学生调查学生自述材料选编》，湖北人民出版社 1991 年版，第 134 页。
④ 国家教委政策法规司编：《中华人民共和国现行教育法规汇编（1990—1995）》下，人民教育出版社 1998 年版，第 1431 页。
⑤ 中国人民大学校史研究丛书编委会编：《中国人民大学纪事（1937—2007）》上卷，中国人民大学出版社 2007 年版，第 370 页。

文选》《求是通讯》和《求是园地》，对学习心得、争鸣文章进行交流。北京师范大学针对1992级入校新生举办青年共产主义者培训班，共训班的宗旨是：学习共产主义理论，学做共产党人。通过参加青年共产主义者培训班，大学生能够"较系统地学习共产主义原理和党的学说，学习党的基本路线，了解国际国内形势，坚定了学员们的社会主义、共产主义理想和争做一名优秀党员的信念"[①]。长春地质学院的大学生们组织了"M·M研究会"，即马克思·毛泽东研究会，到1992年，会员已由4人发展到437人，占全院学生总数的15%。在对该会103名会员进行的调研中，当问及为什么参加"M·M研究会"时，有22人回答是"追求真正的信仰，探求人生指南"[②]。面对风云变幻的国内外形势，大学生不断重视学习马克思主义理论，有助于在思想上筑牢抵御国内外势力和平演变的"钢铁长城"。

三、坚持四项基本原则和反对资产阶级自由化的教育

资产阶级自由化的实质是否定社会主义制度，主张资本主义制度，其核心是否定党的领导。1987年1月，中共中央印发《关于当前反对资产阶级自由化若干问题的通知》，提出了在高校加强坚持四项基本原则和反对资产阶级自由化教育的任务。这一时期，高校围绕以正面教育为主、结合批判和揭露错误思潮的思路开展教育活动，力求解决深层的思想认识问题，帮助大学生树立坚定、正确的政治方向，坚定对党和社会主义的信念和信心。

首先，开展坚持四项基本原则的正面教育。反对资产阶级自由化思潮教育的关键，在于从正面引导和教育大学生深入学习社会主义初级阶段理论。1987年2月8日，何东昌在国家教委1987年工作会议上的讲话，提出了"进行坚持四项基本原则、反对资产阶级自由化的正面教育"[③]的任务。

---

① 北京师范大学校长办公室编：《北京师范大学年鉴（1992）》，北京师范大学出版社1994年版，第65页。
② 齐人：《神州太阳：毛泽东热现象与中国文化情节》，中国青年出版社1994年版，第160页。
③ 何东昌主编：《中华人民共和国重要教育文献（1976—1990）》，海南出版社1998年版，第2577页。

| 第三章 | 全面改革时期的大学生理想信念教育（1984—1992）

一是组织大学生学习中央的精神和有关文件，包括：党的十三大报告，邓小平、赵紫阳同志的有关讲话，全国人大常委会《关于加强法制教育维护安定团结的决定》，马克思、恩格斯、列宁和毛泽东同志的有关论述，以及有关批评文章。向大学生讲清政治思想战线上软弱混乱的情况，讲清开展反对自由化斗争的必要性、重大意义，提高认识、消除疑虑。为了在理想信念教育中开展有针对性的教学，国家教委还组织编写了《五十天的回顾与反思》一书作为大学生的专题学习教材，以帮助大学生更好地吸取教训，提高明辨是非的能力，树立科学的世界观。

二是针对大学生带有普遍性的问题开展专题学习教育。各高校围绕"只有坚持社会主义，建设有中国特色的社会主义""必须坚持党的领导"等主题，举办坚持四项基本原则系列讲座、专题教育研讨会和学潮反思研讨会。如中国人民大学研究生会与哲学系研究生会在研究生院和哲学系党组织的指导和支持下，举办"反思与展望"系列讲座，邀请校内外专家讲授"东欧问题及其启示""马克思主义与当代"等十几个专题。[①]

三是广泛开展社会主义教育活动。党的十三届四中全会后，许多学校成立了在党委领导下的学生社会主义思想教育领导小组，全面领导这项教育活动。"从1989年开始，大学新学期开始后，一般都先上一段思想教育课，对学生进行马克思主义基本理论和革命传统以及遵纪守法等方面的教育。"[②]在教育中贯彻理论联系实际的原则，联系大学生的思想实际和社会生活实际，采取学生易于接受的方法。如《北京日报》开辟《笔谈社会主义》专栏，深入开展社会主义理论学习和教育，为大学生所欢迎，在全国引人注目。

其次，旗帜鲜明批判资产阶级自由化思潮。纵观20世纪80年代西方思潮在我国传播的形式，不难看出西方思潮主要借助于某些间接形式对大学生

[①] 中国人民大学校史研究丛书编委会编：《中国人民大学纪事（1937—2007）》上卷，中国人民大学出版社2007年版，第415页。

[②] 中共中央党史研究室：《中国共产党新时期简史》，中共党史出版社2009年版，第78—79页。

发生影响。这些间接的形式包括：阅读译著或国外原著，阅读介绍性书籍、沙龙、讲座、同学间的相互影响、交叉传播等①。因此，加强正面有针对性的社会思潮教育至关重要。1986年12月，邓小平发表了《旗帜鲜明地反对资产阶级自由化》的讲话，强调必须毫不动摇地、旗帜鲜明地、坚持不懈地反对资产阶级自由化思潮。1987年，国家教委副主任朱开轩在《关于1987年度高等教育的工作任务》的报告，明确提出了在大学生中进行当代社会思潮教育这个最主要的任务。

一是开设资产阶级自由化思潮评析课程，揭露其对大学生的危害。通过课堂教育，引导大学生以马克思主义的基本观点和方法审慎分析、客观评价社会思潮。北京大学、北京师范大学、清华大学、中国人民大学、复旦大学及其他高校，相继开设了《当代西方哲学》《西方政治思想史》《现代世界经济》《共产国际与中国革命》《当代国外社会思潮》等课程。②部分高校如南京大学举办的"现代西方社会思潮"大型系列讲座，在全校掀起了哲学热。1987年3月5日，国家教育委员会《关于在高等学校马克思主义理论课（公共课）教学中旗帜鲜明地坚持四项基本原则反对资产阶级自由化的通知》，对于教学中的重点问题做出规定。根据中央指示精神，高校中的各门课程都针对对大学生影响较大的思潮展开重点分析，并将胡乔木《关于人道主义和异化问题》的文章纳入教学计划，帮助、教育大学生分清理论是非。1990年11月以来，《大众日报》在"理论学习"板块刊发了多篇文章，如《评"真理多元论"》《评"个人本位论"》《评"社会主义早产论"》等文章，重点批判了资产阶级自由化思潮。

二是在大学生中进行坚持社会主义道路和树立人生观教育的活动。向大学生灌输个人主义的人生价值观是国际敌对势力推行和平演变的一个重要手段，"国际敌对势力之所以选择人生价值观作为和平演变的一个突破口，原

---

① 杨德广主编：《西方思潮与当代中国大学生》，河南人民出版社1991年版，第19—22页。
② 杨德广主编：《西方思潮与当代中国大学生》，河南人民出版社1991年版，第58页。

因就在于人生价值观和政治信念是密不可分的"①。20 世纪 80 年代以来,伴随着西方政治思潮的大量涌入,"抽象人性论""个人本位论""人生虚无论""自我中心论""及时行乐论"等观念对大学生群体产生了广泛影响,使大学生的价值取向出现了重大偏差,部分大学生感到迷茫、苦闷,并且常常把某些埋怨和不满发泄到马列主义和社会主义身上。1989 年,国家教育委员会《关于在高等学校学生中进行坚持社会主义道路和树立正确人生观教育的意见》,要求深入开展坚持四项基本原则、坚持改革开放、反对资产阶级自由化教育,帮助大学生逐步树立正确的世界观和人生观,沿着正确的方向健康成长。

四、进行党的路线、形势政策和实际知识的教育

党的十三大提出了党在社会主义初级阶段的基本路线,明确了国家未来发展的战略布局,是改革开放之后具有重大意义的事件。1985 年,中共中央印发《关于改革学校思想品德和政治理论课教学的通知》,提出了"进行中国社会主义建设和改革的理论、政策和实际知识的教育"②的要求,以增进大学生对改革开放的认识,消除思想困惑,更好地投身社会主义现代化建设的伟大实践。

首先,开展党的基本路线教育。大学生理想信念教育要取得成效,必须从我国社会主义初级阶段这个最大的实际出发。围绕社会主义初级阶段理论和党在社会主义初级阶段的基本路线,宣传十三大精神,是这一时期理想信念教育的重要内容。1988 年 2 月 3 日,何东昌在国家教委工作会议上做了题为《关于当前教育事业发展和改革的几个问题》的讲话,指出:"深入学习党的十三大文件,开展党的基本路线教育,是今年教育战线思想政治教育的重要任务。"③ 进行社会主义初级阶段党的基本路线教育,核心内容是

---

① 陈华斌:《始终不渝坚持马克思主义人生价值观》,《人民日报》1992 年 1 月 31 日。
② 国家教育委员会办公厅编:《教育改革重要文献选编 (1985)》,人民教育出版社 1987 年版,第 50 页。
③ 何东昌主编:《中华人民共和国重要教育文献 (1976—1990)》,海南出版社 1998 年版,第 2711—2712 页。

"一个中心、两个基本点"的教育。这一时期各地区各高校理想信念教育的重点是从理论和实践的结合上，引导大学生全面而准确地理解为什么必须以经济建设为中心，为什么在坚持四项基本原则的同时又必须坚持改革开放。例如北京市委教育工委组织编写了《中国国情教程》等教材，高校组织学习"50天的反思"，进行了社会主义专题教育活动，解决"中国走什么样的发展道路，知识分子走什么样的发展道路"的问题，帮助学生增强对社会主义的信念和信心。[①]

其次，进行党的形势政策教育。20世纪80年代中后期，我国进入全面改革的历史阶段，一方面国内政治体制改革、中日关系等问题成为大学生普遍关心的问题；另一方面社会上出现的一些消极现象，开始成为影响大学生思想认识的重要因素。为更好地帮助大学生正确理解我国社会主义建设和改革的理论，以及党的路线方针和基本政策，中共中央宣传部、国家教育委员会于1986年7月9日印发了《关于对高等学校学生深入进行形势政策教育的通知》，提出要有针对性地进行形势政策教育，调动广大学生的积极性。

一是开设《形势与政策》课，实现形势与政策教育课程化。为加强高校学生的形势政策教育，引导大学生关心国内外大事，增进对国内外形势和党的方针政策的了解，国家教育委员会依据我国全面改革时期的新形势和新任务对理想信念教育提出了新要求。1988年5月24日，国家教育委员会正式印发《关于高等学校开设〈形势与政策〉课的实施意见》，将《形势与政策》调整为大学生的必修课。《形势与政策》课作为一门"思想教育课程"[②]，始终以马克思主义为指导，密切结合国内外形势，立足于大学生的思想实际开展有针对性的教育，旨在帮助大学生认清形势和任务，增强自信心和社会责任感。

---

① 中共北京市委教育工作委员会、北京高校德育研究会主编：《北京高校德育二十年·上：改革开放二十年北京高校德育工作回顾与经验总结》，北京邮电大学出版社2000年版，第8页。
② 教育部社会科学司：《普通高校思想政治理论课文献选编（1949-2008）》，中国人民大学出版社2008年版，第136页。

| 第三章 | 全面改革时期的大学生理想信念教育（1984—1992）

二是开展主题教育，深化形势教育。这一时期，为帮助广大学生正确认识社会主义制度，各高校通过开展社会实践报告会、座谈会等方式有针对性地对大学生开展形势教育。如厦门大学高度重视对大学生进行形势与政策教育，除了校领导亲自向全校学生做国内外形势报告外，还先后邀请省、市领导给全校干部和学生做福建形势和厦门经济特区建设成就的报告。[①] 1985年，北京大学校党委制订《形势与政策教育计划》，规定教育内容为：形势与改革教育；对外政策教育；维护安定团结局面，认清"四大"危害的教育；干部制度改革和整顿党风意义的教育；青年运动的传统和大学生历史责任的教育。[②] 1989年，李铁映在《振奋精神，把教育搞上去——在国家教委1989年工作会议上的讲话》中指出，应主动围绕新中国成立40周年、"五四"运动70周年等重要时间节点开展形势教育，将大学生团结在"实现'四化'，振兴中华"的共同理想旗帜之下。

再次，引导大学生参加社会实践。20世纪80年代的大学生社会实践活动，促使大学生有目的地、有计划地走向社会、深入实际，实现了大学生由"旁观者"到"主人翁"的角色转变。1987年，中共中央印发的《关于改进和加强高等学校思想政治工作的决定》，以及国家教委、共青团中央印发的《关于广泛组织高等学校学生参加社会实践活动的意见》，均强调要把"引导学生参加社会实践活动"纳入教学计划，作为这一时期的国情教育和思想教育的重要任务。此后，各地区各高校进一步加强了对社会实践的领导，这一年暑假，全国有100多万大中专学生参加了"百县扶贫、学习社会"的社会实践活动。[③] 在中央精神的指导下，部分地方建立了大学生社会实践基地，部分学校开展了"社会实践周""社会实践建设营"等活动，通过组织学生到基层一线，对大学生了解社会主义建设和革命的实际，树立起建设社会主

---

① 厦门大学档案馆、厦门大学校史研究室编：《厦门大学校史（1949—1991）》第2卷，厦门大学出版社2006年版，第332页。
② 王学珍等主编：《北京大学纪事（1898—1997）》下，北京大学出版社1998年版，第957页。
③ 龚海泉主编：《党的思想政治教育史》，高等教育出版社1993年版，第394页。

义的信念起到了良好的效果。1990年5月,中共中央宣传部、国家教委、共青团中央联合出台《关于1990年暑期高等学校学生社会实践活动的几点意见》,高校学生的社会实践活动逐渐得到发展。从总体上看,1990年暑期,全国"各地高校组织了近万个社会实践小分队。大学生们在1500多个国家重点工程、大中型企事业单位,2000多个乡镇企业、农村专业户,上百个军营、哨所,150多个贫困县,200多个革命老区、革命纪念地,广泛开展了综合考察、科技服务、文化补习、知识咨询、医疗服务、挂职训练和义务劳动。这是1983年开展社会实践活动以来规模最大、效果最好的一次"①。

---

① 《百万大学生暑假社会实践收获大》,《人民日报》1990年10月24日。

第四章　社会主义市场经济条件下的大学生理想信念教育（1992—2002）

1992年，邓小平"南方谈话"和党的十四大的胜利召开，标志着我国的改革开放开始进入社会主义市场经济建设的新阶段。邓小平的"南方谈话"回答了改革开放姓"社"还是姓"资"的问题，打破了旧有思想观念的束缚，极大地解放了人们的思想，改变了人们对改革开放产生疑虑、缺乏信心的情况。1992以后，社会主义市场经济体制的确立，给人们的生活方式和思想观念带来了深刻变化。20世纪90年代以来的大学生，置身于国民经济快速发展、政治体制稳定改革、思想文化开放宽松的环境中，由于很少受到传统观念的束缚，思想观念表现出更强的异质性，也更容易受到改革开放新形势的影响。在社会主义市场经济条件下，大学生理想信念教育立足于社会发展的良好态势和大学生思想观念的新变化，围绕培养社会主义建设者和接班人的目标，以邓小平理论作为中心内容，秉承"重在建设""重在引导和教育"的思想指导，不断加强和改进了大学生理想信念教育。

第一节　社会主义市场经济条件下的新变化

90年代以来，我国开始步入一个大发展、大变革的时代。国际层面，世界综合国力竞争日趋激烈，"一超多强"的世界格局、经济全球化、信息网络化的趋势，带来了不同国家政治、经济等层面全方位的竞争和博弈；国内层面，社会形势发生深刻转变，我国建立了社会主义市场经济体制，提出社会主义初级阶段的基本纲领以及建设社会主义精神文明的根本任务，不断加大改革力度和深度，促使我国的改革开放进入新的历史阶段。在这样的背景下，大学生的精神面貌、社会心态、理想信念也发生了巨大转变，给大学生理想信念教育带来了新的挑战。

一、世界综合国力竞争日趋激烈

20世纪80年代末90年代初，苏东剧变标志着冷战的结束，"世界多极化和经济全球化的趋势在曲折中发展，科技进步日新月异，综合国力竞争日趋激烈，世界的力量组合和利益分配正在发生新的深刻变化"①。事物的发展总是充满着矛盾，世界的多极化、全球化、信息化作为一把双刃剑，对大学生理想信念教育提出了诸多新课题，产生了举足轻重的"正效应"和不可避免的"负效应"。

首先，"一超多强"的世界格局，加剧了意识形态的斗争。苏联解体、东欧剧变标志着东西方两极格局的结束，世界"一超多强"的多极化格局对大学生产生了重大影响，增加了大学生理想信念教育的难度。一方面世界格局的新变化使大学生思想产生困惑。20世纪80年代至90年代初，国际共产主义运动处于低潮，"悲观失望""消极颓废""背叛"等情绪在不同程度影响着大学生的思想观念。与此同时，80年代末，我国国民经济出现了问题，经历整顿后我国经济环境和经济秩序有了极大改善，但速度却有所减缓，使部分青年大学生产生了"中国的红旗能打多久"等疑问。另一方面西方发达国家加紧对原社会主义国家尤其是中国进行渗透，"和平演变"由"两化"发展为"六化"，即"在'西化''分化'的基础上，增加了'四化'——淡化、腐化、丑化和熔化"②。国际资产阶级仍然在继续巩固反共反社会主义的国际联盟，利用人权、民族、民主、领土等问题，采用禁运制

---

① 《江泽民文选》第3卷，人民出版社1993年版，第297页。
② 计毅波：《中国共产党十三届四中全会以来思想政治工作理论研究》，光明日报出版社2010年版，第24页。

| 第四章 | 社会主义市场经济条件下的大学生理想信念教育（1992—2002）

裁、派兵遣将等方式，对我国进行政治进攻。

其次，经济全球化进程加快，加速了意识形态的交流和碰撞。世界历史性、经济全球化是人类社会发展的历史必然。经济全球化实现了商品、技术、信息的跨国融合，各国经济因此也处在不同程度的联系中。2001年，中国加入世界贸易组织标志着我国对外开放进入了新的发展阶段。在对外开放进一步扩大的背景下，"思想意识、价值观念、行为方式的交流和碰撞……也使我们面临西方文化资本、文化产品和价值观念的严峻挑战"[①]。在这场没有硝烟的战争中，大学生理想信念教育面对巨大挑战。其一，就其经济全球化的运行而言，西方国家制定"游戏规则"并因此长期占主导地位，容易使大学生对"两个必然"这一规律的真理性产生怀疑和动摇；其二，全球化的市场经济催生人们对经济的过度崇拜，导致拜金主义、享乐主义、个人主义等价值观泛滥。在以经济发展为导向的社会环境中，重新定位大学生理想信念教育、改革和完善理想信念教育内容显得必要而迫切。

再次，新的科技浪潮汹涌而至，对社会生活产生深刻的影响。20世纪末，世界范围内科学技术的飞速发展，使先进的科技成果被广泛运用于生产与社会中，这为我国现代化建设提供了机遇，也给社会生活带来了显著变化。身处互联网、多媒体等现代传媒所构建的网络空间中，大学生群体呈现出的新特点主要表现为工具理性和价值理性的断裂。在科学技术飞速发展的背景下，人们更多地从理性、技术层面去把握价值标准。当大学生一味以科学技术、理性去思考人类价值时，不仅容易出现人文精神的缺失和个人价值的迷茫，也容易偏离马克思对人的自由而全面发展这一目标价值的追求。对于大学生而言，如何看待科学技术、如何看待理性则是大学生理想信念教育面对日新月异的科学技术需要思考的命题。

二、建立社会主义市场经济体制

20世纪90年代是我国社会主义现代化建设进程中承前启后、继往开来

[①] 《十六大以来重要文献选编》上，中央文献出版社2011年版，第339页。

的重要时期,是实现我国国民经济三步走战略目标的关键十年。

　　面临"改革向何处去"的重要抉择,邓小平"南方谈话"回答和澄清了人们关于改革开放姓"社"姓"资"的争论和困惑,促进了人们思想观念的解放。1992年,党的十四大报告正式提出"建立社会主义市场经济体制"的目标,转变经济体制成为这一时期的重要任务。1993年,党的十四届三中全会通过《关于建立社会主义市场经济体制若干问题的决定》,指出"建立社会主义市场经济体制,就是要使市场在国家宏观调控下对资源配置起基础性作用"[1],并设计了社会主义市场经济体制的基本框架和总体蓝图。改革开放以来,我国对经济体制的探索和改革举步维艰,要改变人们长期形成的"社会主义等于计划经济"观念更是困难重重。一方面,由于人们对市场经济缺乏应有的了解,在改革开放过程中产生的新情况、新问题容易使人们产生思想上的困惑,阻碍了改革开放的深化发展;另一方面,"由于社会经济成分、组织形式、物质利益、就业方式日益多样化,人们思想活动的独立性、选择性、多变性、差异性明显增加,市场经济活动存在的弱点及其带来的消极影响,反映到人们的思想意识和人与人关系上来,容易诱发自由主义、分散主义和拜金主义、享乐主义、利己主义"[2]。因此,帮助人们解决"换脑筋""聚共识"的问题成为这一时期理想信念教育的重要着力点。

　　伴随新旧体制转型,大学生也不可避免地被卷入这场大潮,"读书无用论"的观点开始抬头。1994年,江泽民在中华人民共和国第八届全国人民代表大会第二次会议中指出:"改革和建设越发展,越需要讲理想、讲纪律、讲团结、讲大局。"[3] 因此,要用社会主义市场经济建设的成就来教育大学生,破除大学生旧有的不适应改革开放和市场经济发展的思维方式,培育改革、竞争、开放意识。

---

[1] 《中共中央关于建立社会主义市场经济体制若干问题的决定》,人民出版社1993年版,第2页。

[2] 《十五大以来重要文献选编》中,中央文献出版社2011年版,第457页。

[3] 全国人民代表大会常务委员会办公厅编:《中华人民共和国第八届全国人民代表大会第二次会议文件汇编》,人民出版社1994年版,第216页。

| 第四章 | 社会主义市场经济条件下的大学生理想信念教育（1992—2002）

三、社会主义初级阶段基本纲领的贯彻

在发展社会主义市场经济的背景下，深化改革开放、快速发展经济，必须以党在社会主义初级阶段的基本纲领为指导。党的十五大，正式确立了邓小平理论在全党的指导地位。邓小平理论是对"什么是社会主义，怎样建设社会主义"这一问题的深度探索，是关于我国发展阶段、根本动力、根本任务、基本纲领等一系列问题的科学回答。党的十五大报告，系统阐述了党在社会主义初级阶段的政治、经济、文化纲领，深化探索了社会主义建设的规律，丰富和发展了党的社会主义初级阶段理论。可以说，社会主义初级阶段基本纲领的提出，体现了党和国家面向21世纪的发展方向和宏伟蓝图，这也关系到人们对党、对社会主义的认识，对于树立"社会主义-共产主义"理想信念具有重要意义。

社会主义初级阶段基本纲领的提出，对于开展大学生理想信念教育具有重大意义。首先，有助于澄清大学生关于共产主义理想信念存在的认识误区。在社会主义市场经济条件下，有部分学生认为，我国还处于社会主义初级阶段，讲共产主义理想显得"不合时宜"。中国共产党既有初级阶段的基本纲领，也有实现共产主义的最高纲领，正如江泽民指出的，"我们是最低纲领与最高纲领的统一论者"[1]。大学生理应坚持共产主义远大理想和中国特色社会主义的共同理想。其次，党在社会主义初级阶段的文化纲领为大学生理想信念教育提出了新的要求。党的十五大报告指出，所谓建设中国特色社会主义的文化，就是要"以马克思主义为指导，以培育有理想、有道德、有文化、有纪律的公民为目标，发展面向现代化、面向世界、面向未来的，民族的科学的大众的社会主义文化"[2]。这就要求大学生理想信念教育要围绕以下内容展开：一是以马克思主义为指导，坚持用邓小平理论武装大学生

---

[1] 《江泽民文选》第3卷，人民出版社1993年版，第293页。
[2] 《十五大以来重要文献选编》上，中央文献出版社2011年版，第16页。

的头脑；二是继续坚持"四有"目标，始终将共产主义理想放在首位；三是面对国内外复杂环境和激烈竞争，高校理想信念教育应不断提升大学生的思想道德素质和科学文化素质。

四、加强社会主义精神文明建设

加强社会主义精神文明建设，是党在建设社会主义市场经济所面临的一项重要战略任务。在深化发展社会主义市场经济的背景下，如何防止和克服物质文明建设和精神文明建设中"一手硬、一手软"的现象，抵御西方敌对势力"分化""西化"的图谋，是党在新的历史阶段所面临的重大历史性课题。

物质文明和精神文明都搞好，才是有中国特色的社会主义。1992年，党的十四大报告深刻阐释了"两手抓"的方针，明确了"坚持两手抓，两手都要硬，把社会主义精神文明建设提高到新水平"[1]的任务。1994年，江泽民在全国宣传思想工作会议上的讲话，将建设社会主义精神文明置于突出的位置，指出社会主义精神文明建设的根本目标是"培养有理想、有道德、有文化、有纪律的新人"[2]。1996年，党的十四届六中全会通过《中共中央关于加强社会主义精神文明建设若干重要问题的决议》，提出了现阶段我国建设社会主义精神文明的总要求，即"以科学的理论武装人，以正确的舆论引导人，以高尚的精神塑造人，以优秀的作品鼓舞人，培育有理想、有道德、有文化、有纪律的社会主义公民"[3]，明确了社会主义精神文明建设的主要目标，那就是"在全民族牢固树立建设有中国特色社会主义的共同理想，牢固树立坚持党的基本路线不动摇的坚定信念"[4]。

---

[1] 《江泽民文选》第1卷，人民出版社2006年版，第237—238页。
[2] 《十四大以来重要文献选编》上，中央文献出版社2011年版，第571页。
[3] 《中共中央关于加强社会主义精神文明建设若干重要问题的决议》，人民出版社1996年版，第29页。
[4] 《中共中央关于加强社会主义精神文明建设若干重要问题的决议》，人民出版社1996年版，第29页。

|第四章| 社会主义市场经济条件下的大学生理想信念教育（1992—2002）

为了贯彻和执行党对社会主义精神文明建设的要求，党和国家围绕高等教育改革和发展制定了一系列方针，对大学生理想信念教育具有巨大指导作用。首先，全国实施科教兴国战略。自党的十三届四中全会以来，中国共产党更加突出"精神文明"在社会主义建设中的重要地位。1995年国家提出了"科教兴国"的重大战略，大学生开始重新确立起"知识创造价值"的观念，"脑地倒挂""读书无用"的现象有所好转。其次，推进高等教育的改革与发展。20世纪90年代，党和国家先后制定和印发了《中国教育改革和发展纲要》和《中华人民共和国高等教育法》。再次，全面推进素质教育。1999年6月，中共中央、国务院印发《关于深化教育改革，全面推进素质教育的决定》提出，要"使受教育者坚持学习科学文化与加强思想修养的统一，坚持学习书本知识与投身社会实践的统一，坚持实现自身价值与服务祖国人民的统一，坚持树立远大理想与进行艰苦奋斗的统一"[①]。这就为高等教育的创新发展提出了新要求。

第二节 市场经济对大学生理想信念的冲击

党的十四大以来，我国初步确立了社会主义市场经济经济体制，中国社会改革进入新一轮高潮，也再次点燃了大学生的理想之火。在社会主义市场经济条件下，尤其是大学招生、毕业分配制度的深化改革，大学生思想活动的独立性、选择性、多样性和差异性明显增强，思想意识日益走向现代化、多样化和复杂化[②]。这种趋势和特点的主流是积极健康的，但由于改革开放实践的复杂性，使大学生产生了理想迷茫、人生困惑等问题。

[①] 教育部思想政治工作司组编：《加强和改进大学生思想政治教育重要文献选编（1978—2008）》，中国人民大学出版社2008年版，第271页。
[②] 柳礼泉主编：《撞击与升华——改革实践过程对人们思想的影响》，湖南大学出版社2002年版，第17页。

一、体制转换时期大学生的反思与追问

20世纪90年代初,我国步入改革开放和建立社会主义市场经济体制的转换时期,大学生思想观念和行为选择发生了巨大裂变。在大学生群体中引发的人生观讨论、校园文化热等都折射出大学生处于个人成才与社会需要、极富热情而又对改革缺乏承受力、缺乏远大理想而又讲求实效的二元分离的困境之中。

首先,多元人生理想和双重价值标准。伴随改革开放和现代化进程的加速,大学生的价值观念和行为模式相应地发生了重大变化。1992年1月,上海《青年报》刊发了署名为梅晓的青年大学生的来信《我该怎样选择生活》,由此掀起新一轮的青年人生观讨论。与80年代的"潘晓来信"人生观讨论的不同之处有两个方面:一是讨论主题从对"人为什么要活着"转变为对"人究竟怎样生活",即是从对人生价值和信仰这一形而上的问题的思索转向更具实际性、形而下的问题的讨论。"梅晓困惑"是现实理想化教育的结果,是青年大学生追寻完美价值理想失落后的反思。二是讨论背景由在"统一化"的价值理想、人生追求中,探寻个人在集体和国家联系中的价值意义,转变为"多元化"人生理想和人生道路的选择。"他们面对已不仅是人生的十字路口,而是呈放射状的米字路口"[①],这实质上反映出大学生在作为"社会人"或"经济人"的角色定位中产生的矛盾。作为"社会人",大学生理应坚持奉献、仁爱、责任的价值体系,作为"经济人",则体现为由竞争、效率、自由等构成价值体系。社会转型时期,由两种角色引起的冲突反映在价值观层面就是大学生自身价值观的冲突。由社会转型带来的思想文化变革对大学生理想追求和价值选择带来的影响是根本性的,具体表现为,"面对充满双重标准的复杂社会,她既不愿太卑鄙又不愿太吃亏。她承认文化的创造有其非功利的精神意义,但却更愿意追问这种创造活动本身的

---

① 魏群:《从"人生的路越走越窄"到"米字路口"的选择》,《中国青年》1992年第11期。

| 第四章 | 社会主义市场经济条件下的大学生理想信念教育（1992—2002）

世俗化快乐究竟在哪里？……她更着重的是从技术层安置自己在这个纷繁复杂社会中的适当位置：既受人尊重又不失生活之乐"[①]。

其次，理想追求的迷茫和模糊。社会主义市场经济对人的思想观念具有双重效应：一方面大学生心理情绪日趋理智、平和，开始走出"象牙塔"接触社会；另一方面市场经济的负面影响不可避免地影响其价值取向，反映在理想信念层面则体现为大学生对传统价值溶解的担忧，对真正拥有精神家园的渴盼和对现实生活及时代发展的一种积极思考。随着大学生主体意识的觉醒，大学生越来越关注自身价值的实现，带有个人色彩、注重个人利益、满足个人需求的价值取向在大学生中占有很大的市场。中国青少年研究中心的调查显示，强调"公私兼顾"的占调查对象的93%，主张"大公无私"的人只有2%。1997—1998年，城市大学生把"身心健康""保护环境""结婚建立美满家庭"三项列为对自己未来和生活最重要的因素；1999年，农村大学生把"身心健康""保护环境""保护动物""事业成功"等因素摆在最重要的位置上。[②] 这一调查结果既从纵向的时间维度又从横向的不同侧面反映了这样一个事实，大学生在处理个人和社会关系时，更多从个人价值、个人理想实现的角度出发，当国家出现的政策变动之时，首要关注对个人利益的影响。在这种背景下，大学生往往从现实、近期目标出发，而忽略了长远目标的树立和实现，容易导致大学生因价值目标的缺失而表现出茫然、不知所措的特点。20世纪90年代的校园歌曲热潮，体现了大学生对人生观、价值观的追求和表达，也能从另一个侧面反映出大学生思想观念的基本情况。自1994年，《校园民谣》系列的上市发行，在校园里引发了不小的"校园歌曲热"，一定程度上体现出大学生对现实生活的迷惘以及对逝去岁月的感伤。这种缺失积极进取、追求探索的精神，反衬出大学生模糊的理想信念。

[①] 许纪霖：《寻求意义——现代化变迁与文化批判》，上海三联书店1997年版，第240页。
[②] 仓道来等：《中西方青年价值观的冲突与交融》，河北人民出版社2001年版，第211页。

二、文化变革对大学生价值追求的影响

20世纪90年代，在新旧体制转换的过程中，人们的价值观念、文化精神也相应发生了重大变化。在我国思想文化领域，90年代的"人文精神"是针对市场经济条件下滋生的拜金主义等消极现象而提出的，其核心是"对人的价值和人生意义的关注，是对人类命运的关注"[①]，即对信仰、生存意义和终极价值的反思。此外，90年代悄然兴起的"大众文化"以其消费至上、多元化、平面化的特点，冲击着社会的主流意识形态。这些文化变革都深刻地影响着大学生的价值观念。

首先，"人文精神大讨论"引发大学生的精神重塑。"人文精神大讨论"是我国知识分子在经历迷茫、痛苦、困惑阶段之后，在特定的社会、思想文化环境中审视自我的背景下酝酿产生的。1993年6月，《上海文学》杂志刊发了王晓明等人对话的文章《旷野上的废墟：文学和人文精神的危机》，文章第一次用"人文精神的危机"来定位我国的文化状况，由此引发了广泛的人文精神大讨论。人文精神在实践中被用作"有理想的""崇高的"等用词的同义词，其"危机"并非单纯指知识分子出现的困惑或文化领域的危机，其核心指向的是整个社会在转型价值领域出现的普遍问题。人文精神大讨论的开展具有极强的现实针对性，一方面我国传统的信仰、共产主义理想及社会主义信念受到怀疑、嘲弄和讽刺，而又缺乏有建设性的批判；另一方面人们开始意识到，一个民族的生存和富强需要理想信念、人生价值、世界意义等精神追求。这一矛盾反映在大学生群体中则体现为对"树立什么样的价值观念""理想精神在商品社会是否还有价值""生活究竟是为了什么"等问题的追问。在社会主义市场经济条件下，大学生的人文精神存在失落、迷茫的一面：重功利轻理想，精神追求贫乏；政治信仰迷惘；个人本位凸现，集体

[①] 张峻严：《"人文精神"讨论的新进展》，《人民日报》1997年10月11日。

观念减退；道德水平下降。① 在建设社会主义市场经济的背景下，围绕大学生"思想道德素质和科学文化素质"的提升，塑造人的精神世界是大学生理想信念教育的一项重要任务。

其次，大众文化的兴起消解主流价值。在发展社会主义市场经济的背景下，社会主义文化从"一体化"文化发展为主流文化、精英文化和大众文化三足鼎立的多元文化格局。大众文化是以消费、消遣为主要内容，以现代媒体为传播媒介，以市民大众为对象的新型文化。大众文化是伴随市场经济的发展而迅速扩散的，它没有自己的标准，市场的需要就是它的唯一标准。大众文化在20世纪90年代的兴起，在丰富广大群众文化生活的同时，以势不可当之势冲击着主流意识形态文化，驱逐着精英文化并使之日益边缘化，引起人们对大众文化的讨论②。大众文化作为一种新的文化方式，满足了人们多样的文化需求，但也对大学生价值探索和理想追寻产生了消极影响：一是消费至上、娱乐至上的大众文化消解着大学生对终极价值和崇高理想的追求，取而代之的是整合于现实秩序之中，满足现实需求、愉悦生活的文化消费。二是平面化的大众文化拒斥时空的深度，使大学生由于缺乏理想支撑而产生普遍精神焦虑。有学者认为，"90年代青年也普遍失却了终极关怀，他们中的大多数人都认为自己没有信仰，其中不少人认为根本不需要信仰"③，当大学生缺乏信仰、信念，融入社会遭遇挫折之时，就容易缺乏自信、产生怀疑。三是普遍化、多元化的大众文化，使大学生容易受到隐性"匿名权威"的摆布。在多元、相对的文化环境中，由于缺乏理想和目标，大学生难以形成独立判断的标准，不明白自身的真正需求，从而随波逐流。

三、错误思潮对大学生"三观"的影响

随着社会主义市场经济体制的建立、对外开放的不断扩大，大量西方的

---

① 陈国栋：《浅谈大学生人文精神的失落》，《东疆学刊》1991年第1期。
② 赵智奎主编：《改革开放30年思想史》上卷，人民出版社2008年版，第499页。
③ 许纪霖：《大众文化与青年社会性格的变迁》，《当代青年研究》1992年第5期。

政治、经济、文化等思潮通过学术交流、贸易往来、大众传媒、休闲娱乐等方式传入我国。这些社会思潮包括新自由主义思潮、新左派思潮、民族主义思潮、文化保守主义思潮①，对大学生产生了不同程度的影响：拜金主义、享乐主义开始成为部分大学生的价值观念和生活方式；民族主义思潮悄然兴起，诱发大学民族意识中的非理性情绪；部分大学生"无所适从"，转而投向宗教信仰的"怀抱"。

首先，拜金主义、享乐主义开始成为部分大学生的价值观念。在社会主义市场经济条件下，经济的市场化、世俗化深刻地影响着人们的思想观念，全国上下被"经商潮"所席卷，仿佛一夜之间各行各业的人们都开始"下海"，"有钱能使鬼推磨"开始成为一些人信奉的人生信条。20世纪80年代大学校园的"文学热""读书热"，已经被90年代的"股票热""房地产热"所取代。一方面，追求实惠成为许多大学生最突出的特点。在开放的社会环境中，大学生具有观念开放、富有个性、崇尚自由洒脱的特点，在本科生、研究生、党员群体中，"追求实惠"成为大学生群体中比较普遍的特点（见表6）。他们注重追求物质利益，而缺少对人生意义、理想信念的思考；侧重于关注个人获得，而不谈无私奉献。第二，大学生对待金钱的态度发生了变化。大学生对金钱态度的转变主要体现为要肯定和追求个人利益。在"您对金钱的看法"这一调研中，74%的大学生选择了"金钱是对为社会做出贡献的人的应有回报"，47%的大学生认为"传统的'重义轻利'的观念应该改变"②。针对大学生思想观念中的这一突出特点，江泽民在1994年的全国宣传思想工作会议上突出强调，要"重视引导人们特别是青少年树立正确的理想、信念、世界观、人生观和价值观，反对拜金主义、享乐主义、极端个人主义，抵御资本主义和封建主义腐朽思想的侵蚀"③。

---

① 林泰主编：《问道：改革开放以来的社会思潮与青年思想政治教育研究》，中国社会科学出版社2013年版，第48—53页。
② 杨德广等主编：《中国当代大学生价值观研究》，上海教育出版社1997年版，第402页。
③ 《十四大以来重要文献选编》上，中央文献出版社2011年版，第571页。

| 第四章 | 社会主义市场经济条件下的大学生理想信念教育（1992—2002）

表6 请您从下列词组中选出最能刻画当代学生形象的词（可多选）

	总比例 人数	总比例 %	本科生 人数	本科生 %	研究生 人数	研究生 %	党员 人数	党员 %
1. 有责任感	1130	34.5	979	35.4	148	30.3	127	41.1
2. 眼高手低	1575	48.2	1326	48.0	242	49.5	157	50.8
3. 追求实惠	1922	58.8	1650	59.4	265	54.2	168	54.4
4. 理想主义	1034	31.6	889	32.2	136	27.8	108	35.0
5. 无聊空虚	1107	33.8	936	33.9	167	34.2	69	22.3
6. 偏激	969	29.6	832	30.1	134	27.4	96	31.1
7. 观念开放	1861	56.9	1579	57.1	273	55.8	175	56.6
8. 迷茫	1246	38.1	1053	38.1	185	37.8	110	35.6
9. 开拓进取	864	26.4	761	27.5	101	20.7	88	28.5
10. 不盲从	834	25.5	720	26.1	109	22.3	69	22.3
11. 富有个性	1787	54.6	1561	56.5	219	44.8	160	51.8
12. 无私肯奉献	196	6.0	162	5.9	31	6.3	21	6.8
13. 崇尚自由洒脱	1649	50.4	1429	51.7	215	44.0	144	46.6
14. 其他	263	8.0	235	8.5	26	5.3	16	5.2

数据来源：杨德广等．中国当代大学生价值观研究［M］．上海教育出版社，1997年版，第359页。

其次，大学生的民族意识存在非理性情绪。20世纪90年代，民族主义思潮对大学生的民族意识、爱国主义情感产生了重要影响。有学者认为，20世纪90年代兴起的民族主义思潮具有"目标选择世俗化""行为表现的非理想倾向"[1]等特点。这使得当我国在国际寻求地位、谋求国内发展的过程中遇到来自他国的冲击，就容易激发人们强烈的反应。20世纪90年代，中国遭受到来自西方国家一系列的制裁和挑衅，包括美国阻挠中国加入世界贸易组织和举办奥运会、日本篡改历史教科书、日本首相参拜"靖国神社"等。这类重大事件，激发大学生产生的强烈民族情感，促使大学生的政治思维逐步走向成熟，表现为他们"对以美国为首的西方国家'和平演变'阴谋的认

---

[1] 王毅：《90年代以来中国民族主义思潮对大学生民族意识的影响及教育对策》，《学校党建与思想教育》2013年第27期。

识更加清晰，对国际关系的认识不再充满幻想和片面化"[①]。针对美国轰炸我国驻南斯拉夫大使馆的事件，1999年5月8日，北京大学、清华大学、北京师范大学等首都几十所高校的数千名学生，到美国驻华大使馆前举行示威游行，对事件造成的馆舍毁坏和人员伤亡表示强烈抗议，游行的大学生们一遍遍高呼"反对霸权""我们要和平"等口号。在游行活动中，大学生的民族意识、民族情绪总体上是客观的、理性的，但也呈现出一些非理性倾向：一是情绪化，在游行中，部分大学生发出了"抵制美货""对台湾使用原子弹""炸美国的大使馆"等一系列非理性的声音；二是暴力化，表现为部分极端民族分子在游行中实施打、砸、抢、烧的现象。

再次，部分大学生受到封建迷信思想的影响。在社会剧烈转型、市场经济快速发展的背景下，信仰领域的一个突出现象就是有神论思潮（邪教、迷信）的蔓延[②]。20世纪90年代，"法轮功"开始在我国部分地区兴起。一方面，苏东剧变后，西方国家加紧对我国实施"和平演变"，通过各种社会思潮影响人们的思维观念；另一方面在我国社会主义市场经济转轨过程中出现的失误，使部分大学生对社会主义产生误解，失去了理想信念的内在支撑，并将目光转向封建迷信。有学者探究了少数大学生步入"法轮功"的初始动机，主要是两种：一是对超自然、超能力的兴趣，被所谓"超常科学"吸引，占30%；二是寄托精神的渴望，被所谓"真、善、忍"迷惑，占50%以上[③]。"法轮功"的兴起实质上是一场争夺意识形态的政治斗争，反映了我国意识形态建设的薄弱环节。在大学校园中，部分大学生参与修炼"法轮大法"的严峻现实和惨痛结果告诉我们，加强大学生理想信念教育，构建大学生的精神家园是一项十分紧迫而重要的任务。各高校也相应地针对大学生对"法轮功"的认识和参与情况进行了解和调研，据中央财经大学调研数据

[①] 共青团北京市委员会、北京市学生联合会编著：《跃动的青春——首都大学生社会实践二十年的工作与思考》，人民出版社2003年版，第150页。

[②] 刘建军：《如何看待改革开放进程中理想信念领域的变化》，《前线》2001年第8期。

[③] 徐玲：《大学生误入"法轮功"的初始动机及其成因分析》，《邪教防范与治理对策学术论文精选》2003年12月1日。

显示，在问卷中有 64.3% 的同学对"法轮功"问题做过深入的思考，只有 2.4% 的同学认为"事不关己"[①]。"法轮功"的流行与兴起归根结底在于，马克思主义唯物论和无神论教育坚持得不够彻底，要使大学生树立正确的世界观，必须坚持共产主义理想信念教育，帮助大学生和人民群众从愚昧迷信中彻底解放出来。

第三节 大学生理想信念教育的加强与改进

在社会主义市场经济条件下，加强大学生理想信念教育，要充分发挥共产主义主流意识形态的引领作用。1993 年 8 月 13 日，中共中央组织部、中共中央宣传部、国家教育委员会印发《关于新形势下加强和改进高等学校党的建设和思想政治工作的若干意见》（以下简称《意见》），指出："学习马列主义、毛泽东思想，要学习以建设有中国特色社会主义的理论为中心的马克思主义理论教育，进一步加强党的基本路线和爱国主义、集体主义、社会主义教育，进行近代史、现代史和中华民族优秀文化传统的教育，进行新时期伟大创业精神的教育，进行改革和发展的教育。"[②]《意见》从理论、历史、现实的维度，明确了大学生理想信念教育的内容。1998 年，高校"两课"课程和教学改革"98 方案"的实施，确立了思想政治理论课"主渠道"和"主阵地"的功能和作用，突出强调邓小平理论"三进"工作。在现代化建设时期，大学生理想信念教育的不断加强和改进，为促进改革开放和现代化建设健康发展提供了精神动力。

一、开展建设有中国特色社会主义理论教育

针对社会主义市场经济条件下大学生理想信念存在的问题，开展建设有

[①] 中央财经大学团委研究室：《我校大学生看待"法轮功"事件的调查报告》，"面向新世纪的青年与青年工作"征文研讨会论文集，2001 年 6 月 30 日。
[②] 教育部社会科学司组编：《普通高校思想政治理论课文献选编（1949—2008）》，中国人民大学出版社 2008 年版，第 146 页。

中国特色社会主义理论教育,既要用邓小平理论武装大学生头脑,又要在大学生中开展马克思主义唯物论和无神论教育,使大学生将理想信念建立在理性认同科学理论的基础之上。这一时期,各高校依据中央的精神和要求,围绕邓小平理论的"三进"工作和无神论教育,对大学生理想信念教育的内容和形式进行了调整和改革,使邓小平理论学习活动取得了很好的效果。

首先,用邓小平理论教育大学生头脑。党的十四大提出了要用邓小平建设有中国特色社会主义理论武装全党、武装大学生的战略任务。1992年7月10日,国家教委正式印发《关于深入学习邓小平同志重要谈话的通知》,使学习邓小平理论得到有力保障。党的十五大,确立了邓小平理论在党内的指导地位,进一步促进邓小平理论的"三进"工作,成为大学生理想信念教育的首要任务和根本措施。这一时期大学生理想信念教育主要围绕以下几方面展开。

第一,编写学习邓小平理论辅导、参考资料。1994年1月,江泽民在全国宣传思想工作会议上的讲话,提出了邓小平理论"三进"的要求,要求编写体现建设有中国特色社会主义理论的教材。1995年,国家教育委员会印发《关于高校马克思主义理论课和思想品德课教学改革的若干意见》(以下简称《意见》)指出,"两课"要"以《邓小平同志建设有中国特色社会主义理论学习纲要》为教学纲要"[①]。"98方案"实施后,教育部社政司着手编写新教材,加强对原有教材的修订,产生了各个层次的示范教材和推荐教材。如教育部社政司组织编写了《邓小平理论概论》教材和《马克思主义经典著作选读》等教学参考资料。各高校围绕邓小平理论学习,也编写了不少学习资料。如1998年,北京师范大学举办了邓小平理论学习班,组织大学生自学了《三次巨变和邓小平理论的历史由来》等参考资料。[②]

[①] 教育部社会科学司组编:《普通高校思想政治理论课文献选编(1949—2008)》,中国人民大学出版社2008年版,第158页。

[②] 北京师范大学校长办公室编:《北京师范大学年鉴(1998、1999)》,北京师范大学出版社2000年版,第72页。

| 第四章 | 社会主义市场经济条件下的大学生理想信念教育（1992—2002）

第二，开设《邓小平理论概论》课。为加强反"和平演变"的教育，提升大学生辨别是非的能力，各高校围绕促进邓小平理论"进课堂"进行了探索。1995年，国家教委印发的《意见》，就强调要以邓小平理论为中心开展"两课"教育改革。为了更好地用邓小平理论武装大学生头脑，1998年4月23日，中央政治局常委会围绕"两课"教学改革的任务，确定了"98方案"。4月28日，中共中央宣传部、教育部依据"98方案"调整"两课"课程设置，印发了《关于普通高等学校开设〈邓小平理论概论〉课的通知》，同年秋季全国高校开始普遍开设《邓小平理论概论》课。随后在教育部的指导下，各高校将《〈邓小平理论概论〉教学基本要求》作为教材和教学的规范。1998年6月10日，"两课"课程设置新方案，进一步强调要以邓小平理论为中心开展系统的马克思主义理论教育。

第三，开展"邓小平理论"学习活动。为更好推进邓小平理论"三进"，各高校依据学校实际情况以及大学生自身的特点，开展了阅读原著、理论研讨、征文、主题讲座等学习活动，促使学生自觉、自主地进行学习。如吉林大学于1997年10月成立了大学生邓小平理论学习研究会，包括11个分会和300多个学习小组，累计共有6000多名学生参加了理论学习活动。天津在高校建立"邓小平理论概论和思想品德师资培训基地"，组建"大学生邓小平理论学习巡回报告团"[1]。1998年2月，复旦大学邓小平理论研究会举行"凝聚在伟大的旗帜下——复旦学生纪念邓小平逝世一周年"座谈会。[2]通过开展"邓小平理论"学习活动，有利于大学生在独立探索和钻研中深刻理解科学理论的内涵。

其次，开展马克思主义唯物论和无神论教育。在社会主义市场经济条件下，在部分大学生中形成了"价值虚无、无所适从"的价值失范现象，为"法轮功"的兴起提供了可乘之机，部分大学生卷入了"法轮功"之中。

---

[1] 陈杰：《天津高校学习邓小平理论重实效》，《人民日报》2000年7月28日。
[2] 《复旦大学百年纪事》编纂委员会编：《复旦大学百年纪事（1905—2005）》，复旦大学出版社2005年版，第534页。

1999年，中共教育部党组印发《关于开学后在高校深入开展揭批"法轮功"斗争，进一步做好思想政治工作和稳定工作的通知》提出："用唯物论和无神论教育武装高校广大党员、干部和师生员工，占领学校阵地，是一项迫切和长期的任务。"[①] 这一时期马克思主义唯物论和无神论教育主要围绕以下几方面展开。

第一，围绕辩证唯物主义和历史唯物主义基本原理开展教育。开展马克思主义唯物论教育，旨在以科学理论武装大学生，提高大学生揭露封建迷信的能力。1999年9月29日，中共中央印发《关于加强和改进思想政治工作的若干意见》指出，为加强对大学生进行马克思主义唯物论和无神论教育，"各高校要以《马克思恩格斯列宁斯大林毛泽东邓小平江泽民论唯物论和无神论》为重要学习材料"[②]，引导和帮助大学生划清马克思主义同封建迷信、非马克思主义的界限。这一时期，各高校依托"两课"教育加强了无神论教育，与此同时开展了专题讲座、马克思主义经典著作学习活动，帮助大学生认清"法轮功"的实质。

第二，在高校广泛开展"校园拒绝邪教"活动。揭批"法轮功"的斗争具有长期性、尖锐性和复杂性，这就要求高校必须依据大学生的特点，采用各种有效方法，开展各种宣传教育活动。2001年2月1日，中共教育部党组、共青团中央《关于在各级各类学校广泛开展"校园拒绝邪教"活动的通知》指出要"广泛开展以遵纪守法、崇尚科学、抵制邪教为主要内容的'校园拒绝邪教'宣传教育活动"[③]。全国各高校迅速围绕这一主题开展了各种宣传教育活动，包括："揭批'法轮功'报告会"，成立反邪教协会，在网站上开辟揭批"法轮功"专栏，"拒绝邪教，铲除迷信"的文明公约签名活动

[①] 教育部思想政治工作司组编：《加强和改进大学生思想政治教育重要文献选编（1978—2008）》，中国人民大学出版社2008年版，第274页。
[②] 教育部思想政治工作司组编：《加强和改进大学生思想政治教育重要文献选编（1978—2008）》，中国人民大学出版社2008年版，第278—279页。
[③] 教育部思想政治工作司组编：《加强和改进大学生思想政治教育重要文献选编（1978—2008）》，中国人民大学出版社2008年版，第304页。

等。通过活动的开展,有助于大学生认清"法轮功"的邪教本质。

二、加强爱国主义、集体主义、社会主义教育

在现代化建设的新阶段,开展爱国主义教育,可激发大学生自力更生、艰苦奋斗精神,促进大学生立志为中国特色社会主义伟大事业不懈奋斗。这一时期,美国阻挠中国加入世界贸易组织、日本首相公然参拜"靖国神社"等事件激发了大学生的民族意识和爱国情感,但其爱国行为也表现出一些不理性的成分。为了更有效地开展爱国主义教育,中共中央于1994年印发了《爱国主义教育实施纲要》,系统阐明了爱国主义教育的原则、内容、重点等内容。在大学生理想信念教育中,要"加强爱国主义、集体主义、社会主义思想教育"[①],把大学生的爱国热情凝聚到社会主义现代化建设的伟大事业上,为实现"四化"凝聚力量。

首先,突出爱国主义教育。新时期爱国主义的主题是建设中国特色社会主义,在社会主义现代化建设的历史进程中,必须始终以中国特色社会主义理论为指导,坚持党在社会主义初级阶段的基本路线,坚持促进改革开放成为这一时期爱国主义教育的主要内容。1994年8月23日,《中共中央关于印发〈爱国主义教育实施纲要〉的通知》指出:"爱国主义教育是提高全民族整体素质和加强社会主义精神文明建设的基础性工程,是引导人们树立正确理想、信念、人生观、价值观的共同基础。"[②] 这就明确了爱国主义在精神文明建设中的重要地位。加强近现代史教育以及社会主义现代化建设成就的教育成为这一时期爱国主义教育的重点内容。1997年、1999年香港、澳门相继回归,各高校开展了各种演讲比赛、展览、知识竞赛、签名、读书和征文等活动,极大激发了大学生的社会主义、爱国主义热情,展现了积极向上的精神风貌。

---

① 《十四大以来重要文献选编》上,中央文献出版社2011年版,第750页。
② 教育部思想政治工作司组编:《加强和改进大学生思想政治教育重要文献选编(1978—2008)》,中国人民大学出版社2008年版,第194页。

其次，进行以集体主义为核心的价值观教育。对于社会主义国家的大学生，必须进行以集体主义为核心的价值观教育。由于受到拜金主义、享乐主义和极端个人主义等多种错误价值观的误导，部分大学生对集体主义存在认识误区，亟需有针对性地开展以集体主义为核心的价值观教育。1994年8月31日，中共中央印发的《关于进一步加强和改进学校德育工作的若干意见》提出："要对学生进行以集体主义为核心的价值观教育，要教育学生明确，建立社会主义市场经济体制，仍需要倡导集体主义，正确处理个人、集体、国家之间的利益关系，发扬对国家和人民的奉献精神。"[①] 通过开展以集体主义为核心的价值观教育，可帮助大学生正确认识社会上存在的各种消极现象，培养辨别是非善恶的能力，努力为人民服务，顾全大局，正确处理国家、集体和个人之间的利益关系。

再次，开展社会主义道路、路线教育。对大学生开展坚持党的领导和坚定走社会主义道路的教育，有助于大学生确立坚定的政治方向。由于对"什么是社会主义""为什么要坚持社会主义""如何建设社会主义"[②] 等问题认识不到位，部分学生对我国建设有中国特色的社会主义产生了误解。党的十四大以来，在建设有中国特色社会主义的理论体系的指导下，改革开放总体形势较好、社会总体比较稳定，用社会主义现代化建设的成就教育大学生效果十分明显。党的十五大提出的社会主义初级阶段的政治、经济、文化纲领，是我国社会主义现代化建设总目标的具体化，有助于大学生把党的基本纲领同远大目标相结合。总地看来，各高校将社会主义教育同马克思主义理论课，加强形势政策教育、爱国主义教育紧密结合起来，极大地提升了社会主义教育的实效。

---

① 教育部社会科学司组编：《普通高校思想政治理论课文献选编（1949—2008）》，中国人民大学出版社2008年版，第152—153页。
② 教育部社会科学司组编：《普通高校思想政治理论课文献选编（1949—2008）》中国人民大学出版社2008年版，，第152—153页。

三、深入开展党史宣传教育

在社会主义市场经济建设的背景下,在大学生中深入开展党史宣传教育,既是大学生形成和树立科学历史观的内在需要,也是清除国内外"告别革命"等历史虚无主义思潮消极影响的现实需要。

苏东剧变前后,一股"告别革命"的思潮在国际上蔓延开来,而提出"告别革命"的实质在于反对法国大革命,反对十月革命。这种思潮不可避免地传入我国,并在国内理论界形成了激烈的争论。总的来说,这种思潮割裂了破与立、革命和改良、革命正义性与维护社会稳定性的关系,既反对辛亥革命,也反对中国共产党的新民主主义革命,其实质是"要告别马克思主义,告别中国近代以来的全部革命传统"。值得注意的是,"告别革命"思潮通过学术活动、互联网络、影视作品等方式得到广泛传播,直接影响大学生对中国近现代历史的认知,使大学生理想信念教育面临严峻挑战。在建设中国特色社会主义的整个过程中,大学生要高扬革命精神、革命传统来从事一切工作,旗帜鲜明地抵制一切诋毁和否定革命的言论和行动,坚决同"告别革命"等错误思潮划清界限。

在这样的背景下,为了教育大学生正确认识近代以来中国共产党的历史,澄清部分大学生的错误认知,高校的党史宣传教育主要围绕以下内容展开:第一,围绕重大历史事件和重要人物开展纪念活动。通过开展丰富多样、形式各异的庆祝活动,帮助大学生了解我国近现代革命的历史,认识中国共产党人为实现民族独立和国家振兴所取得的丰功伟绩,以此不断坚定大学生建设中国特色社会主义事业的热情和信心。如2001年,围绕中国共产党诞生80周年,各高校开展了图片展览、理论宣讲、主题征文以及知识竞赛等活动,成为党史宣传教育的重要内容。第二,充分利用党史资源,建立党史宣传教育基地。在中国共产党领导革命、建设和改革的历史进程中,蕴含着丰富的党史教育资源,充分挖掘有特色的党史资源,有利于提升党史教育的效果。如重庆围绕"红岩精神"推出了以《红岩魂》为主题的展览和展演，形成了富有地方特色的党史教育品牌，建立了常态化的党史教育基地。通过参观和学习，有助于大学生更直观、形象地感知历史。第三，充分运用现代媒体手段，加强党史的学习和宣传教育。以网络为代表的新媒体是大学生学习和生活不可缺少的部分，各高校也将党史宣传教育同网络新媒体相结合，采用大学生喜闻乐见、轻松活泼的方式开展教育。其中，革命历史题材影视作品成为党史宣传教育比较常用的教育方式。

四、突出新时期伟大创业精神教育

党的十四大以来，我国开启了一场艰难的新旧体制转换过程，培育大学生自力更生、艰苦创业的精神，积极投身中国特色社会主义事业，是实现我国社会主义现代化总目标的重要保证。1993年，江泽民在八届全国人大一次会议闭幕式的讲话中，提出了"六十四字"创业精神[①]，成为新时期艰苦奋斗精神的科学内涵和基本内容。2001年江泽民在庆祝五一国际劳动节全国劳动模范座谈会上的讲话，将"六十四字"创业精神提炼、升华为"五种崇高精神"[②]。如何有效地进行艰苦创业精神教育，是新时期高校理想信念教育所要解决的重要问题。

由于在校大学生还未真正走入社会，通过开展社会实践活动，培育大学生团结协作、自力更生、艰苦奋斗、开拓进取精神成为大学生创业精神教育的重要内容。1994年8月，中共中央印发的《关于进一步加强和改进学校德育工作的若干意见》指出，"各级各类学校都要把组织学生适当参加一定的物质生产劳动作为一门必修课，列入教学计划"，要"组织学生参加社会

---

① 说明："六十四字"创业精神，是指解放思想、实事求是，积极探索、勇于创新，艰苦奋斗、知难而进，学习外国、自强不息，谦虚谨慎、不骄不躁，同心同德、顾全大局，勤俭节约、清正廉洁，励精图治、无私奉献。

② 说明："五种崇高精神"，是指解放思想、实事求是的精神，紧跟时代、勇于创新的精神，知难而进、一往无前的精神，艰苦奋斗、务求实效的精神，淡泊名利、无私奉献的精神。

| 第四章 | 社会主义市场经济条件下的大学生理想信念教育（1992—2002）

调查、生产劳动、科技文化服务、军政训练、勤工俭学等活动"①。为更好地促进大学生参与社会实践，1996年12月28日，共青团中央、中共中央宣传部、国家教育委员会联合印发的《关于深入持久开展大学生社会实践活动的几点意见》指出"坚持不懈地把大学生社会实践活动广泛深入持久地开展下去"②。1998年和2001年，江泽民分别在北京大学、清华大学校庆的讲话中，对大学生提出了"四个统一"和"五点要求"，突出强调当代大学生要将书本知识和社会实践结合起来。

这一时期高校开展的大学生社会实践着力点如下：第一，让大学生深入社会生活，看到我国各条战线上发生的积极变化，加深大学生对建设有中国特色社会主义理论和实践的理解。1992年，共青团中央和全国学联在全国范围内组织了"改革百点"大学生暑期社会实践营活动，活动在全国范围内选择一百个以上的地区和单位，其主要内容是让大学生了解改革开放形势、适应改革开放要求，在此基础上，1993年开展了"大学生百县千乡科技文化服务工程"，引导学生用科技知识解决现实问题③。1997年，中宣部、教育部、团中央和全国学联共同组织了大中学生志愿者暑期文化、科技、卫生"三下乡"活动，为农民演出6000多场，建立乡村科技图书馆1697个，举行农村发展讲座3640场，为103万名农民进行简单医疗体检等④。二是在实践中认清我国改革开放形势，看到我国社会发展中存在的生产力水平不够高、发展不平衡、贫富差距大等问题，感知社会主义现代化建设的长期性和艰巨性。在北京地区，各高校围绕"改革开放与当代大学生使命"的主题，开展了一系列学习考察团，清华大学开展了"了解国情，认识自我，探索大

---

① 何东昌：《中华人民共和国重要教育文献（1991—1997）》，海南出版社1998年版，第3687页。
② 教育部思想政治工作司组编：《加强和改进大学生思想政治教育重要文献选编（1978—2008）》，中国人民大学出版社2008年版，第244页。
③ 共青团北京市委员会、北京市学生联合会编著：《跃动的青春——首都大学生社会实践二十年的工作与思考》，人民出版社2003年版，第158页。
④ 共青团北京市委员会、北京市学生联合会编著：《跃动的青春——首都大学生社会实践二十年的工作与思考》，人民出版社2003年版，第186页。

学生成才之路"的社会实践活动①。三是引导学生认识改革开放和社会主义现代化建设事业对人才的需求，认识社会发展对人才素质提出的要求，从而明确自身奋斗的方向，激发大学生成长成才的紧迫感和使命感。

五、注重改革和发展的教育

改革开放和社会主义现代化建设的实践，要求大学生不断解放思想。通过加强改革和发展教育，旨在引导大学生努力破除与改革开放要求不相适应的传统思维方式，逐步树立改革、竞争、开放意识，勇做改革开放的促进派。

首先，正确把握中国改革开放的去向。大学生的理想信念与其对社会主义历史、现实和未来的认识结合在一起，对"中国的改革开放究竟向何处去"这一问题的认识，影响着大学生理想信念的选择和树立。在20世纪80年代末90年代初，由于国民经济秩序的混乱，我国掀起了一场关系改革成败的大论战。邓小平强调发展才是硬道理，"不坚持社会主义，不改革开放，不发展经济，不改善人民生活，只能是死路一条"②。对大学生开展改革开放去向的教育，可通过思想路线教育大学生解放思想，突破束缚生产力发展的体制和观念，认识到不仅右可以葬送社会主义，"左"也能够葬送社会主义。二是教育大学生认识"三个有利于"是姓"资"姓"社"的判断标准。实事求是地弄清楚姓"资"姓"社"的判断标准问题的重要意义，在于大学生站在解放和发展生产力的高度，认识改革在我国社会主义发展中的地位，使改革开放成为解放新生产力的伟大力量。

其次，深刻认识社会主义前途。20世纪90年代初，世界社会主义运动处于低潮，社会上存在"以数量论输赢""以传统套现实""只见挑战不见机遇"等认识误区。在理想信念教育中，教育大学生认识我国社会主义理论、

---

① 共青团北京市委员会、北京市学生联合会编著：《跃动的青春——首都大学生社会实践二十年的工作与思考》，人民出版社2003年版，第160页。
② 《邓小平文选》第3卷，人民出版社1993年版，第370页。

| 第四章 | 社会主义市场经济条件下的大学生理想信念教育（1992—2002）

制度、现实的优越性，成为解决大学生对社会主义的前途问题认识的重要突破点。第一，邓小平理论是能够解决社会主义前途和命运问题的科学理论，正如党的十五大报告指出的，"在当代中国，只有把马克思主义同当代中国实践和时代特征结合起来的邓小平理论，而没有别的理论能够解决社会主义的前途和命运问题"[①]。第二，通过改革开放解放和发展生产力，巩固社会主义制度，能够有效地对付国内外敌对势力的颠覆，为实现共产主义伟大理想逐步创造物质条件和制度条件。相反，走资本主义道路也绝对解决不了大部分人生活富裕的问题。第三，社会主义国家依然存在，信仰马克思主义、共产主义的仍大有人在。"只要中国不垮，世界上就有五分之一的人口在坚持社会主义。我们对社会主义的前途充满信心"[②]，只要坚定走中国特色社会主义道路，社会主义的未来就有希望。

[①]《十五大以来重要文献选编》上，中央文献出版社 2011 年版，第 8—9 页。
[②]《邓小平文选》第 3 卷，人民出版社 1993 年版，第 321 页。

第五章　全面建设小康社会时期的大学生理想信念教育（2002—2012）

跨入新世纪，我国步入了全面建设小康社会、加速进行社会主义现代化建设的新阶段。党的十六大确立的"三个代表"重要思想，以及党的十七大提出的深入贯彻落实科学发展观的战略部署，系统回答了新世纪新阶段党"举什么旗、走什么路、实现什么样的发展"等重大问题，为大学生理想信念教育的深入发展指明了方向，奠定了基础。在全面建设小康社会时期，由全球化、市场化、信息化带来的社会变革，使大学生的价值观念、思想方式、理想追求相应地发生了深刻而复杂的变化，部分大学生甚至因不适应这种变化而丧失了理想信念，这些新问题的存在使大学生理想信念教育面临极大的挑战。2002—2012年，在加快开创中国特色社会主义事业新局面的历史进程中，党和国家始终着力推动加强和改进大学生理想信念教育的有效展开。2004年，中共中央、国务院印发《关于进一步加强和改进大学生思想政治教育的意见》（以下简称中共中央"16号文件"）；2005年，中共中央宣传部、教育部印发《关于进一步加强和改进高等学校思想政治理论课的意见》，出台了高等学校思想政治理论课改革的"05方案"，促进了大学生理想信念教育的与时俱进和开拓创新，实现了大学生理想信念教育指导思想、目标内容、方式方法的深入发展。

|第五章| 全面建设小康社会时期的大学生理想信念教育（2002—2012）

第一节 21世纪国内外形势的深刻变化

21世纪以来，世界多极化、经济全球化已成为不可逆转的发展趋势，科学技术的发展创新、互联网的兴起普及，给我国的发展提供了发展机遇，其中的不安定因素也带来了挑战。面对新形势，党和国家制定的全面建设小康社会的奋斗目标等一系列重大战略布局和战略思想，是我国加快推进现代化建设的方向指引。21世纪国内外形势的深刻变化，是全面建设小康社会时期开展理想信念教育的重要背景，只有把握世情、国情、党情，才能实事求是、有效地加强大学生理想信念教育。

一、国际社会影响和平的不安定因素增加

在世界多极化、经济全球化发展的背景下，由于国际力量对比失衡，以美国为首的西方国家加剧对我国进行经济、政治和意识形态领域的争夺，增加了影响我国发展的不确定、不安定因素。随着科技的进步、互联网的兴起和发展，既促进了世界各国间的联系和合作，也为西方国家对我国进行文化渗透提供了便利，为大学生理想信念教育提出了新挑战。

首先，世界多极化和经济全球化的趋势在曲折中发展。世界多极化和经济全球化在20世纪末出现，无疑是21世纪两种不可避免的发展趋势。经济全球化不仅改变着世界各国的经济发展状况，而且深刻影响着每一个国家的政治、文化和意识形态。

一是经济全球化的快速发展对国际关系有着深刻影响。2001年，中国加入WTO，开始深度参与经济全球化。2008年经济危机发生之后，经济全球化一体化趋势面临分裂的危险，并逐步走向区域化、本地化和集团化。经济全球化作为一个充满矛盾、冲突的过程，它既为大学生理想信念教育提供了良好的政治环境和宽广的全球视野，也加速了全球范围内的政治和文化扩张运动。在经济全球化的背景下，发源于美国次贷危机的国际金融危机的爆

发，使整个世界的经济发展呈现出了衰退的趋势，使社会主义中国面临社会主义长期发展的挑战和考验。一方面金融危机的爆发揭示了资本主义自身固有的矛盾性，证明了社会主义是人类社会发展的正确方向；另一方面我国受到金融危机带来的消极影响，需要进一步坚定人们走社会主义道路的信心。总而言之，世界多极化、经济全球化的世界格局是多极力量的博弈过程，如何在充满复杂斗争的过程中始终坚持马克思主义的指导思想，是时代赋予理想信念教育的一项重要课题。

二是世界多极化的发展趋势加剧了意识形态领域的争夺。21世纪，伴随我国综合国力的提升以及国际影响力的扩大，西方发达国家制造了"中国崩溃论"等论调。随着中国改革开放的不断推进，"中国崩溃论"的谣言不攻自破。但当2008年金融危机席卷全球之后，欧美国家逐渐陷入危机，"中国崩溃论"又被再度炒热起来，诸如"中国泡沫何时破灭""中国将如何一败涂地"等论调不绝于耳。2011年，世界的政治、经济发生重大转变，中东发生被西方称为"阿拉伯之春"的剧变，西方国家也妄图发生中国版的"茉莉花革命"。美国从未停止建立"单极世界"的努力，并力图构筑由其领导的"单极世界"，使"单极世界"同"多极化趋势"之间的矛盾和斗争日益突出。美国通过兴办媒体、培植代理人、资助非政府组织等方式，企图将资产阶级体系中的"自由""民主""平等"等观念冠以"普世价值"之名，致力于干扰和破坏人们对社会主义的信仰和认同，迫使社会主义国家放弃社会主义道路。

其次，科技进步日新月异。教育与科技密切相关，重大科技进步促进了教育的现代化发展，给大学生理想信念教育带来新机遇和新挑战。首先，科技进步促进教育的现代化，既包括教育手段的更新、教育内容的完善，也包括教育组织形式和结构的变化。大学生理想信念教育如何适应全球化、信息化、科技化的浪潮，运用新的手段，完善内容，值得反思。其次，科技进步促进教育思想的转变。随着科技的发展，知识总量显著增加，知识更新速度加快，催生了人们对教育的更大需求，促进了教育思想的深刻转变。1998

年 12 月 24 日，教育部颁布了《面向二十一世纪教育振兴行动计划》，其中所要解决的核心问题，在于未来教育如何更好地主动适应知识经济时代的要求，促进科技迅速发展，增强国家竞争力，极大提高劳动力素质。再次，科技进步在实践层面推动教育发展。科技进步不断对教育提出新的要求，推动教育在"解决问题"中向前发展。

再次，互联网的兴起和普及。互联网具有开放性、虚拟性和多样性的特点，不可避免地给大学生的世界观、人生观和价值观带来潜在的威胁。改革开放以来，互联网普及率显著增长，我国的互联网普及率由 2004 年 6 月 30 日的 6.7%[1]，增长到 2011 年 12 月底的 38.3%[2]，整体网民规模增长进入平台期。一方面，互联网兴起和发展更能满足大学生的物质需求和精神需求。同传统的报纸、纸质材料、报告相比，网络具有传播速度快、传播形式多样、传播内容丰富等特点，有利于大学生随时获取政治、经济、文化等方面的信息，掌握丰富资料，开阔眼界。另一方面，互联网的兴起和发展，加剧了不同价值体系的冲突和摩擦，敌对势力同我国争夺青年一代的斗争依然尖锐复杂。高校理想信念教育必须主动占领"网络"阵地，培养大学生防范和抵御思想渗透的意识，提高辨别是非的能力。

二、全面建设小康社会的奋斗目标的制定

跨入 21 世纪，我国进入了不断巩固和完善社会主义市场经济、逐步扩大对外开放的关键时期，是我国实现"三步走"的第三步战略的必经阶段。党的十六大，确立了"三个代表"重要思想在党内的指导地位，提出了全面建设小康社会的奋斗目标，提出了全面建设小康社会时期经济、政治、文化、可持续发展的具体目标。其中，文化层面的目标是"全民族的思想道德

---

[1] 赵亚辉：《我国网民总数达八千七百万 每人每周收到垃圾邮件九封》，《人民日报》2004 年 7 月 21 日。

[2] 《中国网民规模突破 5 亿》，《人民日报》2012 年 1 月 17 日。

素质、科学文化素质和健康素质明显提高"①。全面建设小康社会文化目标的提出，对新时期的高等教育具有重大的指导作用。

小康社会不仅是经济目标，而更应是包括政治和精神生活在内的综合目标。在全面建设小康社会时期，中国共产党围绕全面建设小康社会的奋斗目标，对党的教育方针进行了新的概括，即"全面贯彻党的教育方针，坚持教育为社会主义现代化建设服务，为人民服务，与生产劳动和社会实践相结合，培养德智体美全面发展的社会主义建设者和接班人"②。这一概括更加突出了增强大学生责任感和使命感的客观要求。第一，理想信念教育要服从和服务于全面建设小康社会这一宏伟战略目标，引导大学生树立报效祖国、服务人民的正确价值观。这需要以"三个代表"重要思想统领理想信念教育，促进"三个代表"重要思想"三进"，使大学生掌握认识和解决问题的行动指南。第二，理想信念教育必须与全面建设小康社会的实践相结合，实现个人理想和社会理想的内在统一。这一时期，青年大学生要树立的理想，就是把我国建设成为富强民主文明的社会主义现代化国家；青年大学生要树立的信念，就是坚持党的基本理论和基本路线不动摇，坚定不移地走建设中国特色社会主义的道路。

全面建设小康社会的奋斗目标是由我国初级阶段的国情决定的，全面建设小康社会是一项长期而艰苦的事业，亟需一代又一代中华民族和中国人民的不懈奋斗。在大学生理想信念教育中，要着重培养大学生积极进取、奋发有为；开拓进取、迎难而上，居安思危、艰苦奋斗的精神，时刻牢记使命，增强责任感。

三、科学发展观的贯彻和落实

新世纪新阶段，随着社会主义市场经济的深入发展，在我国经济发展中

---

① 《江泽民文选》第3卷，人民出版社2006年版，第543页。
② 江泽民：《全面建设小康社会 开创中国特色社会主义事业新局面——在中国共产党第十六次全国代表大会上的报告》，人民出版社2002年版，第40页。

第五章 全面建设小康社会时期的大学生理想信念教育（2002—2012）

出现的环境污染、生态破坏，区域、城乡差距扩大以及教育、医疗、卫生等问题十分突出。党的十七大围绕"实现什么样的发展，怎样发展"的问题进行探索，提出的科学发展观，是党在新世纪新阶段的重大理论创新成果。中共中央于2003年印发的《关于完善社会主义市场经济体制若干问题的决定》，第一次阐明了科学发展观的科学内涵，即"坚持以人为本，树立全面、协调、可持续的发展观，促进经济社会和人的全面发展"[1]。科学发展观作为我国经济社会发展的指导方针，对于我国全面建设小康社会具有重大意义。在科学发展观的指导下，党提出了"构建社会主义和谐社会""建设社会主义核心价值体系"的重要战略思想。

首先，提出构建社会主义和谐社会。21世纪，提出构建社会主义和谐社会具有现实的针对性和迫切性。国际层面，竞争日趋激烈，影响世界和平与发展的不安定因素增加，国内层面，改革的矛盾逐步凸显，产生了贫富差距、消极腐败、发展不平衡等问题，使影响社会和谐的不和谐因素日益增多。2006年10月，党的十六届六中全会通过的《中共中央关于构建社会主义和谐社会若干重大问题的决定》，提出构建"民主法治、公平正义、诚信友爱、充满活力、安定有序、人与自然和谐相处"[2]的重大战略任务。在这样的背景下，对大学生进行理想信念教育必须突出以下重点，一是认识我国正处于社会主义初级阶段，在发展社会主义市场经济的进程中，不可避免地会出现各种矛盾，这些矛盾的存在也是促进社会主义发展和完善的根本动力。二是要学会用科学的世界观和方法论来看待、分析问题。共产主义远大理想的实现是一个由量变到质变、由阶段性质变到根本性质变的历史过程。每一代人都应以高度的责任心，接过历史的接力棒。

其次，建设社会主义核心价值体系。在发展社会主义市场经济的过程中，由于经济成分、组织形式、就业方式、生活方式的多样化，导致了我国

---

[1]《十六大以来重要文献选编》上，中央文献出版社2011年版，第465页。
[2]《十六大以来重要文献选编》下，中央文献出版社2011年版，第650页。

社会呈现出多种社会思潮激荡、多元价值观并存的现状,增加了凝聚改革共识的难度。在这样的背景下,党的十六届六中全会首次提出了"建设社会主义核心价值体系"这一重大命题,强调要"坚持以社会主义核心价值体系引领社会思潮,尊重差异,包容多样,最大限度地形成社会思想共识"[①]。2007年,在新的历史条件下,党的十七大报告对社会主义核心价值体系做出了全面阐释,马克思主义指导思想、中国特色社会主义共同理想、以爱国主义为核心的民族精神和以改革创新为核心的时代精神、社会主义荣辱观共同构成了结构完整的科学体系。此外,报告还指出,要"建设社会主义核心价值体系,增强社会主义意识形态的吸引力和凝聚力"[②]。由于社会的深刻变革和转型,导致大学生的思想观念、价值取向、理想信仰呈现出多元的特点,这就决定了必须大力加强社会主义核心价值体系建设,将社会主义核心价值体系融入国民教育全过程,以理论武装、宣传教育、舆论引导等为着力点推进社会主义核心价值体系建设,有效抵制各种错误思想的影响。

四、社会主义市场经济深入发展

建立和完善社会主义市场经济体制,实现经济又好又快地发展,能为全面建设小康社会提供动力,是党在新世纪新阶段所做出的具有重大意义的战略决策。2003年,党的十六届三中全会,以完善社会主义市场经济体制为核心议题,讨论并通过了《中共中央关于完善社会主义市场经济体制若干问题的决定》(以下简称《决定》),对深化改革、完善经济体制做出了战略部署。《决定》的提出,推动了社会主义市场经济体制的完善,有助于全面建设小康社会目标的实现。

社会主义市场经济的深入发展,促使社会生活方方面面发生了深刻变化,增强了大学生思想观念和价值取向的多变性和差异性,有利于大学生树

---

① 《改革开放三十年重要文献选编》下,中央文献出版社2008年版,第1651页。
② 胡锦涛:《高举中国特色社会主义伟大旗帜 为夺取全面建设小康社会新胜利而奋斗——在中国共产党第十七次全国代表大会上的报告》,人民出版社2007年版,第34页。

立竞争、创新、成才的意识。与此同时,由于社会主义市场经济体制的不完善,以及"一手硬、一手软"的问题没有得到根本解决,使高校理想信念教育面临着严峻挑战。一方面,社会主义市场经济的经济结构、分配方式、市场秩序、金融体制等方面都存在诸多问题,使部分学生对于个人理想和社会理想关系的认识产生了偏差,不能正确看待我社会主义建设的长期性、艰巨性。另一方面,"四个多样化"有力地促进了人的思想解放,但也对人的思想和价值观念产生了消极影响。在马克思主义理论与唯心主义、封建迷信、社会思潮等错误思潮并存的现实状况下,一定程度上造成了大学生价值取向的多元,导致马克思主义信仰被淡化、被削弱,对加强大学生理想信念教育提出了新的难题。

胡锦涛在全国宣传思想工作会议上的讲话指出,"要开展细致入微的思想政治工作,把先进性要求和广泛性要求结合起来,把解决思想问题和解决实际问题结合起来,更加注重人文关怀和心理疏导,引导人们在为祖国为人民的奋斗中实现自身价值"[①]。在全面建设小康社会的背景下,开展理想信念教育,需要大学生充分认识共产主义理想信念的重要性,把共产主义理想同自身利益相结合。

第二节　社会变革时期大学生理想信念的弱化

21世纪,由于国内经济体制、社会结构、利益格局发生的深刻变革和调整,世界多极化和经济全球化的发展、互联网的兴起和普及,我国的改革开放进入了社会变革的关键时期。作为大学校园主体的"80后"大学生,经历了"高考"的独木桥,既具有良好的知识结构和现代意识,也因高校扩招带来的压力,存在集体浮躁、急功近利的社会心态。随着社会主义市场经济体制的基本建立,"四个多样化"的趋势更加明显,价值观多元、多样的

---

① 《胡锦涛文选》第3卷,人民出版社2016年版,第63页。

状态和发展趋势，使大学生思想活动的差异性、选择性日益增强，新媒体的快速发展成为中西文化交流、碰撞的"加速器"，这些都是影响大学生树立科学理想信念的重要因素。

一、价值多元化促使大学生产生理想迷茫

我国改革开放的历史进程，也是中西文化交流交融、相互影响的过程。如果说20世纪80、90年代，西方文化主要是以理论形态、社会思潮的形式在我国进行传播，那么21世纪的西方国家则对我国开展了全方位的思想文化渗透。与此同时，我国社会主义市场经济体制的基本建立和不断完善，促使我国社会文化呈现出了多元化特征。市场经济、西方文化等因素促使我国形成了多元社会文化的事实，冲击了我国的社会主义意识形态，使大学生产生了理想和信仰的迷茫。

首先，大学生对社会主义主流思想的信念受到冲击。21世纪，西方对我国的意识形态争夺呈现出新的特点，马克思主义同非马克思主义思潮的斗争也从未停止，带来了我国理论领域的噪音、杂音。人民论坛问卷调查中心调研结果显示，依据关注度由高到低的排序，2011—2012年度最受关注思潮的排名情况如下："普世价值论、新自由主义、创新马克思主义、道德相对主义、社会民主主义、文化保守主义、新国家干预主义、民族主义、民粹主义、公平正义"。其中"普世价值"和"新自由主义"思潮最受关注[1]。大学生层面，与生活关联较大的思潮对其影响更为直接。有学生认为："思潮分为专业的和生活的两种，前者如'民族主义''历史虚无主义'等，从课堂学习中获得，且有较深刻的了解；后者如'消费主义''拜金主义'等，在生活中对自己有一定警醒作用，且贴近实际，容易理解。"对于社会思潮的认识，有学生认为，"西方思潮更贴近普通人群，如人权观、平等意识、

---

[1] 人民论坛问卷调查中心：《2011重大思潮调查报告——与2010年的对比分析》，《人民论坛》2012年第1期。

第五章 全面建设小康社会时期的大学生理想信念教育（2002—2012）

自由意识都比较符合青年学生喜欢彰显个性的特点，因此更容易被接受"[①]。高等教育层面，由于两个文明建设中"一手硬、一手软"现象的存在，部分高校还未从"反和平演变"的高度认识以社会主义核心价值体系引领社会思潮的重要意义。具体表现为，部分高校仍采用具有强烈新自由主义思想的西方经济学原版读本作为大学生学习的教材，促使了新自由主义思潮在大学生中的传播；一些知名学者或学术权威的言论和思想，一定程度上影响着社会思潮传播的深度和广度。大学生自身对历史缺乏足够的认知，对马克思主义理论缺乏系统、深刻的理解，不能深刻揭示错误观点的实质，容易受到错误思潮的误导，产生对主流意识形态的怀疑和质疑。依据调研结果显示，大学生认为近20年来，影响变小了的文化类型，"共产主义的理想、信念"和"马克思主义"分别位居第一、二名（见表7），而认为影响变大了的文化类型，"民主法制、自由人权"和"利己主义或个人主义"以1.82、1.27分别位列第一、第二。对于造成这一变化的原因，大学生认为"西方文化的进入"是首要原因[②]。

表7 就您从不同角度所了解的中国当代文化的变化，您认为
近20年以来哪些文化类型的影响变小了（可选三项排序）

选择排序 选择内容	第一 频数	第一 得分	第二 频数	第二 得分	第三 频数	第三 得分	总得分	平均得分
马克思主义	79	237	68	136	62	62	435	1.09
共产主义的理想、信念	130	290	93	186	53	53	629	1.58
特权等级、专制文化	71	213	57	114	35	35	362	0.91
民主法制、自由人权	16	48	26	52	19	19	119	0.30
爱国主义、集体主义	64	192	65	130	88	88	410	1.03
利己主义或个人主义	7	21	24	48	16	16	85	0.21
存在主义	6	18	13	26	35	35	79	0.20
宗教文化	25	75	32	64	58	58	197	0.49

数据来源：樊浩等．中国大众意识形态报告［M］．中国社会科学出版社，2012年，第791页．

[①] 夏兰：《关于社会思潮对大学生影响状况的实证调研》，《思想理论教育》2010年第17期。
[②] 樊浩等：《中国大众意识形态报告》，中国社会科学出版社2012年版，第792页。

其次，大学生缺乏学习理论的热情，精神需求受到物质性压力的挤压。在社会主义市场经济快速发展的背景下，大学生缺乏学习理论的热情，会直接导致以马克思主义、共产主义为内容的意识形态在大学生群体中受到被边缘、被漠视的挑战，影响大学生理想信念的保持。一方面，部分高校理想信念教育内容脱离实际，不能很好地解释现实问题，难以发挥马克思主义理论的说服力和吸引力。有大学生认为"两课教育形式化严重，大学生的两课教材与高中的政治课内容相差无几"[①]，容易引起反感，很难激发大学生主动学习马克思主义理论的兴趣和信心。在调查中，大学生自觉阅读"马克思主义政治领袖的著作""思想政治读物"的比例很低（见表8）。而这一时期，《文明的冲突与世界秩序的重建》《历史的终结》等带有西方意识形态的书目在大学生中占有一定的市场。另一方面，较之于社会发展，教育理念发展相对滞后，造成理论与现实的脱离，难以激发大学生的理论学习兴趣，难以从情感和理性上产生对理论的共鸣，更难以产生正确而坚定的信仰。"有人花钱买智育，有人花钱买体育，有人花钱买美育，有谁花钱买德育""老师苦口婆心，学生无所用心"等流行语也从侧面揭示了德育、理想信念教育的尴尬境地。没有对马克思主义的良好认知，就失去了树立科学理想信念的基础，难以树立坚定的理想信念。

表8　您平常课外阅读的书籍类型主要是（可选三项排序）

选择内容 \ 选择排序	第一 频数	第一 得分	第二 频数	第二 得分	第三 频数	第三 得分	总得分	平均得分
马克思主义政治领袖的著作	18	54	1	2	4	4	60	0.15
思想政治读物	19	57	18	36	8	8	101	0.25
杰出人物传记	96	288	35	70	24	24	382	0.96
欧洲文学名著	60	180	53	106	26	26	312	0.78
中国古典名著	45	135	79	158	45	45	338	0.85

---

① 郑承军：《理想信念的引领与构建——当代大学生的社会主义核心价值观研究》，清华大学出版社2010年版，第218页。

续表

选择内容 \ 选择排序	第一 频数	第一 得分	第二 频数	第二 得分	第三 频数	第三 得分	总得分	平均得分
卡通读物	15	45	34	68	14	14	127	0.32
武侠、言情类	40	120	44	88	43	43	251	0.63
财经类、法律类	29	87	21	42	31	31	160	0.40
专业书籍	44	132	56	112	77	77	321	0.80
宗教类作品	3	9	2	4	11	11	24	0.06
其他	28	84	16	32	47	47	163	0.41

数据来源：樊浩等．中国大众意识形态报告［M］．中国社会科学出版社，2012年，第793页。

二、社会变迁引发大学生理想信念多元化

21世纪，我国政治、经济、文化的变迁，具体表现为经济成分和经济利益、生活方式、组织形式、就业形式的多样化。随着社会进步中"四个多样化"趋势的日益明显，带来了人们思想观念的深刻变化，使大学生理想信念呈现出更加多元化的特征。如有学者依据价值取向、理想追求的不同，将大学生分为"时装人""平面人""实惠族""新文化人""新理想派"[1]等类型。

首先，经济成分和经济利益的多样化，促使大学生理想信念呈现出显著的多变性和差异性。随着改革开放的深入，社会分工日益精细化，由于教育背景、生活环境、社会地位等因素的差异，造成了各阶层思想观念、价值理想的不同，从而导致了理想信念的多元。虽然在校大学生还没有明确的阶层定位，但不同的家庭环境会造就大学生不同的理想信念。如公务员群体注重学习马克思主义理论，有77.4%的人选择"用马克思主义来指导中国的实践"[2]；弱势群体"对纯政治学习的兴趣较低"，希望国家着力解决"反腐、

---

[1] 郑永廷等：《主导德育论——大学生思想政治教育一元主导与多样发展研究》，人民出版社2008年版，第41页。
[2] 樊浩等：《中国大众意识形态报告》，第98页。

贫富分化、环境"[1]等现实问题。再如,"沿海地区对改革开放的接受性和认同率高,因为学生的家庭在改革开放中受益较多,而内地一些地方由于发展不平衡,经济效益欠佳,学生对改革开放的接受性和认同率明显不如沿海地区"[2]。由于社会主义市场经济中贫富差距扩大等社会问题的出现使大学生在对理想与现实关系思考的过程中,产生了一些不良倾向。一方面,部分大学生在价值选择中表现为更注重实用、获得实利,而不顾及理想追求、信仰;另一方面,大学生开始在不同的文化中寻找精神寄托。如有的学生笃信马克思主义,树立了坚定的共产主义理想;有的学生推崇西方资本主义制度,而否定社会主义;有的学生不能正视由社会竞争带来的地位和利益上的差异,相信命运或迷信,将宗教作为精神寄托。

其次,生活方式的多样化,使大学生价值取向呈现出明显的世俗化和多元化。改革开放以来,我国生产力的迅速发展,使得满足人们物质、精神、社会生活需要的能力日益增强,人们的社会生活方式呈现出多样化的特点。随着大众传媒的发展和人际交往格局的拓展,大学生更加注重发展自身个性和独立性,生活态度的相互影响逐步加深。生活方式的多样化是社会主义市场发展的产物,但是也要警惕西方文化带来的消极影响。西方生活方式在大学校园中的泛滥主要表现为:拜金主义、享乐主义等思潮在大学生中占有一定市场,不少学生崇尚自我,主张及时行乐,促使价值观发生扭曲,产生了"月光族""啃老族"。消费主义等思潮对大学生的危害在于消解了大学生对理想和目标的追求,以玩世不恭、享乐的态度对待人生,对于追求理想和目标的学习普遍缺乏动力。以消费主义思潮的传播为例,部分大学生开始推崇资本主义的生活方式,推崇以追求物质享受为目标等错误或不健康的生活观念和生活态度。因此,也有媒体给"80后"贴上了"小皇帝一代""享乐的一代""消费主义的一代""垮掉的一代"等标签。

---

[1] 樊浩等:《中国大众意识形态报告》,中国社会科学出版社2012年版,第141页。
[2] 周中之等:《现代思想政治教育理论与实践探微》,人民出版社2009年版,第234页。

再次，就业形式的多样化，使大学生更关注自我而缺乏奉献精神。在社会主义市场经济发展和完善的过程中，随着高校学生规模的逐步扩大，就业压力日益增大，加剧了个人的发展压力和竞争意识，促使大学生的价值观念、理想选择发生了转变。"80后"大学生作为大学校园的主体，经历了高考的"独木桥"，也面临着高校扩招带来的就业压力。在这样的背景下，越来越多的大学生开始选择不同的就业形式，出国深造、国内升学、进企业、考公务员、创业等方式，从而形成了多样的理想追求。值得注意的是，在社会主义市场经济条件下，物质利益作为人生存和发展的基础，在社会竞争中，因其能被指标量化而显示出自身价值优位的特点，成为大学生就业选择的重要依据。但是，"隐藏和渗透在这些物质的、科技的成果后面的理想信念，则因其无形而无法量化、指标化，难以显示出差距且难以直接感受到它的存在与作用"[①]，在一定程度上造成了大学生理想追求的偏差，容易导致大学生过分关注自我而缺乏奉献精神。

三、新媒体时代大学生价值观念的多样化

随着新一轮科技革命浪潮的兴起，人类社会进入一个全新的时代——"新媒体时代"，移动电视、社交媒体、移动媒体、手机媒体、搜索引擎成为最具代表性的新媒体形态。据第九次全国国民阅读调查数据显示，"2011年，我国17～70周岁的国民每天接触传统纸质媒介和传统电波媒介的时长较2010年有所减少，而对新兴媒介（互联网、手机阅读、电子阅读器）的接触时长均比2010年有所增加"[②]。作为大学校园的主体"80后"大学生，具有思维活跃、富有创造力、乐于接受新鲜事物的特点，自然成为使用新媒体最活跃的群体之一。

首先，"微时代"开启价值多元。与以报纸、广播、电视、杂志为代表

[①] 郑永廷：《德育发展研究——面向21世纪中国高校德育探索》，人民出版社2006年版，第122页。

[②] 柳斌杰等主编：《中国出版年鉴（2013）》，中国年鉴出版社2013年版，第137页。

的传统媒体相对应的是以校园 BBS、微博、微信、手机、互联网为代表的新媒体。近年来传统媒体对大学生的吸引力逐渐减弱，与之形成鲜明对比的是大学生对互联网的高度黏着。据《第 29 次中国互联网络发展状况统计报告》，截至 2011 年年底，我国 10~29 岁的网民比例达到了 56.5%，其中社交网站使用率增长 3.9%，微博使用率则增长了 296%[①]。新媒体的产生，使当代大学生的价值观呈现出多样化的特点：大学生价值主体意识增强，对权威不再盲从，而服从于自己的信仰和理想；碎片化阅读、快餐式文化、跟风式思考使大学生呈现出平面化思维的特点，减少了价值判断中的理性成分；网络社会呈现鲜明的世俗化趋势。这种世俗化趋势表现为削平价值、躲避崇高、精神迷失，这使得理想信念教育面临严峻的挑战。作为思想最为活跃的大学校园，单一、直接的价值说教已难以满足当代大学生的需求，如何充分利用新媒体资源，潜移默化地引导大学生树立正确理想信念，是大学生理想信念教育面临的时代课题。2004 年，中共中央"16 号文件"强调，要"全面加强校园网的建设，使网络成为弘扬主旋律、开展思想政治教育的重要手段"[②]。这也给大学生理想信念教育的发展提出了新要求。

其次，带来不同文化和价值观念的冲突。在新媒体时代，国内外敌对势力改变了传统的方法，而将网络等新媒体作为实施西化、分化的新手段。例如，2012 年 3 月 19 日，国家互联网应急中心发布的《2011 年我国互联网网络安全态势综述》指出：2011 年，美国以 9528 多个 IP 抵制控制中国境内近 885 万台主机，有 3328 个 IP 控制境内 3437 家网站。美国可以通过控制的 IP 地址通过机器隐身群发，在两个小时内发送近 70 万条虚假造谣信息覆盖我国的主要网站。[③] 2011 年，美国不仅成立了国防媒体局，人员编制 2400 人，每年经费高达 2 亿元，还公布了《网络空间国际战略报告》，将网

---

① 于洋:《探寻青年眼中的互联网世界》,《人民日报》2012 年 2 月 7 日。
② 教育部思想政治工作司组编:《加强和改进大学生思想政治教育重要文献选编（1978—2014）》,知识产权出版社 2015 年版,第 267 页。
③ 国家互联网应急中心:《2011 年我国互联网网络安全态势综述》,2012 年 3 月 19 日,见 http://www.cert.org.cn/UserFiles/File/201203192011annualreport（1）.pdf。

络战略推向一个新的高度①。又,各国之间的文化冲突呈现出鲜明的时代特点。第一,西方敌对势力把矛头直接指向社会主义制度、中国共产党,试图通过"造谣""丑化"等方式削弱马克思主义的影响,以达到淡化、弱化社会主义意识形态的目的。如"各种敌对势力把互联网作为渗透、煽动和破坏的重要工具,借助网站论坛、聊天室、虚拟社区、新闻跟帖等多种方式,散布资产阶级自由化言论,攻击党的路线方针政策;利用热点和敏感问题,蓄意制造谣言,煽动社会不满情绪,破坏正常社会秩序等"②。第二,西方敌对势力对我国的影响,既有显性的方式,即通过鼓动"街头抗争"、非法聚集等方式宣扬西方价值观念,也有隐性的方式,即通过网络、网站、论坛等进行覆盖式宣传。如美国前国务卿奥尔布赖特曾说:"中国不会拒绝互联网这种技术,因为它要现代化。这是我们的可乘之机。我们要利用互联网把美国的价值观送到中国去。"③ 新媒体时代带来的不同文化和价值观念的冲突,对大学生的思想、心理的影响都十分深刻,如何提升网络宣传的有效性和影响力,是在全面建设小康社会时期提升大学生理想信念教育实效的现实要求。

第三节 大学生理想信念教育的开拓创新

在深化改革开放、推进现代化建设的关键阶段,面对国内外形势的深刻变化,培育社会主义建设者和接班人的任务重大而紧迫。为回答和解决"培养什么人,如何培养人"这一根本性问题,中共中央印发的"16号文件"作为大学生思想政治教育的纲领性文件,确立了理想信念教育在大学生思想政治教育中的核心地位,提出了21世纪大学生理想信念教育的目标和内容。

---

① 姜兴华:《无形亮剑——加快转变传播力生成模式》,长征出版社2015年版,第93页。
② 教育部思想政治工作司组编:《加强和改进大学生思想政治教育重要文献选编(1978—2008)》,中国人民大学出版社2008年版,第395页。
③ 方妍:《互联网时代的意识形态渗透与反渗透:兼谈法轮功网站在西方"和平演变"中的作用》,2011年11月13日,见http://www.kaiwind.com/llyt/201110/t135243.htm。

为了贯彻落实"16号文件"精神，体现21世纪党和国家对开展大学生理想信念教育的综合性、整体性要求，教育部制订了思想政治理论课"05方案"，就课程、教材、教师队伍等方面提出了改革意见，推进了大学生理想信念教育的开拓创新。

一、深化中国特色社会主义理论体系宣传普及活动

中国特色社会主义理论体系的最新成果，是指导中国特色社会主义建设的根本思想武器。为更好地推进马克思主义的大众化，党的十七大提出要开展中国特色社会主义理论体系宣传普及活动，并在党的十七届六中全会做出实施中国特色社会主义理论体系普及计划的战略部署。为更好地开展中国特色社会主义理论体系宣传普及活动，各高校将编写教材大纲、突出重点理论学习、采用多种方式作为开展教育实践活动的着力点，旨在把大学生的思想统一到党的最新理论成果上来，帮助大学生在认同科学理论的基础上树立科学的理想信念。

首先，编写教材，纳入"马工程"项目。全面建设小康社会时期，为突出马克思主义理论研究和建设的重要性，2004年，中共中央制定了《关于进一步繁荣发展哲学社会科学的意见》，强调要"实施马克思主义理论研究和建设工程"（以下简称"马工程"）。同年4月，中央印发《中央宣传思想工作领导小组关于实施马克思主义理论研究和建设工程的意见》，标志着"马工程"正式启动。编写能体现马克思主义特色的三本高校基本理论教材和四本高校思想政治理论课公共教材就是实施"马工程"的重要任务之一。为编写高质量的思想政治理论课教材，党中央亲自指导和审定教材大纲，教育部召开了"高校思想政治理论课教材编写工作会议"，为教材编写提供了根本保障。教材的编写征求了广大思想政治理论课、理论工作者、大学生的意见，进行了多次修改和统稿，最后由中央审查批准后正式发行。如2006年，《思想道德修养与法律基础》课（以下简称"基础课"）在全国高校普遍开设，同年，新课程方案的第一本"基础课"教材正式出版并投入使用。与

| 第五章 | 全面建设小康社会时期的大学生理想信念教育 (2002—2012)

此同时,教育部组织授课教师队伍,精心制作"基础课"的"精彩一课"全程实况录像,作为广大任课教师教学参考资料。此外,还陆续推出一批理论学习的辅助材料,包括《江泽民文选》三卷本、《2005：理论热点面对面》等通俗理论读物。"马工程"的实施对于巩固马克思主义在意识形态中的地位具有重要作用。一是教材编写和修订始终坚持马克思主义的指导,全面地吸纳十六大以来党的一系列理论创新成果,体现了用中国特色社会主义理论武装大学生头脑的教育要求；二是教材整体体现了理想信念教育这一核心内容,具有极强的现实针对性,对提升高校思想政治理论教育实效具有重大意义；三是教材更加贴近生活、贴近实际、贴近大学生,既有系统的理论知识教育,又分析回答了大学生在成才、立志、恋爱、交友、就业、做人等方面产生的问题和困惑,具有较强的现实性、针对性和可读性。从2006年起,高校思想政治理论课四本新教材陆续在全国各高校投入使用,受到高校师生的欢迎。据有关部门在全国高校调研发现,"大学生对思想政治理论课教学状况'非常满意'或'比较满意'的达到了90%以上,对授课教师的喜欢程度也达到90%以上"[1]。一位大学生在学习心得中这样写道："毛泽东思想、邓小平理论和'三个代表'重要思想不再是枯燥的字眼,而像一缕金色的阳光,拨开了我心中的乌云,并在思想深处泛起了涟漪,带来了碰撞,引发了思考。"[2]

其次,突出重点,学习党的最新理论成果。为保证有效地开展科学理论教育,教育部下发了一系列通知进行指导和指引,高校也围绕理论学习、课程设置进行了改革。第一,学习十六大精神。为教育大学生深刻理解党在新世纪新阶段全面建设小康社会的奋斗目标,中共中央于2002年印发《关于认真学习贯彻党的十六大精神的通知》,要求各类院校要把学习党的十六大精神作为大学生思想政治教育的重要内容。党的十六大召开以来,各高校通

---

[1] 倪光辉：《高校思想政治理论课新教材受师生欢迎》,《人民日报》2007年10月14日。
[2] 魏武：《"上思想政治理论课这么投入,从来没见过"》,《新华每日电讯》2007年10月15日。

过专题教学、举办讲座和学术研讨会等方式积极学习宣传十六大精神,由此掀起了各高校开展十六大精神教育的热潮。中国政法大学近2000名师生齐聚礼堂,共同观看十六大开幕式;中国人民大学学校中心理论学习小组进行十六大精神专题学习;北京师范大学组织"十六大代表进校园"活动;北京理工大学举行"走进新时代"文艺晚会,庆祝党的十六大胜利闭幕;北京交通大学组织学生"三个代表"研究会专题学习交流会等,以引导师生深入领会十六大精神,了解国家大政方针,洞察社会发展总趋势。[①] 第二,促进"三个代表"重要思想"三进"。党的十六大将"三个代表"重要思想确立为党的指导思想,并发出学习和贯彻"三个代表"重要思想的号召。2003年2月,《教育部关于进一步深化"三个代表"重要思想"三进"工作的通知》,强调要把促进"三个代表"重要思想"三进"作为高校"两课"教育教学的首要任务。为更好地实现"三个代表"重要思想进入课堂,"05方案"将原有的《邓小平理论概论》《邓小平和"三个代表"重要思想概论课》调整为《毛泽东思想、邓小平理论和"三个代表"重要思想概论》。2008年8月6日,教育办公厅下发文件,将《毛泽东思想、邓小平理论和"三个代表"重要思想概论》调整为《毛泽东思想和中国特色社会主义理论概论》。此外,中共中央宣传部还编写了《"三个代表"重要思想学习纲要》,要求全面学习"三个代表"重要思想的理论基础、科学内涵以及历史地位等内容,掀起了高校学习"三个代表"重要思想的热潮。第三,学习党的十七大精神和科学发展观。党的十七大全面阐发了中国特色社会主义理论体系的基本内容以及科学发展观的科学内涵,成为凝聚和团结大学生力量的重要依据,是加强大学生理想信念教育的重要教材。此后,全国各高校强有力地组织学习活动,推进学习实践科学发展观活动深入开展。2009年,北京市属27所高校依据高校自身特点,通过学习调研、分析检查、整改落实,积极动员部署,举办集中学习培训班、研讨班2167个,专题辅导或报告会1481场,组织开展建

[①] 董洪亮:《校园涌动学习潮》,《人民日报》2002年12月3日。

第五章 全面建设小康社会时期的大学生理想信念教育（2002—2012）

言献策和解放思想大讨论活动，发放征求意见表 85041 份[①]，力求在大学生中广泛开展中国特色社会主义主题教育活动。

再次，运用多种手段，激发学习热情。为激发大学生学习科学理论的热情和积极性，各高校采用了多种方式。第一，创新理论学习方法。在高校中除了课堂讲授，还开设了理论学习班、研讨班、培训班，组建宣讲团等方法，将学习文件与研讨方式相结合，帮助大学生深入理解理论创新成果的精神内涵和实质。2002 年，十六大胜利闭幕后，北京市委教育工委、共青团北京市委等联合组织的首都大学生"十六大"精神宣讲团正式成立，其中包括来自首都 48 所高校的 1200 多支宣讲队伍，成员多是具有一定知识水平的学生骨干。[②] 为提高学生思想政治素养，南开大学在已有的学生理论社团和"三个代表"重要思想研究会的基础上，还成立了十六大精神研究会，引导学生认真研读理论著作和十六大文件。[③] 在具体的理论学习活动中，为提高教育实效，有学校制作了"理论教育电教片"，整理编印《理论信息资料》，出版《全民学习科学发展观宣传组画》等辅助性学习材料。第二，理论学习活动同国家重大、热点事件相结合。围绕我国举办北京奥运会、残奥会，庆祝新中国成立 60 周年等活动，引导大学生正确认识我国改革开放取得的重大成就；围绕抗击汶川地震、应对金融危机的实践，让大学生拥护党的强大领导，勇于担负时代责任；围绕党和国家处理"3·14"打砸抢烧等事件，教育大学生维护祖国统一，坚定走社会主义道路的决心和信心。第三，开展社会实践活动，促进科学理论外化于行。通过开展"学习实践科学发展观""三走进三了解三提高""红色革命足迹寻访团"等实践活动，促使大学生投身社会实践，在实践中升华理论认知。第四，建立理论学习网站，拓展学习时空。如人民网·中国共产党创建《学习与实践》网站，作为学习科学发展

[①] 《学习实践科学发展观 推动首都高校科学发展》，《中国教育报》2009 年 9 月 2 日。
[②] 共青团北京市委员会、北京市学生联合会编著：《跃动的青春——首都大学生社会实践二十年的工作与思考》，人民出版社 2003 年版，第 160 页。
[③] 陈杰：《京津大学生交流学习体会》，《人民日报》2002 年 11 月 25 日。

观的重要载体，于 2008 年 10 月 2 日开通，"开通半月页面点击量累计超过 1300 万次"[①]，其中《学科发展大讨论》《各地实践》等都是最受欢迎的栏目。各高校也纷纷开辟网上阵地，如南京大学创办了网上共产主义学校。

二、重视党史国史和形势政策教育

在全面建设小康社会时期，加强大学生理想信念教育，既要通过党史国史教育，教育大学生铭记历史，更要通过形势政策教育，教育大学生正确认识现实，还要通过学习历史规律和总结历史经验，激发大学生的历史使命感。

首先，加强奋斗史、创业史、改革开放史教育。21 世纪，来自国内外的历史虚无主义思潮在社会上产生了不良影响。一是用历史选择论代替唯物史观，质疑和否定马克思主义的指导；二是提出"告别革命"的主张，突出革命的破坏性作用；三是以歪曲中国革命和中国共产党历史，企图对历史事件和历史人物进行所谓的"再认识""再评价"[②]。如何看待中国共产党领导全国人民的奋斗史、创业史和改革开放史，如何纵横比对看优势、立足国情看成就，直接影响大学生能否确立正确的历史观。

第一，将"纲要课"作为大学生必修课，普及历史教育。"中国近现代纲要"课是开展大学生党史教育的主渠道和主阵地。为了澄清部分大学生对待历史的模糊认识，清除"告别革命"等思潮对中国近现代史的诋毁，批判部分人歪曲历史、虚无历史的错误思想，党和国家高度重视党史国史的教育。2005 年 3 月 9 日，《〈中共中央宣传部、教育部关于进一步加强和改进高校思想政治理论课的意见〉实施方案》，明确指出应将"中国近现代史纲要"课程作为大学生的必修课，课程的任务和目标是通过加强国史和国情教育，让大学生"深刻领会历史和人民是怎样选择了马克思主义，选择了中国

---

① 《〈学习与实践〉网站引起网民高度关注》，《人民日报》2008 年 11 月 9 日。
② 周向军主编：《高校思想政治理论课教学改革与创新》，山东大学出版社 2011 年版，第 212 页。

|第五章| 全面建设小康社会时期的大学生理想信念教育（2002—2012）

共产党，选择了社会主义道路"[①]。依据教育部"05方案"，普通高校本科生自2006级起开设"纲要课"和"概论课"，旨在对大学生进行革命历史和革命传统教育，进行爱国主义教育、理想信念教育和改革开放教育，引导大学生科学分析社会主义道路的历史必然，正确评价我国社会主义建设过程中的失误，才能逐步清除历史虚无主义的消极影响。

第二，充分利用党史国史教育资源，开展教学实践活动。形式多样、内容丰富的文化作品是党史国史教育的重要资源。将系统的、理论性的课堂教学同具体化、可视化的教学实践活动相结合，是引导学生深入了解国情、深化历史认知的必然要求。2011年是中国共产党建党90周年，南开大学经济学院2009级学生开展了题为"90后大学生党史教育状况调查"的调研活动，调查结果显示："半数以上学生表示，电影、电视剧和网络是自己学习党史知识的主要途径，其中近八成学生表示，愿意通过影视剧来了解、学习党史。"[②] 不少大学生表示，《建国大业》《潜伏》等优秀革命题材影视剧，有助于促进自身了解中国共产党领导革命、建设和改革的历史。

第三，重走红色路，经受革命精神洗礼。开展红色暑期实践、参与红色讲解、创办红色网站，作为大学生了解和感悟历史的方式，是大学生"亲近"历史、升华精神追求的重要方式。一是参与"红色讲解"，宣扬革命烈士丰功伟绩，促使自身得到精神的洗礼。例如，从1998年开始，扬州大学的学生便争相报名当烈士陵园义务讲解员，400名大学生接力"红色讲解"，12年接待参观者140万人次。[③] 二是开展红色暑期实践，深刻体会奉献和付出的含义。我国拥有大量革命圣地和爱国爱党教育基地，承载着丰富的革命精神。在庆祝建党90周年之际，上海师范大学自发开展了一系列"红色之旅"，作为暑期社会实践的重要内容，践行"永远跟党走"的理念。[④] 三是

[①] 教育部社会科学司：《普通高校思想政治理论课文献选编（1949—2008）》，中国人民大学出版社2008年版，第219页。
[②] 杨晨光：《如何引导大学生知国情学党史》，《中国教育报》2011年6月24日。
[③] 《400大学生接力"红色讲解"》，《扬州日报》2010年1月16日。
[④] 俞菀：《万名"90后"大学生的"红色暑假"》，《新华每日电讯》2011年7月27日。

创办红色网站,通过整合网络教育资源,创建理论学习、党建之窗、网上党校等栏目,使网络成为宣传党史和理论的重要阵地。红色网站"中国红色网站联盟""大学生学习邓小平理论及'三个代表'重要思想网站"等都是极具代表性的网站。

其次,开展形势政策教育。全面建设小康社会时期,党和国家面临新情况新问题,加强形势政策教育必须提高教育实效。2004年11月17日,中共中央宣传部、教育部印发了《关于进一步加强高等学校学生形势与政策教育的通知》,规定形势与政策教育作为思想政治理论课的重要组成部分,并指出:"要着重进行党的基本理论、基本路线、基本纲领和基本经验教育;进行我国改革开放和社会主义现代化建设的形势、任务和发展成就教育;进行党和国家重大方针政策、重大活动和重大改革措施教育;进行当前国际形势与国际关系的状况、发展趋势和我国的对外政策,世界重大事件及我国政府的原则立场教育;践行马克思主义形势观、政策观教育。"① 在新的时代背景下,高校形势教育结合国内外形势的深刻变化,也相应地进行调整和改革,并呈现出以下特点。

第一,针对学生关注焦点问题,更加注重阐释中央决策和对社会热点问题进行引导。如围绕农村税费改革,中日关系和当前国际形势,中央经济工作会议精神,"三农"问题,党和政府关于劳动就业、教育卫生等方面的问题进行教育。为更好地对大学生进行形势政策教育,中宣部理论局从2003年开始组织编写了《理论热点面对面》《六个"为什么"》《划清"四个重大界限"学习读本》等系列通俗理论读物,在传达中央精神、回答热点焦点问题、宣传党的理论知识方面发挥了重大作用。这些理论读物分析了当前社会的热点和难点问题,对帮助大学生正确认识国内外形势、坚定理想信念产生了良好效果。

---

① 教育部社会科学司组编:《普通高校思想政治理论课文献选编(1949—2008)》,中国人民大学出版社2008年版,第210页。

第二，制订并实施形势政策教育教学计划。不少高校依托第一课堂，将《形势与政策课》纳入本科生必修课教学计划，通过建立报告制度、编写宣讲提纲、建立教育资源库等方式，突出理论教学的思想性和鲜明的政治导向。为加强教育的针对性，教育部委托高等教育出版社《时事》编辑部，从2001年开始定期制作出版《时事》VCD，作为课程的指定音像材料，并出版《时事报告（大学生版）》作为学习辅导材料①。与此同时，各高校也十分重视"第二课堂"的作用，如湖北省已逐步实现形势政策教育的制度化，省领导不定期地与大学生面对面论形势、讲政策，积极开辟"第二课堂"，积极推动形势政策教育的课程化②。

三、开展社会主义核心价值体系学习教育

全面建设小康社会时期，也是我国社会发生剧烈转型的时期，"四个多样化"的趋势日益明显、中西文化的交流碰撞日益激烈的现实，共同构成社会主义核心价值体系提出的深刻背景。党的十七届六中全会提出要"坚持开展社会主义核心价值体系学习教育"③，并强调把理想信念教育作为学习教育活动的重中之重。各高校从理论学习、创新载体、强化养成、注重示范、营造氛围等视角入手，开展了丰富多样的社会主义核心价值体系学习活动。

首先，加强学习，全面、深刻地把握社会主义核心价值体系的内涵和实质。21世纪，各种西方社会思潮的涌入，在我国思想理论界产生了不少杂音，有学者提出的坚持指导思想"多元化"等谬论，实质是要取消马克思主义的一元指导地位、淡化共产主义理想信念。教育大学生科学认识社会主义核心价值体系的重大意义在于，引导大学生掌握马克思主义的方法，学会从错综复杂的理论杂音和社会现象中看清事物本质，认识我国走社会主义道路的必然性，不断坚定走社会主义的信心。因此，社会主义核心价值体系学习

---

① 李斌雄等：《高校学生形势与政策教育引论》，中国文史出版社2014年版，第136页。
② 田豆豆：《形势政策教育成为湖北大学生"第二课堂"》，《人民日报》2005年5月18日。
③ 《十七大以来重要文献选编》中，中央文献出版社2011年版，第264页。

教育，要针对大学生普遍关心的热点和难点问题，重点讲清"六个为什么"，划清"四个重大界限"，包括从马克思主义的立场、观点、方法，政治制度、社会制度、国家发展方向，革命、建设和改革的历史进程等层面来分析社会主义核心价值体系的深刻内涵。为更好地帮助推进社会主义核心价值观教育，中宣部组织编写了一系列学习辅助材料，包括《六个"为什么"》《划清"四个重大界限"》《七个"怎么看"》等。

其次，创新载体，融入校园文化建设。校园文化作为宣传社会主义核心价值体系的重要载体，各高校十分重视校园文化建设，并围绕社会主义核心价值体系学习教育形成了诸多良好的做法。

第一，加强制度建设，把社会主义核心价值体系的要求融入校园文化建设的顶层设计。高校的制度建设规定着校园文化建设的方向和性质，将社会主义核心价值体系融入大学校园文化建设，必须紧紧抓住制度建设这一关键环节，将社会主义核心价值体系的要求融入大学生生活的方方面面。如上海交通大学为突出对社会主义核心价值观的宣传和教育，制定了《大学文化规划及行动纲要》，从顶层设计层面加强引导。

第二，搭建新媒体宣传平台，激发大学生参与的积极性和热情。在校园中，广播、校报、校园BBS论坛、QQ、微博、网络等新媒体已成为大学生日常生活不可或缺的重要组成部分。2000年，教育部印发《关于加强高等学校思想政治教育进网络工作的若干意见》，强调要依据大学生思想和行为特点，用积极、健康的思想文化占领网络阵地，开启了网络思想政治教育快速发展时期。在这一时期，各高校充分利用网络媒介，依托校园BBS、网站建设，建立的"网上青年共产主义学校""学校在线"等网站，成为宣传社会主义核心价值体系的重要平台。

第三，编写校史、建设校史博物馆，传承大学精神。校史文化体现了高校发展演变的历史进程，作为大学精神的重要体现，也是在大学生中宣传社会主义核心价值体系的重要载体。这一时期厦门大学、中国人民大学、复旦大学、上海交通大学等高校都开展了校史编写、建设校史博物馆的工作，并在每学年开学初组织大学生参观校史博物馆,有助于大学生传承大学精神,坚持主流的价值导向。

第四,打造优秀文化作品,突出主旋律。文化作品能够体现一定的价值导向和价值要求,将社会主义核心价值体系的内涵融入文化作品之中,也是开展有效的社会主义核心价值体系宣传教育的现实需要。话剧、合唱、舞台剧、微电影等文化产品作为大学生喜闻乐见的形式,是进行社会主义核心价值体系宣传教育的重要方式。如为庆祝中国共产党成立90周年,清华大学举办了《歌唱祖国》的合唱,成为开展社会主义核心价值体系教育鲜活、有力、生动的教材。

第五,强化养成,广泛开展主题实践活动。大学生既要做社会主义核心价值体系的学习者,也要做践行者。这一时期的社会主义核心价值体系学习主题实践活动,主题鲜明、形式丰富,包括"我与祖国共奋进""迎奥运、讲文明、树新风"等主题实践活动。2012年4月,为更好地促进社会主义核心价值观体系学习教育,中宣部等10个部门联合发出通知,倡导要在全国范围内开展"弘扬雷锋精神 建设心灵家园"主题读书活动,同时,中宣部、中央文明办等部门还组织专家进行严格评审,向大学生、人民群众推荐了100种优秀思想道德读物。

四、加强和改进大学生社会实践

全面建设小康社会时期,伴随我国社会主义经济体制的完善和发展、改革开放的深入,也对高校大学生的素质提出了新要求。2005年2月1日,中共中央宣传部、中央文明办、教育部、共青团中央共同印发了《关于进一步加强和改进大学生社会实践的意见》强调,要"采取更加有力的措施,进一步加强和改进大学生社会实践,使之在大学生思想政治教育中发挥更加积极的作用"[1]。为深化大学生对党的路线方针政策的认识,增强历史使命感

---

[1] 教育部思想政治工作司组编:《加强和改进大学生思想政治教育重要文献选编(1978—2008)》,中国人民大学出版社2008年版,第412页。

和社会责任感，2012年教育部等七部联合下发《关于进一步加强高校实践育人的若干意见》，制定了高校实践育人工作办法，成为开展大学生社会实践活动的重要依据。

第一，积极开展多样的社会实践活动，如"大学生志愿服务西部计划"、大学生文化科技卫生"三下乡"、青年志愿者和社会公益等活动，帮助大学生观察社会、了解国情。2003年，共青团中央启动了"大学生志愿服务西部计划"，促使大学生将自身成长要求同国家发展需要结合起来，据同年6月26日的"大学生志愿服务西部计划报名情况最终统计表"（表9），可以看出，很多大学生具有强烈的责任感，积极踊跃地投身于西部大开发建设。

表9　大学生志愿服务西部计划报名情况最终统计表（节选）

	累计数	分　　类			
		专科	本科	硕士以上	西部生源
北京	598	174	414	10	194
天津	320	272	48		45
河北	2284	1985	299		
山西	2817	1895	921	1	55
内蒙古	1806	1473	333		1471

数据来源：共青团北京市委员会、北京市学生联合会. 跃动的青春——首都大学生社会实践二十年的工作与思考. 人民出版社，2003年，第194页。

2006年，中宣部、中央文明办、教育部、团中央共同发出《关于开展2006年全国大中专学生志愿者暑期文化科技卫生"三下乡"社会实践活动的通知》，部署2006年全国大学生"三下乡"社会实践活动，其目的在于引导大学生在亲身实践和体验的过程中深化对邓小平理论和"三个代表"重要思想的理解，自觉践行社会主义荣辱观，为建设社会主义新农村做贡献。此外，其重点实施了"千校万村服务计划"，建立大学生社会实践基地，组建重点服务团队，充分发挥大学生的智力优势。伴随着实践的深入，大学生"三下乡"活动的形式和内容都得到了不断发展，形成一定规模和体系（见表10），大学生"三下乡"社会实践活动已成为在校大学生参与社会实践的重要渠道。带领大学生参与多样的社会实践活动，有利于引导大学生不断提升自身素质，树立在基层建功立业的志向和意愿。

表10 2012年"三下乡"社会实践全国情况统计表

2012年全国参加活动的学生总数		10242526	
2012年全国活动的媒体宣传数量		251288	
2012年省级领导出席活动的次数		189	
全国各级重点团队中各类团队数量及所占比例	种植养殖	7222	6.25%
	科技帮扶	11226	9.71%
	产业规划	6166	5.34%
	医疗卫生	9254	8.01%
	文化艺术	11816	10.22%
	教育培训	18514	16.02%
	敬老爱幼	10032	8.68%
	政策宣传	12056	10.43%
	法律援助	5256	4.55%
	社会调查	17115	14.81%
	其他团队	6819	5.99%

数据来源：冯刚，沈壮海.中国大学生思想政治教育发展报告2013 [M].北京师范大学出版社，2013年，第224页。

第二，规范大学生社会实践的管理和考核。如，山西大学在本科生中推出《大学生素质拓展证书》，该证书包括"思想政治及道德素养""社会实践与志愿服务""科技学术与创新创业""文体艺术与身心发展""社团活动与社会工作""技能培训及其他"等六个方面[①]，记载学生各学期的社会实践情况，成为考核大学生社会实践活动的重要依据。还有的学校将社会实践调研活动同大学生专业学习实践活动结合起来，促进大学生专业素质和实践能力的提升。

第三，将社会主义核心价值体系融入大学生社会实践之中。党的十七大提出了"建设社会主义核心价值体系"的任务，相应地，践行社会主义核心

---

① 《大学生社会实践经历有凭证》，《人民日报》2004年12月2日。

价值体系成为大学生社会实践活动的重要内容。各高校围绕学习党的十七大精神、学习社会主义核心价值体系的要求，开展"再上革命圣地""重走长征路""新农村建设调查"等主题实践活动，根本目的在于引导大学生在参与社会实践的过程中，自觉地将社会主义核心价值体系的要求内化为日常行为习惯的准则。

第六章　决胜全面建成小康社会进程中的大学生理想信念教育（2012—2018）

2012年，党的十八大作为我国进入全面建成小康社会决定性阶段的一次十分重要的大会，其胜利召开标志着我国步入了全面建成小康社会的伟大进程。面临世情、国情和党情发生的深刻变化，发展机遇和风险挑战并存的形势，党提出了培育和践行社会主义核心价值观的要求，实现"中国梦"的奋斗目标。在决胜全面建成小康社会、夺取新时代中国特色社会主义伟大胜利的关键时期，党的十九大的胜利召开，明确了中国特色社会主义进入新时代的历史方位，提出"培养担当民族复兴大任的时代新人"[1]的论断，赋予了大学生理想信念教育新的时代责任和历史使命。十八大以来，各高校依据中国特色社会主义进入新时代的历史方位，立足于"两个一百年"的奋斗目标和实现"中国梦"的未来愿景，以及全面建设社会主义现代化强国的新征程，突出中国特色社会主义和"中国梦"宣传教育，加强社会主义核心价值观学习教育，开展中国革命、建设和改革开放的历史教育，推进十九大精神和习近平新时代中国特色社会主义思想教育，实现了十八大以来大学生理想信念教育的深化探索。

---

[1] 习近平：《决胜全面建成小康社会 夺取新时代中国特色社会主义伟大胜利——在中国共产党第十九次全国代表大会上的报告》，人民出版社2017年版，第42页。

第一节　决胜全面建成小康社会时期的时代背景

党的十九大报告指出,"世界正处于大发展大变革大调整时期"[①]。国际层面,和平与发展成为不可逆转的大趋势,世界多极化、经济全球化、社会信息化、文化多样化深入发展,国际力量对比日趋平衡;国内层面,我国已经步入全面深化改革的攻坚期和深水区,决胜全面建成小康社会、建设社会主义现代化强国加速推进。十八大以来,党和国家事业发展取得了历史性成就、发生了历史性变革、产生了历史性影响,但一些深层次的问题开始显现,改革开放面临的新情况新任务前所未有。准确把握全面建成小康社会时期的时代背景,有助于大学生看到我国发展面临的现实挑战,并认识到我国改革开放具有的长期性、艰巨性和曲折性。

一、文化全球化的趋势日益明显

经济全球化在世界范围内发展的不平衡,决定了文化全球化的不平衡,表现为以美国为首的西方发达国家所代表的强势文化对以发展中国家为代表的弱势文化的挤压,其本质是以美国文化为主导的文化全球化。在我国改革开放的进程中,美国以意识形态为载体,加紧对社会主义中国进行文化渗透。

第一,各种思想文化交流、交锋、交融更加频繁。文化全球化的发展,促使民族文化超越地域限制和民族模式走向世界,也推动了中国传统文化和社会主义文化"走出去"。在中外双方的共同努力下,截至 2017 年 12 月 31 日,全球孔子学院大家庭包括了 162 个国家 545 所学院和 1170 个课堂,孔子学院已经成为覆盖面最广、包容性最强、影响力最大的全球语言文化共同体

[①] 习近平:《决胜全面建成小康社会 夺取新时代中国特色社会主义伟大胜利——在中国共产党第十九次全国代表大会上的报告》,人民出版社 2017 年版,第 42-43 页。

| 第六章 | 决胜全面建成小康社会进程中的大学生理想信念教育（2012—2018）

之一①。以人为本、和平发展、和而不同的思想也日益成为中华民族和世界其他民族和谐、友好相处的信条。在这样的背景下，中国提出的"人类命运共同体"理论，既适应了国际局势的新变化，更兼顾了世界各国的新需要，逐渐成为广大发展中国家和国际社会推动全球合作、治理的共同价值观。在全球化带来很多矛盾、冲突、纠纷、混乱的时刻，全球人类越来越清晰地认识到，需要加速思想革命，需要以当代的整体、全面、相互联系的新理念取代过去的孤立片面、相互对立的旧观念②。人类命运共同体思想有利于提升中国文化的国际影响力和社会主义意识形态的国际话语权，有利于大学生牢固树立"四个自信"，坚定共产主义理想信念。

第二，意识形态之间的斗争日趋复杂。文化的核心是意识形态，要从意识形态建设的高度来看待文化全球化的挑战。西方发达国家以强大的经济、科技优势，通过对我国进行文化价值观、意识形态的输出，影响人们的理想信念和价值认同，需要我们保持高度警惕。当前，我国综合国力已经超过日本成为世界第二大经济体，这成为西方阴谋家鼓吹"中国威胁论"的重要论据。2016年5月25日，美国国防部前部长卡特在海军战争学院发表演说时说，美国对中国的战略态势"宛如与苏联持续近50年的冷战对峙"，"这将是坚决、温和但强有力的长期对抗，很可能会持续好些年"③。2017年12月18日，美国总统特朗普发布的国家安全战略报告，将中国和俄罗斯视为"战略竞争对手"，直接突出了中美之间的竞争面。对于不同国家间的文化斗争，必须加以防范。在文化全球化的背景下，必须充分展现中华民族传统文化的独特魅力和时代价值，不断巩固实现中华民族伟大复兴中国梦的共同思想基础。

---

① 孔子学院、国家汉办：《关于孔子学院/课堂》，2017年12月31日，见 http：//www.hanban.org/confuciousinstitutes/node_10961.htm。
② 张志丹：《人类命运共同体视阈中的中国意识形态国际话语权》，《河海大学学报（哲学社会科学）》2018年第2期。
③ 戴旭：《美国的对华大战略和南海小棋局》，《国防参考》2016年第15期。

二、呼啸而来的信息化革命和教育革命

以数字化技术、互联网技术、再生性能源技术的融合创新为主要特点的工业革命，推动了互联网与新技术的融合，促使互联网全面渗透到政治、经济、社会、军事、科技和文化等领域，网络空间相应地成为各个国家竞相争夺的战略制高点。

第一，国家信息安全、意识形态安全成为必须高度重视的重大问题。《第41次〈中国互联网络发展状况统计报告〉》显示，"截至2017年12月，我国网民规模达7.72亿，全年共计新增网民4074万人。互联网普及率为55.8%"，"10~39岁群体占整体网民的73%。其中，20~29岁年龄段的网民占比最高，达30%"[1]。在互联网技术迅猛发展的形势下，习近平指出："没有网络安全就没有国家安全。"[2] 一是我国网络空间安全面临的挑战日益复杂。我国互联网安全状况总体平稳，网络安全防护能力明显提升，但仍面临诸多问题，如针对工业控制系统的网络安全攻击日益增多，高级持续性威胁成常态化，我国面临的攻击威胁尤为严重等[3]。习近平指出，要推进全球互联网治理体系，构建网络空间命运共同体[4]。2016年，《中华人民共和国网络安全法》《国家网络空间安全战略》等一系列纲领和法律的制定，阐明了中国关于网络安全的重大立场和主张。二是在信息技术迅猛发展的背景下，世界范围内不同思想文化的相互激荡更加突出。2013年，"棱镜事件"的发生，以及美国"八大金刚"[5]的全方位渗透，给中国敲响了警钟。事实上，互联网已经成为以美国为首的西方国家输出价值观的主要途径，是美国

---

[1] 中华人民共和国国家互联网信息办公室：《第41〈中国互联网络发展状况统计报告〉》，2018年1月31日，见http://www.cac.gov.cn/2018-01/31/c_1122347026.htm。
[2] 《习近平谈治国理政》第1卷，外文出版社2018年版，第198页。
[3] 国家计算机网络应急技术处理协调中心：《2016年中国互联网网络安全报告》，人民邮电出版社2017年版，第26—30页。
[4] 《让互联网发展成果惠及全体人民》，《人民日报》2015年12月17日。
[5] 说明："八大金刚"是指思科、IBM、谷歌、高通、英特尔、苹果、甲骨文、微软。

| 第六章 | 决胜全面建成小康社会进程中的大学生理想信念教育（2012—2018）

对中国以及其他国家实施"和平演变"的有力武器。

第二，"互联网+教育"的模式极大地促进了我国教育现代化的发展。为顺应信息化革命的发展潮流，促进互联网同教育领域的结合，运用新的信息技术和互联网平台，是实现教育信息化和"高校强国梦"的需要。早在2012年，国家就对教育信息化发展进行了总体规划，并出台了《2011—2020年教育信息化十年发展规划》。2013年11月，党的十八届三中全会通过了《中共中央关于全面深化改革若干重大问题的决定》，"教育信息化"被首次写入党的重要文献中。2015年3月，在十二届全国人大三次会议上，李克强总理首次提出了"互联网+"行动计划，旨在将信息化创新成果与社会各领域相融合，以科技进步提高我国的创新力和生产力。"互联网+教育"以满足个体个性化发展的要求出发，突破了传统教育的时空限制，促进了教育资源的优化配置，实现了教育内容、教育方式的变革，给我国教育的现代化发展带了新的机遇。

第三，以"慕课"为标志的教育革命，对传统教育模式、人才培养方式产生了不可低估的挑战和影响。近年来，中国的"慕课"建设与应用呈现爆发式增长，多所高水平大学陆续在国际著名课程平台开课，有关高校和机构自主建成10余个国内"慕课"平台，460余所高校建设了3200余门"慕课"上线课程平台，5500万人次高校学生和社会学习者选学课程，我国"慕课"数量已位居世界第一。[①] 2018年1月15日，教育部推出490门"国家精品在线开放课程"，以国家名义推出"慕课"，这标志着中国"慕课"经过量的积累，已经进入质的提升阶段。值得强调的是，"慕课"于2012年由美国著名大学发起，Coursera、edX等"慕课"平台也被引入中国大学之中，而当前以西方高校为主的"慕课"课程，必然带有鲜明的意识形态色彩和西方教师的个人价值主张，不可避免地与我国社会主义性质的教育存在矛盾、冲突之处，存在与我国主流世界观、人生观、价值观不一致的问题，这一情况势必影响和冲击青年学生的理想信念。

[①] 陈鹏：《中国慕课向高质量发展》，《光明日报》2018年1月18日。

三、开启社会主义现代化新征程

我国步入社会主义现代化新征程，大学生理想信念教育的核心便是培养具有社会主义现代化意识的时代新人，更好地为社会主义现代化服务。20世纪60年代以来，为实现社会主义现代化，党和国家先后制定了"两步走""三步走"、新"三步走"和新"两步走"等战略步骤，决定了大学生理想信念教育的总方向。

第一，关于社会主义现代化建设的目标和步骤的理论创新，为高校理想信念教育提供了基本遵循。一是提出"两个一百年"奋斗目标。党的十八大报告明确提出了"两个一百年"的奋斗目标，深化了邓小平关于实现现代化的"三步走"战略，是在改革开放进程中对党的目标的丰富和完善。大学生作为实现中华民族伟大复兴中国梦的主力军，应深刻理解实现"两个一百年"奋斗目标的必然趋势，并自觉投入实现中华民族伟大复兴中国梦的实践。二是明确新"两步走"战略步骤。2012年以来，党和国家在经济、政治、文化、生态建设等方面取得历史性成就。以此为基础，党的十九大提出了新"两步走"战略步骤。这一战略步骤，既是国家为实现社会主义现代化和民族复兴描绘的时间表、任务书和路线图，是向全国各族人民发出的向奋斗目标奋勇前进的动员令，更是新时代开展大学生理想信念教育的根本指南。中国为实现社会主义现代化的新征程和新目标，显示了科学社会主义在21世纪的中国焕发出的强大生机活力，极大地提升了社会主义意识形态在世界范围内的吸引力和感召力。

第二，在"两个一百年"奋斗目标的交汇期，培养担当民族复兴大任的时代新人是新时代赋予高等教育的根本任务。习近平指出："现在在高校学习的大学生都是20岁左右，到2020年全面建成小康社会时，很多人还不到30岁；到本世纪中叶基本实现现代化时，很多人还不到60岁。也就是说，实现'两个一百年'奋斗目标，你们和千千万万青年将全过程参与。"[1] 实

---

[1] 《习近平谈治国理政》第1卷，外文出版社2018年版，第175页。

现"两个一百年"的奋斗目标,已经从宏大愿景变为现实任务。这就要求在理想信念教育中,要教育大学生正确认识现实目标和共产主义远大理想的关系,始终把共产主义作为巩固马克思主义指导地位和团结全国人民共同奋斗的思想基础。当代大学生在实现"两个一百年"和"中国梦"奋斗目标中的地位是由大学生自身的特点以及所处的时代决定的。当前,中国高等教育处在向普及化快速迈进的阶段,不仅要强调高等教育的基础支撑作用,更要强调高等教育支撑和引领作用并重,而且引领的分量要加大[①]。换句话说,就是要坚定不移、毫不放松、深入细致地做好理想信念教育,用习近平新时代中国特色社会主义思想武装大学生头脑,要以党和国家的奋斗目标指引大学生,用中国精神凝聚中国力量。

四、推进社会主义文化强国建设

十八大以来,党和国家提出了扎实推进社会主义文化强国建设的战略任务,并就提高我国的文化软实力,加强社会主义核心价值体系建设,牢固树立共产主义理想和中国特色社会主义共同理想等方面进行了阐释和规划。站在时代和全局的高度,党的十九大报告深刻阐述了文化和文化建设的地位和作用,深刻阐明了在新时代以什么样的立场和态度对待文化、用什么样的思路和举措发展文化、朝着什么样的方向和目标推进文化建设等重大问题,为推动社会主义文化繁荣昌盛、建设社会主义文化强国提供了根本遵循[②]。

第一,建设社会主义文化强国,是维护国家文化、巩固意识形态安全的现实需要。习近平在十九大报告中指出:"文化兴国运兴,文化强民族强。"[③] 党的十八大以来,党中央不断加强对意识形态工作的领导,对历史虚无主义思潮、西方宪政民主思潮、"公民社会"思潮、西方新闻观等错误

[①] 吴岩:《新时代高等教育面临新形势》,《光明日报》2017年12月19日。
[②] 本书编写组编著:《党的十九大报告辅导读本》,人民出版社2017年版,第33页。
[③] 习近平:《决胜全面建成小康社会 夺取新时代中国特色社会主义伟大胜利——在中国共产党第十九次全国代表大会上的报告》,人民出版社2017年版,第40—41页。

思潮进行了持久批判,意识形态领域取得了明显的变化和起色。但不可忽视的是,我国意识形态领域的情况依然复杂、斗争依然激烈,"在有的领域中马克思主义被边缘化、空泛化、标签化,在一些学科中'失语'、教材中'失踪'、论坛上'失声'"①。这使我国思想文化健康有序的发展面临巨大挑战。当今世界,经济全球化、文化全球化、信息化发展已成为不可逆转的历史潮流,为更好抓住机遇、迎接挑战,党的十八大、十九大将"建设社会主义文化强国"目标放在突出位置,提出了我国文化强国建设的道路、方向、方针和原则。

第二,坚持以社会主义核心价值体系来统领文化强国建设。党的十八大报告指出,"加强社会主义核心价值体系建设"是社会主义文化强国战略的重中之重,要"用社会主义核心价值体系引领社会思潮、凝聚社会共识"②。只有不断加强社会主义核心价值体系的建设,才能真正形成中华民族共同的理想信念。党的十九大报告提出了新时代坚持和发展中国特色社会主义的十四条基本方略,第七条便是"坚持社会主义核心价值体系"。社会主义核心价值体系内在地包含了"马克思主义指导"和"共产主义远大理想和中国特色社会主义共同理想",体现着社会主义意识形态的本质,统领着中华优秀传统文化创造性转化、创新性发展,决定着社会主义文化前进方向,决定着整个文化建设工作。

第三,理想信念是培育社会主义价值观的核心和关键,应始终将理想信念作为贯穿建设社会主义核心价值体系的主线。历史和现实的经验反复证明,丢掉共产主义理想信念,马克思主义政党就会土崩瓦解,苏联解体、东欧剧变就是最好的例证。在社会主义初级阶段,需要全国各族人民坚定不移地坚持马克思主义的指导。大学生作为国家的储备力量,需要大学生主动化解社会主义教育的思想阻力,让社会主义核心价值观成为指引自身学习和生

---

① 《习近平谈治国理政》第2卷,外文出版社2017年版,第329页。
② 《十八大以来重要文献选编》上,中央文献出版社2014年版,第24页。

活的科学指导。建设社会主义核心价值体系，推进社会主义文化强国建设，要始终"以理想信念为核心，抓住世界观、人生观、价值观这个总开关"①。十八大以来，党中央将坚定社会主义和共产主义理想信念作为党的思想建设的"首要任务"，并使之成为带有根本性的战略任务。在党的十九大报告中，对社会主义和共产主义理想信念的强调贯穿了整个报告之中。只有推进社会主义文化强国建设，促进社会主义文化繁荣兴盛，才能更好地提起青年大学生的信心和斗志。

第二节　多元文化背景下大学生理想信念的淡化

当今世界正处于重大的变革和调整时期，世界多极化的格局、经济全球化进一步促进了文化思想的多元化。与此同时，我国社会政治、经济、文化的深刻变革，使人们的理想追求和价值取向呈现出更强的异质性、多变性。当前，"95 后"大学生仍是大学校园的主体，具有思想活跃、主体意识突出、成长成才欲望强烈等鲜明特征。而价值多元、潮流向标频繁更迭的现实境遇，容易冲散大学生的人生主题，使其理想信念呈现出弱化、淡化的特点。

一、多元价值观对大学生理想信念的影响

十八大以来，我国改革开放面临的前所未有的新情况新问题，大大加剧了多元价值观的碰撞和冲突。价值观多元化的发展趋势，使大学生面临更多的价值选择，失去了明显的价值评判的标准，在一定程度上影响着大学生的理想信念。

首先，产生对理想信念的模糊认识。多元文化、多元价值观、多元思潮涌起，最直接的结果便是部分大学生出现信仰迷茫和道德失范等问题。

---

① 《十八大以来重要文献选编》上，中央文献出版社 2014 年版，第 579 页。

第一，对理想信念认识不到位。在我国全面深化改革的背景下，文化全球化的趋势日益明显，使社会主义价值观、本土价值观、主流价值观遭到质疑、抨击，甚至被瓦解。2012年6月，《人民日报》以"我们时代需要怎样的价值"为专题发表了系列文章，该组文章列举了中国社会存在的七种个体价值观，包括无私的利他主义价值观、狭隘的极端主义价值观、诡辩的相对主义价值观、庸俗的消费主义价值观、不加分析的怀疑主义价值观、功利的实用主义价值观、精致的利己主义价值观等[①]。在多元价值观的背景下，传统价值观与现代价值观、主流价值观与非主流价值观、本土价值观与西方价值观、社会主义价值观与非社会主义价值观冲突碰撞。在新旧价值观的矛盾冲突中，大学生对理想信念的认识和理解开始变得模糊不明，将理想信念与理想和信念、理想信仰、信仰等混淆。

第二，对理想信念的认识存在片面化、世俗化的问题。部分"90后"大学生认为，理想信念是一种个人的"寄托""希望""追求"，甚至可有可无，而信仰是"活得快乐""孝敬父母""做一个正直且善良的人"[②] 等。大学生对理想信念认识片面化、窄化的问题，容易导致大学生把共产主义理想信念简单地归结为共产主义远大理想的实现问题，把未来理想看得太近、太实，容易将内涵丰富的信念体系归结为某一未来理想，这是极不科学的。

其次，政治信仰迷茫。在多元价值观背景下，由于我国"社会中存在着与党的指导思想、与社会主导政治信仰相对立的信仰观念，政治信仰的多元化发展，客观上造成了意识形态的多元化存在，造成社会政治信仰体系的混乱"[③]。当前，部分大学生不同程度地存在政治信仰迷茫的问题，主要表现为两个方面。

第一，对共产主义缺乏信仰。在我国全面对外开放的背景下，各种形形

---

① 陈晓辉：《当代中国社会多元价值观评析》，《当代世界与社会主义》2013年第2期。
② 曾兰、彭红艳、万美容：《90后大学生精神生活的自我认知——基于39位大学生的深度访谈结果》，《中国青年研究》2015年第10期。
③ 刘建军：《信仰的呼唤：社会主义市场经济条件下的信仰问题研究》，人民出版社2011年版，第61页。

第六章 决胜全面建成小康社会进程中的大学生理想信念教育（2012—2018）

色色的西方社会思潮开始涌入，是引发大学生政治信仰迷茫的重要原因。人民论坛问卷调查中心调研数据显示，2017年国内受关注程度较高、现实影响深刻的十个社会思潮，分别为民粹主义、民族主义、生态主义、消费主义、反娱乐主义、激进左派、文化保守主义、历史虚无主义、新自由主义、普世价值论[①]。相关调研数据可以看到，以"民主主义思潮""个人主义""民族主义""普世价值"等为代表的社会思潮在大学生中占有极大的市场（见表11）。当代社会思潮对大学生中国特色社会主义理论体系认同的影响，从整体来看，直接表现为大学生对社会思潮认同与中国特色社会主义理论体系认同之间的此消彼长的负相关关系[②]。在我国，西方的价值观通过大众传媒、文化产品，甚至教育介入的方式实现在我国的传播，而大学生作为最主要的受众群体，必然会在潜移默化之中受到影响，不同程度地使大学生产生对社会主义和马克思主义的怀疑，形成对共产党的不信任情绪，仍有少数学生持有马克思主义"过时论""失败论"等观点。

表11 大学生对有关社会思潮的了解情况

序号	社会思潮	①非常了解	②比较了解	③一般	④不太了解	⑤很不了解
(1)	民主主义思潮	7.2	23.5	36.7	24.7	7.9
(2)	新左派	2.3	8.6	26.8	45.0	17.3
(3)	新自由主义	3.7	13.5	30.3	38.8	13.7
(4)	民族主义	6.3	29.1	33.6	23.0	8.0
(5)	文化保守主义	3.6	17.8	32.1	34.1	12.5
(6)	后现代主义	3.8	14.3	29.6	38.3	14.0
(7)	历史虚无主义	4.2	15.0	28.0	36.5	16.2
(8)	普世价值	4.5	20.2	31.0	32.5	11.8
(9)	个人主义	8.1	32.3	32.2	20.9	6.5

数据来源：沈壮海等.中国大学生思想政治教育发展报告2014[M].北京师范大学出版社，2015年，第252页。

---

① 人民论坛"特别策划"组：《国内社会思潮——基于2017及当前的分析研判》，《人民论坛》2018年第6期。
② 佘双好、魏晓辉：《当代社会思潮对大学生中国特色社会主义理论体系认同影响的特征分析》，《中国青年研究》2016年第12期。

第二，对中国特色社会主义缺乏信心。我国当前正处于全面深化改革、社会加速转型的时期，既是我国发展的黄金时期，也是社会矛盾不断涌现的时期。由社会主义市场经济深入发展诱发的个人主义、利己主义、功利主义等价值观，使部分大学生忽视了精神文化价值而单纯追求金钱和物质的价值，与原有的价值取向形成了尖锐的矛盾冲突。当社会中的矛盾问题不断增多、国家改革遭遇困难、社会利益格局发生变化时，如果把这些问题看得过于严重，就极容易动摇大学生的理想信念，从而缺乏走中国特色社会主义道路的信心。在调研中，对于"当代大学生应当牢固树立中国特色社会主义共同理想"的观点中，仍有 17.2% 的大学生表示"不确定"；有 3.4% 和 1.3% 的大学生表示"不大赞同"和"很不赞同"。[①] 不可否认，我国的改革开放以及党的自身建设存在诸多问题，西方国家往往通过夸大我国腐败现象、抨击我国经济发展模式极力唱衰、抨击中国，这些负面的声音容易影响大学生自身的价值判断。因此，大学生必须正确看待我国当前面临的机遇和挑战，决不能把问题看得过于严重，对前途丧失信心，甚至否定改革开放的巨大成就；决不能看不到存在的问题，盲目乐观，拒绝与时俱进。[②] 这就需要在大学生理想信念教育中，让大学生全面地看待问题，看到我国改革开放的成就、党为加强自身建设所做的努力，以形成正确的价值判断。

再次，宗教信仰对大学生有一定影响。宗教信仰对大学生的消极影响，集中表现为追求一种认知模糊和价值无度，容易导致大学生推崇不可知论和宿命论。在经济全球化、文化全球化的背景下，宗教活动不再是单一个人的精神追求问题，更是国际反动势力对我国实行"西化""分化"的重要手段。例如，美国《时代周刊》前驻北京记者艾克曼在他所写的《耶稣在北京：基督教如何改变中国及全球力量平衡》一书中指出："根植于西方的大陆基督教会，崇尚美国的宗教自由和民主价值，倾向支持中国走向民主。在中国，

[①] 沈壮海等：《中国大学生思想政治教育发展报告 2014》，北京师范大学出版社 2015 年版，第 98 页。

[②] 李慎明：《居安思危、坚定信心，中国特色社会主义前程似锦》，《红旗文稿》2014 年第 4 期。

| 第六章 | 决胜全面建成小康社会进程中的大学生理想信念教育（2012—2018）

上至政治学术精英，下至农民工人百姓，信仰基督的人数至少有八千多万，超过中共党员的人数。未来30年，中国经济在实现持续高速发展的同时，基督徒的人数会达到中国人口的三分之一，中国这条东方的巨龙，或许会被基督的羔羊所驯服。"① 随着网络的发展，宗教热反映到网络世界，则表现为网上求签、网上拜神、虚拟朝圣等开始成为大学生获取精神满足的重要途径。此外，《盗墓笔记》《鬼吹灯》《我是界王神》等网络小说的流行，致使部分大学生开始推崇占星学、自然神论、塔罗牌等所谓的神秘主义力量。在教育中，应重点关注"宗教暧昧群体"，即对宗教信仰态度不明确或对宗教感兴趣的学生，其思想动态不容忽视。

二、市场经济中大学生理想信念的物化倾向

社会主义市场经济在我国的建立和发展，日益扩大的开放性和多元化趋势催生了"物本信仰"。"物本信仰"是精神生活"物化"的结果，其实质"是以追求物质利益为根本目的而把人作为物来对待的价值观"②。市场经济中的"物化"状态对大学生的精神世界具有严重的负面影响，集中表现为部分大学生注重功利、物质的工具价值倾向，理想追求呈现出明显的物化倾向。

首先，大学生理想信念的重心偏向低层次。大学生的理想信念应该包括四个层次：政治理想信念、道德理想信念、职业理想信念、生活理想信念。其中以共产主义为核心的政治理想是最高层次的理想追求，而生活、职业理想是较低层次的理想追求。市场经济中，功利主义、消费主义的兴起，促使大学生从个人生活、职业发展的角度出发，以获得物质、金钱等实利的满足为目标，造成了大学生理想信念的重心更偏向于低层次。如依据对大学生入党动机的调查，按个案百分比由高到低分别是："追求理想和信念"（28.8%）、

---

① ［美］大卫·艾克曼：《耶稣在北京：基督教如何改变中国及全球力量平衡》，转引自高慧开：《美国对华隐蔽战释疑》，上海人民出版社2014年版，第85页。
② 王晓丽：《生活世界视阈下人的发展研究》，人民出版社2008年版，第179页。

"为国家和社会做出更多的贡献"(23.2%)、"对党的执政地位和执政理念有信心"(14.2%)、"增强就业竞争力"(13.7%)、"寻求政治荣誉感"(9.6%)、"谋求仕途发展"(6.1%)、"其他"(2.8%)、"周围同学入党很积极,自己不积极不好"(1.6%)①。其中,有6.1%、13.7%的大学生选择了"谋求仕途发展"和"增强就业竞争力",将入党作为促进个人生活和职业的工具来看待。大学生理想追求中出现的物化倾向,是市场经济的产物,与社会主义市场经济的发展不相违背,但应重视对大学生理想追求中出现的问题进行及时引导,不能放任自流。

其次,人生意义与理想信念的缺失。伴随拜金主义、享乐主义的兴起所带来的物欲的膨胀,使部分大学生丧失了对理想信念、人生意义、价值追求等人生命题的追求,具体表现为"不知道上学的意义是什么""胸无大志""缺乏积极向上的精神动力"等。一项对"90后"大学生精神生活的调研结果显示,"56.1%的学生在日常生活中处于'不满足于无聊的生活和现状,又不知道该做点什么'的状态"②。2016年11月,一篇名为《30.4%的北大新生竟然厌恶学习,只因得了"空心病"?》的帖子在网上刷屏,文章提到有30.4%的学生厌恶学习,或者认为学习没有意义,还有40.4%的学生认为活着和人生没有意义,甚至高楼纵身③。"空心病"亦可称之为"价值观缺陷所致心理障碍",对于"空心病"问题的提出,引起了人们对教育的广泛关注和深刻反思,应辩证地看待。一方面,新生对人生意义适度焦虑,是大学生自身成长的一部分,对于促使大学生去寻找有意义的人生有一定积极意义④;另一方面当代大学生中存在着理想信念的缺失现象,而由于大学生理

---

① 沈壮海、肖阳:《2016年度大学生思想政治状况调查分析》,《思想理论教育导刊》2017年第1期。

② 万美容、曾兰:《"90后"大学生精神生活优化与思想政治教育内容体系创新》,《思想教育研究》2014年第6期。

③ 新东方家庭教育:《30.4%的北大新生竟然厌恶学习,只因得了"空心病"?》,2016年11月28日,见 http://www.sohu.com/a/120130659_372496。

④ 长余:《"空心病"也许是伪命题》,《人民日报》2016年11月29日。

| 第六章 | 决胜全面建成小康社会进程中的大学生理想信念教育（2012—2018）

想信念的缺失也带来很多诸如犯罪、自杀等社会问题，在客观上还导致了宗教信仰在大学生中占有一定的市场。在信教的大学生中，出于"内心需要，精神寄托"选择信教的大学生占到了75.1%[①]。"空心病"或许与功利化的教育有关，围绕大学生价值取向和思想观念中存在的错误倾向，如何引导大学生去探索生命的丰富和厚度，是新时代高等教育亟需反思的重大问题。

再次，社会价值泛功利化的影响。所谓"泛功利化"，就是"把是否得到功利作为考察、评判、衡量一切事物和行为优劣、好坏、善恶、美丑的标准"[②]。在我国进行市场化改革的进程中，中国社会产生了不同的利益群体，出现了利益的分化。西方功利主义思潮以其世俗化、现实性，对于当代大学生的价值取向和价值选择具有极大的影响力。功利主义思潮的负面影响主要表现为以下几方面：道德理想信念出现迷失；学习目的呈现价值错位；职业选择更倾向于以个人为中心；生活观念更加现实功利[③]。从当代大学生树立人生理想注重的因素来看，关注程度由高到低的因素依次是"精神满足"（28.1%）、"兴趣爱好"（19.7%）、"家庭需要"（18.2%）、"物质财富"（15.3%）、"社会地位"（11.0%）、"国家需要"（3.9%）、"声誉名望"（2.0%）和"其他"（1.8%）[④]。从调研结果可以看到，超过半数的大学生选择了与个人现实生活相关的因素，其中泛功利化的社会价值评判标准的消极影响是重要原因之一。在社会主义市场经济背景下，高等教育只有更好地关注和解决青年大学生的焦虑和困惑，才不会使正面教育流于"自说自话"，才不会使"追求崇高，无私奉献"的号召显得苍白无力。当社会对人的价值承认和评价需要依据一定的量化指标并与个人利益挂钩之时，就容易导致人

[①] 沈壮海等：《中国大学生思想政治教育发展报告2014》，北京师范大学出版社2015年版，第57页。
[②] 刘明君等：《民主政治与和谐发展》，人民出版社2010年版，第25页。
[③] 孟繁英、赵志超：《西方功利主义思潮对当代大学生的影响分析》，《学校党建与思想教育》2017年第14期。
[④] 沈壮海等：《中国大学生思想政治教育发展报告2014》，北京师范大学出版社2015年版，第42—43页。

们忽视对终极意义追求的丢弃。在现实社会中，无论考试、工作、晋升都涉及无数量化的标准，一旦主流社会价值失衡，必然会造成大学生价值选择的物化倾向，影响大学生树立科学的理想信念。

三、网络信息化对大学生理想信念的削弱

信息全球化、网络化是文化全球化的重要内容之一。2015年，"互联网＋"计划被纳入国家战略以来，互联网正以前所未有的速度在我国席卷。全球化、开放性、多元化的文化生态，既促进了国际间的文化交流，又为西方意识形态的侵袭创造了条件。互联网为大学生获取各种信息提供了便利，但由于互联网具有的开放性、复杂性和隐蔽性等特点，直接导致大学生理想信念的弱化。互联网时代大学生理想信念的弱化主要表现为：对社会主义和共产主义认识模糊；在社会主义重大政治原则问题上摇摆不定；对西方价值观产生亲近感和信任感。

首先，对社会主义、共产主义认识模糊。当前，部分大学生对中国特色社会主义的认识存在感性、片面的特点。究其原因，一是大学生学习社会主义、共产主义理论的系统性还不够。关于当前大学生对以马克思主义为指导的社会主义意识形态的认识现状，调查结果显示，绝大多数大学生表示接受马克思主义指导思想，但当问及对于"马克思主义与实际学习、生活、工作有密切联系"的态度时，仍有36.7%的大学生处于不清楚、不认同或者没想过的状态[①]。由此观之，从整体上来看，大学生对马克思主义、社会主义具有较高的认同，但具体到马克思主义的具体观点上，却呈现出了不同的认识，归根结底在于部分大学生对于马克思主义、共产主义理论的认知还不够深入。二是网络空间中良莠不齐的信息的消极影响。大学生具有思维方式活跃、乐于接受新鲜事物、获取信息渠道方式多样的特点，容易受到网络信息

[①] 马福运、杨晓倩：《"90后"大学生主流意识形态认同现状研究——基于河南省10所高校的调查》，《思想教育研究》2017年第11期。

第六章 决胜全面建成小康社会进程中的大学生理想信念教育（2012—2018）

的干扰和影响。由于网络信息自身的碎片化、多样化，使"大学生往往倾向于根据小部分的表现来推断全体特征，或根据道听途说的传闻、网络上一些不真实报道或评论而形成对社会主义核心价值体系错误认识和印象"①。一些错误舆论、言论通过网络、报纸、广播等媒体在网上一经公布，容易引起大学生的兴趣和关注，久而久之会使大学生产生对社会主义、共产主义认识的模糊，在客观上还促进了西方政治观念、价值取向的传播。

其次，在社会主义重大政治原则问题上摇摆不定。从总体上看，大多数大学生对于大是大非问题有比较清晰的认识，对于政治原则有正确的判断。例如，在2016年，以大学生为主体的年轻人在网络上发起的"帝吧出征FB事件"，展现了我国青年大学生的国家认同、潜在的政治热情，以及比年长一代更强烈的自豪感和自信心②。但部分大学生由于缺乏理想信念，政治鉴别力和执政敏锐性不强，容易在重大原则问题上摇摆不定，在关键时刻经受不住考验。近年来，"网络策反境内学生案件"在校园案发率呈逐年上升的趋势。据统计，2012年以来，仅由广东某同一境外情报机构实施、证据确凿、被国家安全机关依法审查的网络策反境内学生案件，就有近30起，遍及中国十余省市。③ 这类案件的运作思路具有一定共性，以网络发帖、回帖建立联系，以物质报酬为诱饵，以搜集资料为噱头窃取我国政治、军事、外交情报，以意识形态诉求的手段勾连策反，危害我国的安全和利益。网络具有隐蔽性、开放性，这就给境外敌对势力提供了机会，而缺乏社会经验、是非评判能力不强的大学生就成为境外间谍策反工作的重要对象。当前，国际范围内的意识形态斗争已经进入一个新的时期，加强我国意识形态建设，提升青年大学生对中国特色社会主义的"四个自信"，是党和国家一项极端重要的工作。高校作为意识形态斗争的前沿阵地，必须勇于占领网络阵地，加

---

① 艾四林等主编：《社会主义主流意识形态与当今中国社会思潮》，人民出版社2014年版，第121页。
② 《帝吧出征FB，友邦有话要说》，《人民日报》2016年1月22日。
③ 刘畅：《境外间谍策反大学生 高校"窝案"令人心惊》，《环球时报》2014年5月7日。

强理想信念教育,教育大学生学习马克思主义理论,在重大政治原则问题上旗帜鲜明,不能左右摇摆、患得患失。

再次,对西方价值观产生亲近感和信任感。当前,对于西方文化,绝大多数学生能够持客观、理性的态度,既愿意吸收其文化长处,又能够警惕其价值渗透。在看待西方文化的价值渗透方面,2017年对警惕西方文化价值渗透观点持赞同态度的大学生比2016年增长了9.1%个,这表明大学生对西方文化价值的警惕性有逐步提高的趋势[①]。值得高度重视的是,以美国为首的西方国家一贯致力于运用网络加强意识形态领域的争夺,长期通过传媒、文化产业、介入教育等手段对我国进行文化渗透,使大学生对西方价值观表现出不同程度的亲近感和信任感。如美国好莱坞便是美国输出其"全球价值观"的重要渠道和方式。在我国,大学生群体是观影的主体,美国电影也成为"90后"大学生喜欢看的电影(见表12)。对于西方影视作品的看法,2017年的调查结果显示,42.7%的大学生对"我觉得西方的影视作品比国产的更好看"这一观点表示赞同,仅有26.6%的大学生表示不赞同,另有30.7%的大学生赞同度一般,即真正对本土影视文化持肯定态度的大学生不足三成[②]。除此之外,美国的流行音乐、服饰、节日、饮食等文化都在大学生中占有较大市场,这一现象就容易导致大学生对西方价值观的亲近感,并对西方文化产生"无意识"的认同和接受。

表12 90后大学生最喜欢看哪个地区的电影(TOP10)

国家和地区	百分比(%)	国家和地区	百分比(%)
美国	80.6	韩国	14.1
中国内地	53.9	日本	12.0
中国香港	40.5	泰国	10.1
中国台湾	23.5	印度	6.8
英国	14.9	法国	6.8

数据来源:沈虹等. 移动中的90后:90后大学生媒介接触行为、生活形态与价值观研究[M]. 机械工业出版社,2014年,第57页。

[①] 王绍霞:《2017年大学生文化观与文化素养调查分析》,《文化软实力研究》2017年第5期。
[②] 王绍霞:《2017年大学生文化观与文化素养调查分析》,《文化软实力研究》2017年第5期。

第三节 大学生理想信念教育的深化探索

十八大以来,中国共产党的一系列理论创新成果,总体规划了大学生理想信念教育的基本内容、发展方向和现实基础,为开展大学生理想信念教育实践指明了方向。《关于进一步加强和改进新形势下高校宣传思想工作的意见》(以下简称中共中央"59号文件")、《普通高校思想政治理论课建设体系创新计划》《高等学校思想政治理论课建设标准》等文件,是促进大学生理想信念教育开拓创新的行动指南。党的十九大胜利召开后,中共中央、教育部等印发《关于认真学习宣传贯彻党的十九大精神的决定》《关于教育系统认真学习宣传贯彻党的十九大精神 写好教育"奋进之笔"的通知》《新时代高校思想政治理论课教学工作基本要求》等文件,从整体上提出了十九大精神和习近平新时代中国特色社会主义思想融入思想政治理论课的要求和目标。在实现社会主义现代化、贴近大学生理想信念实际情况的基础上,全国马克思主义学院建设、思想政治理论课建设创新体系计划等陆续启动,思想政治理论课各门教材全面修订,教学一线教师积极创新形式,推动了大学生理想信念教育的深化探索。

一、开展十八大精神主题学习实践活动

十八大精神是中国共产党理论创新的最新成果,在大学生中开展十八大精神主题学习活动,是大学生理想信念教育的首要政治任务。2012年12月,中共教育部党组发布《关于教育系统认真学习贯彻党的十八大精神的通知》突出强调,要"在大学生中广泛开展学习贯彻党的十八大精神主题学习实践活动"[①]。

[①] 教育部思想政治工作司组编:《加强和改进大学生思想政治教育重要文献选编(1978—2014)》,知识产权出版社2015年版,第574页。

首先，认真学习党的十八大相关文件。要全面、完整、准确地学习党的十八大精神，需要原原本本地学习十八大报告、党章以及习近平总书记系列讲话精神。第一，要学习党的十八大报告中所蕴含的一系列理论创新。党的十八大提出的"两个一百年""中国梦""培育社会主义核心价值观"等一系列理论创新，成为大学生理想信念教育的重要内容。针对"90后"大学生求新求异的特点，部分高校依托讲坛、宣讲团、新媒体向学生讲解习近平总书记系列重要讲话精神，还制作了学习十八大精神的"微电影""故事集""漫画集"，激发大学生的学习兴趣，帮助大学生更好地领会党的十八大精神。第二，学习习近平总书记系列讲话中的立场、观点、方法。2013年11月，中共教育部党组发布《关于教育系统深入学习贯彻习近平总书记系列讲话精神的意见》强调："要深刻把握讲话贯穿的坚定信仰追求，解决好世界观、人生观、价值观这个总开关问题，自觉做共产主义远大理想和中国特色社会主义共同理想的坚定信仰者、忠实践行者。"[1] 为了推进大学生的理论学习，2013年，中宣部和新闻广电总局联合推出了12种优秀通俗理论读物，包括《辩证看 务实办——理论热点面对面·2012》等[2]。这些通俗读物是大学生学习十八大精神，树立科学世界观方法论的重要辅助材料。

其次，开展以"学习宣传十八大精神"为主题的社会实践活动。社会实践活动是大学生成长成才的重要途径。2013年，教育部将该年寒假大学生社会实践活动的主题定为"走基层、看变化、学习宣传十八大精神"，各高校围绕"学习十八大精神"的主题开展了形式多样、内容丰富的实践活动，包括：全国数百万大学生走入基层、农村、西部进行实地考察，真切认识和体会国家发展的脉搏；开展义务医疗、环境保护、为农民工网购火车票等活动，运用自身所学为社会做贡献；组建大学生团队，制作宣传栏板、发放宣传材料等。社会实践活动结束后，大学生通过整理、撰写调研报告、博文、

---

[1] 教育部思想政治工作司组编：《加强和改进大学生思想政治教育重要文献选编（1978—2014）》，知识产权出版社2015年版，第638页。

[2] 《向读者推荐12种优秀通俗理论读物》，《人民日报》2013年7月18日。

考察心得，提高认知能力、判断能力和选择能力。一名学生在日记中写道："我们走出象牙塔，走入乡村、走进百姓，看到道路宽阔、楼房林立、田地富饶、人们笑口常开……我倍感自豪，'强盛中国'并不遥远，'幸福中国'指日可待。"①

二、深化中国特色社会主义和中国梦宣传教育

党的十九大报告指出，"广泛开展理想信念教育，深化中国特色社会主义和中国梦宣传教育"②，是新形势下高校开展宣传思想工作的首要任务。在大学生理想信念教育中开展中国特色社会主义和中国梦宣传教育，要把理想信念作为贯穿其中的主线。

首先，以中国特色社会主义理论体系的最新理论成果武装大学生头脑。围绕我国全面深化改革、实现中华民族伟大复兴中国梦的中心任务，要在大学生中开展中国特色社会主义理论体系学习教育，帮助大学生坚定正确的政治方向。第一，深刻领会中国特色社会主义内涵，坚定中国特色社会主义的"四个自信"。中国特色社会主义理论体系作为党的理论创新成果，是中国当代最鲜活的马克思主义。"毛泽东思想和中国特色社会主义理论体系概论"（以下简称"概论"）课程作为高校加强中国特色社会主义理论宣传和学习的主渠道，其根本任务在于帮助大学生深刻理解中国特色社会主义理论的科学性。为更好地将党的最新理论成果入教材、入课堂、入大学生头脑，2015年10月31日至11月2日，"毛泽东思想和中国特色社会主义理论体系概论"教学指导委员会召开工作会议，就如何准确修订教材、如何改善课程教学、如何在教学各环节融入最新理论成果等问题进行交流。为更好地推进习近平新时代中国特色社会主义思想"三进"，自2017年11月3日起，新成立的"概论"修订小组经过认真学习、反复研讨，对"概论"进行了全面修

---

① 张烁：《数百万大学生深入基层洞察社会》，《人民日报》2013年3月21日。
② 习近平：《决胜全面建成小康社会 夺取新时代中国特色社会主义伟大胜利——在中国共产党第十九次全国代表大会上的报告》，人民出版社2017年版，第42—43页。

订。第二，着力澄清社会上存在的对中国特色社会主义产生的错误认识，使大学生保持政治清醒。近年来，国内外存在着对中国特色社会主义模糊、错误的认识，认为中国特色社会主义是"国家资本主义"，还有人认为中国特色社会主义不是科学社会主义，甚至有人把改革开放前后两个历史时期对立起来。对于以上错误观点，必须毫不犹豫地澄清和纠正。站在新时代中国特色社会主义新的征程上，大学必须坚定不移地坚持"四个自信"，保持正确的政治方向。

其次，开展"中国梦"主题教育活动。2013年4月8日，在深化"中国梦"宣传教育座谈会上，刘云山指出："把中国梦宣传教育不断引向深入，要在突出思想内涵、增强认知认同上下功夫，在把握实践要求、推动实际工作上下功夫。"[①] 当前大学生对于中国梦的理解，比较具有代表性的有两种观点：一是从路径上去理解中国梦的内涵，认为中国梦是一种道路；二是强调每个人梦想实现的总和就是中国梦的实现。这两种观点有一定道理，但不完整。中国梦的本质内容是民族复兴、国家富强、人民幸福，正确认识中国梦的精神实质，是大学生自觉实践中国梦的前提和基础。由教育部思政司组织北京大学、中国人民大学和中央的专家学者编写的《中国梦青少年读本》，就是为了更好地引导青年学生坚定地走中国道路，弘扬中国精神，凝聚中国力量。为了将中国梦宣传教育不断引向深入，2013年3月，中共教育部党组印发了《关于在全国各级各类学校深入开展"我的中国梦"主题教育活动的通知》，要求各级各类学校在广大学生中，组织开展"我的中国梦"征文大赛、主题宣讲、主题校园文化建设、主题社会实践活动[②]，引导大学生为实现中国梦投身实践、不懈奋斗。同年5月，教育部启动了"传递青春梦想·共话民族复兴——百万大学生网上接力活动"。[③] 2014年5月，《中共教育

[①] 《推动形成实现中国梦的强大精神力量》，《人民日报》2013年4月9日。
[②] 教育部思想政治工作司组编：《加强和改进大学生思想政治教育重要文献选编（1978—2014）》，知识产权出版社2015年版，第579页。
[③] 宗河：《凝聚正能量 践行青春梦——百万大学生网上接力》，《中国教育报》2013年5月13日。

部党组关于在"五四"期间深入开展中国梦宣传教育活动的通知》,强调要以"弘扬'五四'精神,实现中国梦"为主题,继续在大学生中深入开展"中国梦"宣传教育活动。通过开展"中国梦"主题教育活动,促使大学生将理想信念与社会日常生活紧密结合,实现课堂教育与社会观察的有机结合,是促使大学生勇敢肩负时代重任的重要渠道和方式。

三、加强社会主义核心价值观学习教育

2013年12月23日,中共中央办公厅印发《关于培育和践行社会主义核心价值观的意见》,提出了"用社会主义核心价值观引领社会思潮、凝聚社会共识"[①],明确了社会主义核心价值观教育的根本任务。为促进社会主义核心价值观培育工作的常态化和科学化,中共教育部党组、共青团中央于2014年11月印发了《关于在各级各类学校推动培育和践行社会主义核心价值观长效机制建设的意见》,提出培育和践行社会主义核心价值观要"不断创新方式方法、探索有效形式、形成长效机制"[②],对于促进大学生的全面发展、实现中国梦具有重要意义。

首先,提升思想政治理论课实效,有效传导社会主义核心价值观。思想政治理论课是大学生理想信念教育的主渠道,承担着传导社会主义核心价值观、提升学生思想境界的责任。

第一,将社会主义核心价值观作为贯穿思想政治理论课教材始终的主线。教材建设能为课堂教学提供最直接、最有力的"思想弹药",需要进一步加强教材建设。2015年,中宣部、教育部组织专家对《马克思主义基本原理概论》等四门本科生思想政治理论课教材进行了集中修订,将社会主义核心价值观的内容融入教材之中。党的十九大对培育和践行社会主义核心价值观提出了新的要求,指出,"要以培养担当民族复兴大任的时代新人为着

---

① 《十八大以来重要文献选编》上,中央文献出版社2014年版,第582页。
② 教育部思想政治工作司组编:《加强和改进大学生思想政治教育重要文献选编(1978—2014)》,知识产权出版社2015年版,第681页。

眼点"①，将"培育和践行社会主义核心价值观"与"培养什么样的人"结合起来。2017年11月，教育部启动了全面修订思想政治理论课教材的工作，《党的十九大精神融入高校思政课教学建议》系列读本中，要求系统讲授坚持社会主义核心价值体系、培育和践行社会主义核心价值观的具体内涵，增强社会主义核心价值观的感召力和引领力。

第二，针对大学生的思想实际，在"传道""解惑"的过程中传导社会主义核心价值观。许多高校围绕提升思想政治理论课进行探索和实践，形成了一些良好的做法和经验。一是根据时代特征、专业特色、学生特点因材施教。如复旦大学从把握大学生实际情况出发，编辑出版了"思想政治理论课教学改革"丛书，还开设了10门相关选修课，包括"社会主义市场经济""可持续发展导论""中共党史人物述评"等②。二是教学方法手段创新，尊重和发挥大学生的主体性。以复旦大学、清华大学为代表的高校，已经在思想政治理论课中运用"慕课"教学，采用小班教学、分组讨论的方式开展教学，有助于提高大学生学习的积极性，从而达到有效传导社会主义核心价值观的目的。此外，为帮助大学生树立正确的价值观，河北师范大学组建了"微电影教学法"创新团队、人民出版社出版了"信仰·信念·信心·清华学子学习思想政治理论课成果丛书"，帮助大学生在创作中愉快地学习和培养社会主义核心价值观。

其次，提升社会主义核心价值观的宣传力度，使其融入大学校园生活方方面面。大学校园作为大学生学习和生活的主要空间，打造良好的校园文化，能对大学生学习和践行社会主义核心价值观起到"润物细无声"的作用。2013年5月5日，《中共教育部党组关于教育系统学习贯彻习近平总书记五四重要讲话精神的通知》，要求"各地教育部门和各级各类学校要坚持

---

① 习近平：《决胜全面建成小康社会 夺取新时代中国特色社会主义伟大胜利——在中国共产党第十九次全国代表大会上的报告》，人民出版社2017年版，第42页。
② 董洪亮：《有效传导社会主义核心价值观》，《人民日报》2015年5月7日。

把理想信念教育贯穿到学校教育各个方面"[①]。许多高校紧密结合大学生的思想实际,采用多种载体,促进了社会主义核心价值观的传播。

第一,主题教育。各高校以开展社会主义核心价值观教育活动为载体,组织开展社会调查、生产劳动、志愿服务、公益、参观访问、英雄事迹宣讲和勤工助学等社会活动,让大学生在活动中感知、领悟核心价值观的深刻内涵。这类活动具有很强的现实性和感染性,是传播社会主义核心价值观的重要载体。

第二,道德实践。为推动形成"知荣辱、讲正气、作奉献、促和谐"的校园文明道德风向,在教育部指导下,各类学校陆续开展的"全国道德模范校园巡讲""向上向善进行时——全国大学生道德实践成果网络巡礼活动"等道德实践活动,成为培育和践行社会主义核心价值观的重要载体。在校园中开展的以"重孝道、行礼仪、尚勤俭、讲诚信、献爱心"等为主题的大型道德实践活动,让大学生不断提升自我道德水平,为我国社会主义现代化建设凝聚向上向善的正能量。

第三,校园文化育人。为推进校园文化建设,提升大学生对传统文化的自觉和对中国特色社会主义的"三个自信",教育部决定自2014年起在全国高校开展"礼敬中华优秀传统文化"系列活动。2014年、2015年,各高校分别以"文化根·民族魂·中国梦——礼敬中华优秀传统文化""阅读传统经典·评为书香生活——礼敬中华优秀传统文化"为主题开展了系列活动,不断提升大学生对社会主义核心价值观的精神共鸣。此外,各高校围绕宣传社会主义核心价值观,打造了具有特色的校园文化活动品牌,包括组建"大学生讲师团",设立"社会主义核心价值观宣传周"等。

第四,校训育人。认识和理解大学校训是在高校中传导社会主义核心价值观的重要着力点。各高校围绕认识和理解校训开展了多样的活动,增强大

[①] 教育部思想政治工作司组编:《加强和改进大学生思想政治教育重要文献选编(1978—2014)》,知识产权出版社2015年版,第598—599页。

学生对社会主义核心价值观的认同感。如北京师范大学"学为人师 行为世范"、中国政法大学"厚德、明法、格物、致公"、南京大学"诚朴雄伟，励学敦行"等校训是对社会主义核心价值观科学内涵和精神追求的生动演绎。坚持校训育人，就是要让社会主义核心价值观的践行体现在对校训的传承和践行的基础之上，让大学生在学习和践行校训精神的基础上接受核心价值观教育。

四、深化中国革命、建设和改革开放的历史教育

党的十八大以来，习近平突出强调了历史教育的重要意义，指出："历史是最好的教科书"，"学习党史、国史，是坚持和发展中国特色社会主义、把党和国家各项事业继续推向前进的必修课"①。依据十八大以来党的理论创新成果，加强中国革命、建设和改革开放的历史教育，需要牢牢把握实现中国梦这一主线、正面讲请若干历史重大问题、批判历史虚无主义错误思潮。

首先，把握实现中国梦这一主线。历史教育应立足中国共产党历史的主流和成果，旨在教育大学生准确把握我国独特的基本国情和文化传统，重点了解新时代我国决胜全面建成小康社会的目标和实现中华民族伟大复兴的中国梦。为更好地在课堂中帮助大学生把握实现中国梦这一主线，2015 年、2018 年，《中国近现代史纲要》修订组分别对教材进行了修订和修改。2018 年版教材，充分反映了马克思主义中国化的历史进程和最新成果，深刻地揭示了"实现中华民族伟大复兴"这一主题和主线，并强调"要警惕和反对历史虚无主义，提高运用科学的历史观和方法论分析和评价历史问题、辨别历史是非和社会方向的能力"②。

其次，正面讲清若干重大历史问题。当代大学生具有思维敏捷、善于思

---

① 《在对历史的深入思考中更好走向未来 交出发展中国特色社会主义合格答卷》，《人民日报》2013 年 6 月 27 日。

② 本书编写组：《中国近现代史纲要》，高等教育出版社 2018 年版，第 3 页。

考的特点，针对部分大学生感兴趣的问题，不能采取回避的态度。一是从正面讲清楚、加以引导。在历史教育中应着重讲解的重大问题包括：如何正确认识和处理改革开放前后"两个三十年"关系的问题；如何介绍和评价抗日战争中正面战场的情况的问题；如何叙述和评价抗美援朝战争等重大问题。二是在对大学生进行历史教育中，通过充分运用文字、图像、影音等历史资源，增强课堂的吸引力。在中国人民抗日战争暨反法西斯战争70年之际，纪录片《光阴与阴霾——德日二战反思录》，作为开展历史教育的重要资料，一经播出引发了强烈共鸣。2018年5月4日，日本电视台播出了南京大屠杀的调查纪录片《南京事件2——检验历史修正主义》，以大量一手历史资料，驳斥了试图否认或篡改大屠杀史实的历史修正主义。这些文字、影像作品作为全面认识抗日战争历史的重要辅助材料，有助于大学生了解课本上没有的历史细节，体会到红色精神带来的震撼。

再次，批判历史虚无主义错误思潮。当前我国正处于经济发展的重要转型期，思想理论界也异常活跃，历史虚无主义、新自由主义等思潮沉渣泛起，国内外"歪曲党的历史和形象""否定党的成就"等错误思想和言论层出不穷。社会上频现抹黑董存瑞、邱少云、黄继光、"狼牙山五壮士"、江姐、刘胡兰、雷锋等先烈的英雄事迹的现象；大肆鼓吹慈禧、李鸿章、蒋介石、汪精卫等中国近现代历史上的反面人物在推动中国社会发展中的作用；在青年群体中涌现挑衅民族底线的"精日分子"。加强对大学生的历史教育，关键在于提高大学生认识和批判错误思潮的能力。一是以历史唯物主义作为批判错误思潮的思想武器。历史虚无主义是以"虚无历史"为基本面貌与特征，从史实、史料问题入手，在历史过程、历史事件、历史人物、历史环节和历史逻辑上做文章。大学生要掌握科学的世界观方法论，学会用全面、发展、辩证的观点来看待问题。二是普及历史知识，帮助大学生从纵向把握党史、国史的历史脉络，从横向把握重大历史事件和重要历史人物，注重历史学习的整体性和连续性。在中国共产党成立95周年之际，正式发行的《中国共产党的九十年》，是迄今国内反映党的历史时间跨度最长、内容最为系统完整的一部党史通史著作，深受广大党员干部、青年大学生的喜爱。值得注意的是，当前，社会上存在的历史读物"良莠不齐"，需要教育者做适当引导，为大学生推荐质量上乘的读物。

五、推进十九大精神和习近平新时代中国特色社会主义思想教育

党的第十九大是在全面建成小康社会决胜阶段、中国特色社会主义进入新时代的关键时期召开的一次十分重要的大会。深入推进十九大精神和习近平新时代中国特色社会主义思想教育，成为各高校大学生理想信念教育的首要政治任务。

首先，开展党的十九大精神学习、宣讲、研究活动，增强大学生的理论自觉。2017年11月1日，中共中央印发的《关于认真学习宣传贯彻党的十九大精神决定》，强调了全面准确学习领会党的十九大精神的十个方面。各地区各高校迅速兴起学习、宣传、研究十九大精神的热潮。

第一，推动党的十九大精神学习，掌握新时代中国共产党理想信念的宣言书。不同品种、不同形式的文件、读物、音像作品，作为大学生学习党的十九大精神最基本、最权威的文本材料，成为高校理想信念教育的重要资源。第一类是党的十九大文件及学习辅导读物。根据中央统一安排，人民出版社、党建读物出版社、学习出版社共同推出了6种大会文件及学习辅导读物。包括《中国共产党第十九次全国代表大会文件汇编》《党的十九大报告辅导读本》和《党的十九大报告学习辅导百问》等。截至2017年11月5日，党的十九大文件及学习辅导读物总发行数已达到4256万册，其中人民出版社出版的十九大报告单行本发行1427万册，《中国共产党章程》单行本发行1830万册。[①] 2017年11月22日，中共中央办公厅转发《中央宣传部、中央组织部关于认真学习〈习近平谈治国理政〉第二卷的通知》，强调《习近平谈治国理政》作为党的十九大精神、习近平新时代中国特色社会主思

---

① 史竞男：《认真学习党的十九大文件及学习辅导读物》，《人民日报》2017年11月6日。

| 第六章 | 决胜全面建成小康社会进程中的大学生理想信念教育（2012—2018）

想的权威读本，对于推动广大群众、大学生学习领会党的十九大精神具有重要意义[①]。第二类是电视专题片以及通俗理论电视节目。迎接党的十九大重点电视专题片《将改革进行到底》《法治中国》《大国外交》《巡视利剑》《辉煌中国》等，以"中国特色社会主义新时代"为主题的通俗理论电视节目《厉害了，我们的新时代》等，都是青年大学生领会十九大精神、学习习近平新时代中国特色社会主义思想的重要窗口。第三类是网络学习资源。新华网推出微视频《决战》《领航》《赶考》，H5轻应用《你有一封来自大会堂的信》，全景全息产品《身临其境看报告》，MV《撸起袖子加油干》，访问量过亿的就有6条，全媒体优势进一步凸显。为增强内容的针对性和贴近性，新华网还推出以"新时代、新征程、新篇章——学习贯彻十九大精神"大型媒体专题等[②]。

第二，开展党的十九大精神宣讲，宣传新时代党的路线方针政策。党的十九大胜利召开以后，在教育部、学校、学生层面，开展了多层次、多样化的十九大精神宣讲活动。一是教育部、学校层面，为深入贯彻落实《中共中央关于认真学习宣传贯彻党的十九大精神的决定》，教育部成立"百人宣讲团"，由教育部党组书记、部长陈宝生担任团长，启动教育系统领导干部、师生系统学习贯彻党的十九大精神宣讲对谈活动。[③] 2017年11月，中央宣讲团赴中国人民大学、南开大学、武汉大学等高校宣讲十九大精神。[④] 这种面对面的宣讲报告，有助于丰富和加深大学生对于十九大精神的理解，使其将个人价值的实现、个人职业的发展与国家发展目标和时代要求结合起来。2017年11月22日，由教育部主办的"学习宣传贯彻党的十九大精神——

[①] 《中办转发〈中央宣传部、中央组织部关于认真组织学习《习近平谈治国理政》第二卷的通知〉》，《人民日报》2017年11月23日。
[②] 田舒斌：《奏响新思想网络最强音》，《人民日报》2018年1月30日。
[③] 姚晓丹：《教育部系统成立"百人宣讲团"宣讲十九大精神》，《光明日报》2017年11月22日。
[④] 《阐述深刻 领会深入 努力践行——中央宣讲团赴中国人民大学、南开大学、武汉大学宣讲十九大精神》，《人民日报》2017年11月22日。

千名高校优秀辅导员'校园巡讲'和'网络巡礼'活动"在清华大学拉开帷幕。① 此后，1000余名高校优秀辅导员在1个月左右的时间里，完成了500多场巡讲报告，50余万名学生在现场听报告，1000多万名学生通过在线直播收看报告。二是学生层面，成立学生讲师团，用青春话语宣讲党的十九大精神。2018年寒假，不少高校大学生通过参加调研、考察、宣讲、志愿等活动，宣传党的方针政策。如清华大学社会实践支队以"走在新时代，话出中国梦"为主题，前往"一带一路"沿线国家，将社会实践与开展十九大精神宣讲紧密结合，主动承担用海外人士听得懂、易于接受的语言开展宣讲。② 鼓励和组织学生开展党的十九大精神宣讲活动，有助于大学生在理论和实践相结合的过程中，了解党的路线方针政策，坚定中国特色社会主义"四个自信"。

第三，加强党的十九大精神研究，逐步增强学习宣传的理论深度和实践力度。为增强学习宣传的深度，党中央统一安排、成立了一批习近平新时代中国特色社会主义思想研究中心（院），以加强习近平新时代中国特色社会主义思想的研究阐释，切实增强用习近平新时代中国特色社会主义思想武装大学生头脑这一工作的科学性和实效性。2017年10月25日，在中国人民大学成立了全国首家"习近平新时代中国特色社会主义思想研究中心"。截至2017年12月14日，10家习近平新时代中国特色社会主义思想研究中心（院），在中央党校、教育部、中国社会科学院、国防大学、北京市、上海市、广东省、北京大学、清华大学成立。③ 这10家研究中心（院）都有雄厚的研究实力和很强的研究队伍，在研究宣传阐释习近平新时代中国特色社会主义思想上发挥了重要作用。其中，教育部习近平新时代中国特色社会主义思想研究中心作为首批十家研究中心（院）之一，其职责就是组织高校力

---

① 胡浩：《着力培养担当民族复兴大任的时代新人》，《光明日报》2017年12月8日。
② 邓晖：《清华学子在海外宣讲十九大精神》，《光明日报》2018年2月9日。
③ 《10家习近平新时代中国特色社会主义思想研究中心（院）成立》，《人民日报》2017年12月15日。

| 第六章 | 决胜全面建成小康社会进程中的大学生理想信念教育（2012—2018）

量，加强党的十九大精神和习近平新时代中国特色社会主义思想研究。成立习近平新时代中国特色社会主义思想研究中心，推动了十九大精神的研究和宣传，使广大师生把习近平新时代中国特色社会主义思想的成效转化为看齐中央的政治自觉，转化为改造主观世界的思想自觉，转化为改造客观世界的行动自觉，从而更好地坚定理想信念。

其次，做好习近平新时代中国特色社会主义思想"三进"，巩固大学生共同的思想基础。抓好习近平新时代中国特色社会主义思想进教材、进课堂、进学生头脑的工作，能增强大学生对十九大精神的理解和认同。为落实好党的十九大精神，2018年1月23日至24日，在北京举行了全国教育工作会议，就深入推进习近平新时代中国特色社会主义思想"三进"做出了部署。

第一，编写理论辅导、教学参考资料，修订思想理论课教材，在教材中融入习近平新时代中国特色社会主义思想。在党的十九大结束后，按照党中央统一部署，中宣部、教育部立即成立了本科生、研究生思想政治理论课教材修订小组，对思想政治理论课教材进行了全面修订。2017年11月25日，北京市教育工作委员会举办了4场"党的十九大精神融入高校思政课教学"集体备课会，并发布了《党的十九大精神融入高校思政课教学建议》系列读本，这也是全国高校首套成体系的学习贯彻党的十九大精神的教学建议[①]。2018年4月，4种高校思想政治理论课教材已完成修订并投入使用。此次教材修订坚持了以下原则：一是坚持宏观把握。在教材中充分反映马克思主义中国化最新成果，全面反映习近平新时代中国特色社会主义思想的主要内容。二是突出重点热点。加强关于习近平新时代中国特色社会主义思想形成的历史条件、习近平新时代中国特色社会主义思想的主要内容及其历史地位等重点、热点、难点问题的阐释。三是创新表达方式。吸收高校一线教师和

---

① 人民网：《北京高校500余位思政课教师集体备课 深入推动党的十九大精神融入教学全过程》，2017年11月25日，见 http://edu.people.com.cn/n1/2017/1126/c1006-29667729.html。

学生在教材中使用的意见建议，使修订后的教材更加贴近教师、贴近学生、贴近实际，增强教材的可读性。为确保用好 2018 版新教材，2018 年 5 月 14 日起，教育部依托高教社网络培训平台，采取现场培训和视频同步直播相结合的形式，对全国 66365 名教师进行了集中培训[①]。

第二，开展教学展示活动，打造示范课堂，在课堂中融入习近平新时代中国特色社会主义思想。党的十九大胜利闭幕不久，教育部高校思政课教学指导委员会立即在天津工业大学、青岛科技大学、山东大学、山东师范大学、山东商业职业技术学院和陕西铁路工程职业技术学院分别举行了全国高校思政课现场教学展示活动，第一时间将习近平新时代中国特色社会主义思想送进高校和思想政治理论课课堂。来自全国 31 个省（区、市）和新疆生产建设兵团近 400 所高校的 900 多名教师参加了教学展示活动。[②] 为深入学习贯彻党的十九大精神，深入推动习近平新时代中国特色社会主义思想进课堂，教育部启动建设学习贯彻党的十九大精神"万个示范课堂"，即教育部将面向教育系统各级各类学校，通过建设"百人宣讲团"专家的"权威示范课堂"、高校思想政治骨干教师的"名师示范课堂"、大中小学优秀教师的"特色示范课堂"，打造万个学习贯彻党的十九大精神的示范课堂。[③] 通过建设覆盖不同群体、不同学段、不同课程的"万个示范课堂"，最大程度地将力量凝聚到党的十九大确定的各项任务上去。

第三，学生自发组织讨论、宣讲和社会实践，促进习近平新时代中国特色社会主义思想入头脑。用习近平新时代中国特色社会主义思想武装大学生头脑，作为高校理想信念教育的重要内容，需要回应大学生在生活、思想、实践中的困惑，运用大学生感兴趣的方式，彰显理想信念教育的生活性和时

---

① 高教社：《全国高校思想政治理论课 2018 版教材使用培训班开班》，2018 年 5 月 16 日，见 http://www.hep.com.cn/news/details? uuid=d9e692d6-1636-1000-9ff4-db9a70296711。

② 刘博超：《第一时间把十九大精神送进高校思政课堂——教育部高校思想政治课教指委组织多场全国高校思想政治课现场教学展示》，《光明日报》2017 年 12 月 6 日。

③ 晋浩天：《教育部启动建设学习贯彻党的十九大精神"万个示范课堂"》，《光明日报》2017 年 12 月 23 日。

第六章 决胜全面建成小康社会进程中的大学生理想信念教育（2012—2018）

代性。一是融入大学生日常生活，发挥理想信念教育的生活性特点。习近平指出："一种价值观要真正发挥作用，必须融入社会生活，让人们在实践中感知它、领悟它。要注意把我们所提倡的与人们日常生活紧密联系起来，在落细、落小、落实上下功夫。"① 2018年是贯彻党的十九大精神的开局之年，为了促使大学生更好地从农村、社区，从生活的方方面面，考察改革开放40年党和国家各项事业取得的成就，2018年寒假，不少高校大学生前往革命圣地，追寻历史足迹；深入农村田间地头，了解中国的国情；走进中小学、走进社区，宣传党的最新理论成果。在实践中产生的一份份用心的、扎实的调研计划、考察记录、宣讲材料，无不彰显出新时代大学生为实现中国梦而努力奋斗的决心。二是充分运用现代信息技术，增强理想信念教育的时代感和吸引力。做好大学生理想信念教育，也必须做好习近平新时代中国特色社会主义思想进网络这一核心工作，精心开展网上正面宣传，旗帜鲜明抵制各种错误思潮。为贯彻落实习近平新时代中国特色社会主义思想和党的十九大精神，在中宣部宣教局、中央网信办网络传播局、教育部思政司、共青团中央宣传部的共同指导下，中央电视台新闻中心、共青团中央网络影视中心、共青团中央新媒体中心、中国传媒大学主办了以"你好，新时代！"为主题的青年创意微视频大赛②，旨在大力培育和弘扬社会主义核心价值观。

再次，加强教师队伍建设，提升理想信念教育实效。习近平新时代中国特色社会主义思想进教材、进课堂、进学生头脑，关键在于教师如何通过主渠道全面、科学、完整地讲好习近平新时代中国特色社会主义思想。为深入贯彻习近平新时代中国特色社会主义思想和党的十九大精神，落实中共中央、国务院《关于加强和改进新形势下高校思想政治工作的意见》，中宣部、教育部紧紧抓住思政课教师队伍建设这个关键，启动"高校思政课教师队伍建设专项工作"，并实施《高校思想政治理论课教师队伍建设专项工作总体

---

① 《习近平谈治国理政》第1卷，外文出版社2018年版，第165页。
② 史竞男：《"你好，新时代！"青年创意微视频大赛正式启动》，《人民日报》2018年3月31日。

方案》，对于完善思政课教师队伍建设规划、创新思政课教师队伍培养举措、加强思政课教师教学工作指导、不断夯实高校思政课教师队伍建设各项保障等方面进行了全面的规划。为把"三进"工作做得更好，中宣部、教育部联合举办高校思想政治课教师轮训。2018年2月9日，《教育部办公厅组织2018年高校思想政治理论课骨干教师研修的通知》要求，继续打好提高思政课质量和水平攻坚战，全面推动习近平新时代中国特色社会主义思想进教材、进课堂、进头脑。[①] 2007年至今，教育部思政课骨干教师研修工作已经连续开展了12年，累计培训思政课优秀骨干教师共计8000余名。2018年，教育部将继续通过国家示范培训、省级分批培训、学校"三集三提"以及网络培训等，分层次分课程多形式开展思政课教师学习贯彻习近平新时代中国特色社会主义思想专题轮训。[②] 开展思政课理论课教师研修，对于解决思政课教学过程中的问题，总结经验教训，增强大学生对思政课的获得感，培养担当民族复兴大任的时代新人具有十分重要的现实意义。

[①] 教育部：《教育部办公厅组织2018年高校思想政治理论课骨干教师研修的通知》，2018年2月9日，见http://www.moe.cn/srcsite/A13/moe_772/201802/t20180211_327273.html。

[②] 高靓：《高校思政课教师学习贯彻习近平新时代中国特色社会主义思想专题轮训启动》，《中国教育报》2018年3月14日。

第七章　改革开放 40 年大学生理想信念教育的经验、不足及其启示

新时代的大学生理想信念教育要迈上新台阶、进入新境界，需要建立在不断总结自身历史经验的基础之上。在改革开放 40 年的实践历程中，大学生理想信念教育围绕为社会主义培养建设者和接班人的教育目标，始终将理想信念教育作为大学生思想政治教育的核心，在教育大学生树立科学理想信念层面取得了良好的教育效果，积累了丰富的经验。但也应看到，由于世情、国情、党情的深刻变化以及大学生思想行为呈现出的新特点，大学生理想信念教育在理论和实践的探索过程中遭受了严重挑战，并存在诸多不足。习近平指出："历史的经验值得注意，历史的教训更应引以为戒。"[1] 总结成功经验和不足，有助于我们深刻认识高校理想信念教育发展的规律，更好地为建设社会主义现代化强国服务。

第一节　改革开放以来大学生理想信念教育的经验

大学生理想信念教育的经验，是指在长期的理想信念教育实践中积累、形成的正确认识，表现为对实践经验的理论升华和体系构建。在中国共产党 90 多年领导革命、建设和改革的历史进程中，既形成了贯穿改革开放整个

---

[1]《习近平谈治国理政》第 1 卷，第 390 页。

过程的全程性基本经验,也形成了不同历史阶段的阶段性经验。十一届三中全会以来的大学生理想信念教育带有改革开放的鲜明特点,形成了体现新时期特点的阶段性经验。

一、坚持"核心"地位,培育社会主义建设者和接班人

大学生在社会主义革命和社会主义建设事业中所承担的历史使命,决定了高校培育社会主义合格建设者和接班人的培养目标和根本任务,决定了大学生理想信念教育的核心地位。改革开放以来,坚持大学生理想信念教育的"核心"地位,培育和造就社会主义事业的建设者和接班人,是中国共产党坚持正确的思想指导、全面分析国内外形势、正确处理政治与业务关系的结果,体现了鲜明的时代性和现实针对性,是新时期赋予大学生理想信念教育的新鲜经验。

首先,坚持贯彻党的教育方针,把坚定正确的政治方向放在首位。改革开放以来,中国共产党始终高度重视理想信念教育在培养社会主义事业建设者和接班人中的重要作用。党的十一届三中全会的召开,实现了党和国家工作中心的转移,以"两个必须"为标志的教育方针得以肯定和重申,促进了大学生理想信念教育的恢复和发展。20世纪80年代初期,邓小平提出了"培养社会主义新人就是政治"[1] 这一命题,即培养"有理想、有道德、有文化、有纪律"[2] 的"四有"新人。"四有"新人的培养目标,既符合教育的规律,反映了人自身发展的规律,也体现了我国社会主义现代化建设的需要,是对新时期大学生理想信念教育目标的准确定位。在党的十三届四中全会以后,江泽民在庆祝中国共产党成立八十周年大会上的讲话中提出了人的全面发展问题,他强调:"推进人的全面发展,同推进经济、文化的发展和改善人民物质文化生活,是互为前提和基础的。"[3] 2002年11月,江泽民在

---

[1] 《邓小平文选》第2卷,人民出版社1994年版,第256页。
[2] 《邓小平文选》第3卷,人民出版社1993年版,第205页。
[3] 《江泽民文选》第3卷,人民出版社1993年版,第295页。

| 第七章 | 改革开放40年大学生理想信念教育的经验、不足及其启示

党的十六大报告中指出:"全面贯彻党的教育方针,坚持教育为社会主义现代化建设服务,为人民服务,与生产劳动和社会实践相结合,培养德智体美全面发展的社会主义建设者和接班人。"[①] 这一论述不仅更完善、更准确、更精练地阐述了党的教育方针,更赋予了大学生理想信念教育新的目标和任务。2004年,中共中央"16号文件",明确了理想信念教育在大学生思想政治教育中的核心地位。2007年,胡锦涛提出"四个新一代"的重要论断,体现了胡锦涛对培养社会主义建设者和接班人的基本要求,为大学生成长成才指明了方向。党的十八大以来,在我国全面深化改革的关键时期,习近平在讲话中多次强调大学生一定要坚定理想信念,加强精神"补钙",自觉肩负实现中国梦的历史重任。2018年5月2日,习近平在北京考察时强调,"我国社会主义教育就是要培养社会主义建设者和接班人"[②],要抓好培养社会主义建设者和接班人这一根本任务。在改革开放的历史进程中,大学生理想信念教育始终围绕培育社会主义建设者和接班人的目标开展工作,对促进社会主义现代化建设起到了良好的保证作用。

其次,服务党和工作中心任务,更好地适应社会主义经济建设要求。理想信念教育为党和国家中心任务服务,是大学生理想信念教育的内在要求。改革开放以来,党和国家工作重心的转移,要求整个理想信念教育从指导方针到组织机构、从思想观念到方法手段,都要做出相应调整。在这一过程中形成的经验主要表现为以下几方面:一是将高校理想信念教育作为推动经济建设与发展的重要思想保证。各高校围绕社会主义经济建设这一中心,开展了各种切实有效的理想信念教育,形成了万众一心的局面,为促进经济建设和社会发展提供了重要保证。二是大学生理想信念教育为实现大学生思想解放服务。改革开放是前无古人的崭新事业,通过理想信念教育,可引导大学生敢于冲破思想桎梏,纠正错误认识,转变观念、拥护改革,勇做改革开放

---

① 《江泽民文选》第3卷,人民出版社1993年版,第560页。
② 《抓住培养社会主义建设者和接班人根本任务 努力建设中国特色世界一流大学》,《光明日报》2018年5月3日。

的促进派。三是大学生理想信念教育体现社会主义精神文明建设的核心要求。把培育"四有"新人作为思想政治教育的根本任务,是建设高度的社会主义精神文明的需要。改革开放的实践证明,只要摆正理想信念教育在党的中心工作中的位置,改革开放和社会主义现代化建设就会稳步前进,理想信念教育也会取得良好的教育实效;反之,社会主义建设事业会遭受损害,理想信念教育也会遭受挫折。

再次,以坚持立德树人为根本任务,服务于人的全面发展。改革开放以来,党始终把理想信念教育与党在各个历史阶段的中心工作紧密联系在一起,始终强调教育要立德树人。1978年,邓小平在全国教育工作会议上的讲话中强调:"我们的学校是为社会主义建设培养人才的地方。培养人才有没有质量标准呢?有的。这就是毛泽东同志说的,应该使受教育者在德育、智育、体育等几方面都得到发展,成为有社会主义觉悟的有文化的劳动者。"[①] 在"走自己的路,建设有中国特色社会主义"这一伟大号召之下,邓小平一再强调培养"四有"新人的重要性。在奋力把中国特色社会主义推进到新的发展阶段中,江泽民强调,"各级各类学校不仅要建立完备的文化知识传授体系,而且要把德育放在首位,确立正确的政治方向"[②]。2002年5月15日,江泽民在纪念中国共产主义青年团成立八十周年大会上的讲话中指出,青年一代要肩负实现中华民族伟大复兴的历史责任,首先"就要坚持学习科学文化与加强思想修养的统一"[③]。2010年7月13日,胡锦涛在全国教育工作会上的讲话中强调,"坚持以人为本,在教育工作中的最集中体现就是育人为本、德育为先"[④]。党的十八大报告提出,"把立德树人作为教育的根本任务",这一命题的核心和实质在于充分肯定了"德"在人的成长过程中的根本性价值。党的十八大以来,习近平反复强调,如何抓住青年大

[①]《毛泽东邓小平江泽民论教育》,中央文献出版社,人民教育出版社,北京师范大学出版社2002年版,第138页。
[②]《十三大以来重要文献选编》中,中央文献出版社2011年版,第75页。
[③]《江泽民文选》第3卷,人民出版社1993年版,第483页。
[④]《十七大以来重要文献选编》中,中央文献出版社2011年版,第879页。

学生品德、价值观养成和确立的关键时期，提升大学生的精神境界追求，培养中国特色社会主义事业需要的人是当前高等教育所面临的现实需要。

二、立足党的理论创新，用科学的理论武装大学生头脑

理论创新成果只有通过武装头脑，才能真正转化为人们强大的精神动力。党的理论创新成果包含着对党和国家发展重大理论和实践问题的回答，顺应了形势发展的需要，体现了时代发展对大学生理想信念教育培养目标的要求。改革开放40年，在马克思主义基本原理同我国改革开放实践相结合的过程中，形成的邓小平理论、"三个代表"重要思想、科学发展观、习近平新时代中国特色社会主义思想，成为高校理想信念教育的根本内容和核心资源。在党的理论创新的推动下，大学生理想信念教育通过不断解放思想、更新观念、结合实际、大胆探索，传承发展、开拓创新，实现了科学理论知识和科学理想信念对大学生的武装。

首先，重点在于解放思想、更新观念。积极接纳党的理论创新成果，使之转化为大学生解放思想、更新观念的理论武器，是高校理想信念教育回应党的理论创新的重要方式。随着改革开放的不断深化，产生的一系列新情况、新问题，使大学生在思想领域形成一系列亟待正确认识的新课题，包括：第一，正确认识社会主义发展的历史进程，深刻理解社会主义市场经济体制改革、社会主义精神文明建设、全面建成小康社会、弘扬社会主义核心价值观、促进人的全面发展、实现中国梦等重大问题的历史背景和现实根源等。第二，正确认识资本主义的发展历程，尤其是从2008年金融危机看资本主义和社会主义的生命力。第三，正确认识我国社会主义改革实践过程对人们思想的影响。第四，正确认识当今的国际环境和国际斗争带来的影响，既要客观看待国际共产主义运动的发展状况，汲取苏联解体的教训，又要正确看待全球化浪潮和逆全球化趋势的新特点。以上在改革开放进程中形成的新课题，成为开展大学生理想信念教育的核心资源和条件依托。习近平指出："只有解放思想，不断研究新情况、解决新问题，把思想认识从各种不

合时宜的观念、做法和体制的束缚中解放出来,才能使我们正确地把握不断发展变化着的客观实际,才能使我们的思想认识符合客观实际,这样才能真正做到实事求是。"[1] 为更好地引导和帮助大学生解放思想,树立正确的世界观、人生观、价值观,高校理想信念教育紧紧围绕要不要坚持改革开放、怎样看待计划与市场的关系、"四个如何认识"、"四个正确认识"等问题,切实把党的理论创新成果融入高校理想信念教育内容体系。高校理想信念教育以中国特色社会主义理论体系为指导,积极回应了党的理论创新,为中国特色社会主义事业服务。

其次,关键在于结合实际、大胆探索。思想政治理论课是高校理想信念教育的主渠道和主阵地,是实现党的理论创新成果武装大学生头脑的重要体现。"进入"和"渗透"是党的理论创新影响思想政治教育发展的重要特征[2]。高校理想信念教育结合实际进行的探索也可以从这两个维度进行管窥。一是党的理论创新"进教材、进课堂、进学生头脑"(以下简称"三进")。实现中国共产党理论创新成果的"三进",是大学生准确把握科学理论的基本内涵和精神实质的关键。1995年,党中央首次提出"三进",要求把邓小平同志建设有中国特色社会主义理论编成教材,进入课堂,用以教育武装青年学生[3]。2001年,教育部下发文件,提出"积极推动'三个代表'重要思想进课堂、进教材、进学生头脑"[4]。十八大的召开,形成了中国特色社会主义理论体系的概念,教育部进一步明确了中国特色社会主义理论体系的"三进"工作。当前,推进十九大精神和习近平新时代中国特色社会主义思想"三进",是各高校理想信念教育面临的首要任务。二是党的理论创

---

[1] 习近平:《深入学习中国特色社会主义理论体系 努力掌握马克思主义立场观点方法》,《求是》2010年第7期。
[2] 冯刚等:《思想政治教育学科30年发展研究报告》,光明日报出版社2014年版,第160页。
[3] 教育部社会科学司组编:《普通高校思想政治理论课文献选编(1949—2006)》,中国人民大学出版社2007年版,第158页。
[4] 教育部社会科学司组编:《普通高校思想政治理论课文献选编(1949—2006)》,中国人民大学出版社2007年版,第190页。

|第七章| 改革开放40年大学生理想信念教育的经验、不足及其启示

新成果融入理想信念教育系统各个方面,即将党的理论创新成果融入高校课堂教学、社会实践等各个环节。毛泽东在《关于正确处理人民内部矛盾的问题》中指出:"思想政治工作,各个部门都要负责。"① 改革开放以来,高校理想信念教育从课堂教学、校风营造、社会实践等方面入手,实现了以往零碎、随意的理想信念教育向系统化、规范化和科学化的转化。2017年2月,中共中央、国务院印发的《关于加强和改进新形势下高校思想政治工作的意见》指出:"把思想价值引领贯穿教育教学全过程和各环节,形成教书育人、科研育人、实践育人、管理育人、服务育人、文化育人、组织育人长效机制。"② 为高校大学生理想信念教育的深化探索指明了根本方向。

再次,根本在于传承发展、开拓创新。理想信念教育作为对社会主义现代化建设提供巨大反作用的领域,必须在与党的理论创新成果的互动中实现自身的传承发展和开拓创新。具体而言,这种传承发展、开拓创新主要表现在两个方面:一是依据党的理论创新发展实现了理想信念教育理论与实践的发展。理论层面,党在适应历史和现实、理论和实践、国际和国内情况发展变化的过程中,立足于中国特色社会主义的伟大实践,形成了邓小平理论、"三个代表"重要思想、科学发展观、习近平新时代中国特色社会主义思想等一系列党的理论创新成果,对高校理想信念教育创新发展提供了理论指导。实践层面,确立了大学生理想信念教育在高校思想政治工作中的核心地位。随着改革开放的深化,江泽民、胡锦涛、习近平都不同程度地重申并强调了高校理想信念教育的重要地位。习近平指出,要"把坚定理想信念作为正面宣传的核心主题,深入开展中国特色社会主义宣传教育,积极宣传中国特色社会主义道路的独特创造、中国特色社会主义理论体系的独特价值、中国特色社会主义制度的独特优势"③。二是在改革开放的历史进程中实现了

---

① 《毛泽东思想年编:1921—1975》,中央文献出版社2011年版,第829页。
② 《中共中央、国务院印发〈关于加强和改进新形势下高校思想政治工作的意见〉》,《光明日报》2017年2月28日。
③ 蒋建国主编:《凝聚在共同理想和信念的旗帜下——学习贯彻习近平总书记"8·19"重要讲话精神》,人民出版社2013年版,第38页。

理想信念教育自身的科学化。在新的思想理论、社会条件和时代背景下，高校理想信念教育实现了从改革开放初期的初步探索、全面改革时期的变革与发展、社会主义市场经济条件下的加强与改进、全面建设小康社会时期的开拓创新，到全面建成小康社会进程中深化探索的发展演变。在改革开放的不同阶段，高校理想信念教育始终"围绕中心、服务大局"，实现了由点到面、从实践探索到积累经验再到科学化的跨越式发展。

三、揭露批判错误思潮，警惕敌对势力争夺青年大学生

揭露批判错误思潮与新时期改革开放的伟大实践密切相连，是在改革开放背景下形成的具有鲜明时代特色的重要经验。改革开放以来，伴随西方错误思潮在我国的迅速、广泛传播，党和国家提出了四项基本原则，要求旗帜鲜明地同资产阶级自由化思潮进行斗争。青年大学生是社会思潮的重要受众，在大学生理想信念教育中必须始终坚持以马克思主义为指导，揭露和批判错误社会思潮，警惕敌国内外敌对势力争夺年轻一代。改革开放40年的实践证明，党和国家必须坚决、主动地占领理想信念教育这块阵地，始终将赢得青年、教育青年置于国家战略地位，同国内外反动势力展开积极斗争。

首先，增强反对"和平演变"的战略意识，把高校办成反对"和平演变"的坚强阵地。面对西方敌对势力"和平演变"的强烈攻势，党加强了对意识形态工作的领导，高等教育战线普遍增强了反对"和平演变"的战略意识，把培养社会主义事业接班人作为大学生理想信念教育的基点和根本。一是坚持党的领导。邓小平指出："我们人民的团结，社会的安定，民主的发展，国家的统一，都要靠党的领导。"[①] 高等学校党的委员会是学校的领导核心，确定党委领导下的党委负责制，是高校坚持社会主义办学方向的重要保障。1990年7月17日，《中共中央关于加强高等学校党的建设的通知》

---

① 《邓小平文选》第2卷，人民出版社1994年版，第342页。

|第七章| 改革开放 40 年大学生理想信念教育的经验、不足及其启示

确定了"高等学校实行党委领导下的校长负责制"①。要坚持和完善高校党委领导下的校长负责制,切实改善学校党委对高校理想信念教育的政治领导和思想领导。二是夺取反"和平演变"主动权。在教育中要努力纠正教育思想上的失误和偏差,端正社会主义的办学方向,既批判和揭露国内外敌对势力推行"和平演变"的阴谋,又以马克思主义理论武装大学生,防止错误意识形态的渗透。三是研究和把握新形势下"和平演变"和反"和平演变"斗争的规律和特点,充分认识斗争的长期性、复杂性和反复性,始终将培育社会主义建设者和接班人作为大学生理想信念教育的根本任务。

其次,坚持用科学理论武装学生头脑,增强大学生对错误思潮的免疫力和抵抗力。改革开放以来,各高校充分运用思想政治理论课的主渠道、主阵地,围绕不同阶段的思潮论争热点、焦点,深入开展马克思主义理论教育。第一,用马克思主义的立场、观点和方法指导大学生的思想。西方国家在思想文化的渗透中,往往通过运用歪曲事实、以偏概全、以点带面的方法,放大我国社会中存在的问题并进行激烈的抨击和批判。改革开放以来,党和国家始终强调要加强马克思主义理论教育,促使大学生掌握科学的世界观方法论,用马克思主义的基本原理批判错误的社会思潮。第二,用马克思主义中国化的理论成果武装大学生的头脑。中国特色社会主义理论体系是马克思主义基本原理同我国改革开放实践相结合的产物,体现了党对社会主义建设基本问题的回答,是对社会主义前途和命运等问题的探索。在大学生理想信念教育中,开展中国特色社会主义理论教育,旨在帮助大学生认识和体会中国特色社会主义的科学性和优越性,把握党和国家的前进方向和未来前景,解除大学生思想认识层面的困惑。

再次,及时把握敌对势力对大学生进行渗透的特点,在理想信念教育中有针对性地开展引导和教育。第一,针对不同阶段占主导地位的社会思潮进

---

① 教育部思想政治工作司组编:《加强和改进大学生思想政治教育重要文献选编:1978-2014》,知识产权出版社 2015 年版,第 100 页。

行有针对性的揭批教育。在改革开放的不同阶段，不同社会思潮产生的影响有所不同，如90年代经济私有化思潮、民族主义思潮、新左派思潮，全面建设小康社会时期，有民主社会主义、文化殖民主义思潮，十八大以来，新自由主义、历史虚无主义、民主社会主义等思潮的影响较大。大学生理想信念教育，结合了不同历史阶段不同社会思潮兴起的背景，要找准社会思潮代表人物鼓吹、论战的焦点，分析和揭露不同思潮的实质，让大学生了解一种思潮兴起的前因后果，明白错误思潮的本质。第二，针对不同时期的校园流行文化进行有效的引导和管理。社会思潮对大学生的影响往往通过流行文化、音乐、服饰、饮食等方式起作用，为了避免娱乐性和商业性文化带来的"低俗化""庸俗化"现象，各高校对校园文化建设进行了有序管理。通过加强对校园网络、BBS、报刊、广播的管理，在一定程度上起到了净化校园文化的作用，为大学生成长成才营造了良好的校园生活环境。

最后，凝聚思想共识，坚持用社会主义核心价值观引领思潮。改革开放的实践证明，社会转型和社会变革之时，需要以先进思想占领阵地。在与资产阶级自由化思潮长期的斗争中，邓小平依据时代条件和国内外形势，旗帜鲜明地强调要"用四项基本原则教育人民"①。21世纪，中西文化交流激烈碰撞的现实，构成了社会主义核心价值体系提出的深刻背景。党的十七届六中全会提出了"开展社会主义核心价值体系学习教育"②的要求，各高校从理论学习、创新载体、强化养成、注重示范、营造氛围等视角入手，开展了丰富、多样的社会主义核心价值体系学习活动，巩固了大学生的共同思想基础。党的十八大以来，各高校牢牢把握正确政治方向和舆论导向，意识形态工作的积极性、主动性明显增强。2013年12月23日，中共中央办公厅印发《关于培育和践行社会主义核心价值观的意见》，提出了"用社会主义核心价值观引领社会思潮、凝聚社会共识"③，明确了社会主义核心价值观教

---

① 《邓小平文选》第3卷，人民出版社1993年版，第201页。
② 《十七大以来重要文献选编》中，中央文献出版社2011年版，第264页。
③ 《十八大以来重要文献选编》上，中央文献出版社2014年版，第582页。

育的根本任务。党的十九大报告突出强调，要"把社会主义核心价值观融入社会发展各方面，转化为人们的情感认同和行为习惯"[①]。以社会核心价值观引领社会思潮，是中国共产党加强社会主义意识形态建设，凝聚思想共识、巩固中国特色社会主义共同理想的集中体现。

四、紧扣学生思想脉搏，顺应大学生需求解决思想困惑

改革开放40年，大学生理想信念教育坚持从大学生的思想特点出发，研究大学生思想行为形成、发展的规律，注重教育的针对性，安排适当的内容，采取适当的形式，及时回应大学生的思想困惑，增强了大学生理想信念教育实效。

首先，将大学生思想行为中占主导地位的"热点"作为有效开展理想信念教育的前提。改革开放40年，大学生围绕对社会与人生、国家命运与个人前途等问题的探索与思考，产生的主导性"热点"主要有四类：一是由于社会改革和转型遇到较大矛盾而产生的思想热点；二是伴随西方文化传播和传入，给我国思想战线带来的混乱的思想热点；三是与大学生成长成才、自身利益密切相关的政策的出台所引发的思想热点；四是由学校管理、学校生活问题造成的热点。新时期的理想信念教育围绕大学生思想行为的"热点"，开展了有针对性、富有成效的教育实践活动。一是集中开展对邓小平理论、"三个代表"重要思想、科学发展观、习近平新时代中国特色社会主义思想的学习活动。通过讲座、座谈会、小组讨论等方式，全面把握、科学解答学生的思想困惑。二是通过课堂讲授、课后谈心等方式进行积极引导。大学生的思想困惑有多重起因，能够引发学生思想中的价值观冲突，理想信念教育在这些方面给予了学生必要的引导。三是运用好理论读物，及时回应学生困惑。中共中央宣传部理论局出版的《理论热点面对面》等书籍，全面回答了人们普遍困惑的

---

① 习近平：《决胜全面建成小康社会 夺取新时代中国特色社会主义伟大胜利——在中国共产党第十九次全国代表大会上的报告》，人民出版社2017年版，第42页。

理论问题和实际问题，对大学生树立共产主义理想信念发挥着不可替代的作用。

其次，围绕大学生思想行为"热点"进行多维导向。在改革开放的历史进程中，大学生理想信念教育结合大学生思想问题的实际，进行了政治、理论和价值层面的多维导向。第一，政治导向。党的十一届三中全会以来，针对思想文化领域的"精神污染"、资产阶级自由化思潮泛滥、改革开放姓"资"还是姓"社"、"法轮功"等问题的出现，党和国家始终高举社会主义的旗帜，积极开展坚持四项基本原则的宣传教育。进行政治导向的意义在于，有利于大学生充分认识社会主义基本矛盾运动的客观规律，反对错误思潮，弘扬社会主义核心价值观。第二，理论导向。理论导向的关键在于将马克思主义理论、建设有中国特色社会主义的思想观念，真正灌入大学生头脑之中并成为其自觉的思想要求和行为规范。由于大学生未形成系统的马克思主义理论体系，在中西文化的比较中、在当代各种理论流派的比较中、在两种制度的比较中讲授马克思主义，是改革开放进程中开展大学生理想信念教育的重要方法。第三，价值导向。改革开放40年，大学生理想信念教育围绕"个人与社会""理想与现实""物质与精神"的关系问题，进行了积极有效的价值引导，在一定程度上解决了大学生价值层面的困惑。

再次，探索大学生思想行为"热点"发展特点，推动理想信念教育创新发展。纵观改革开放以来大学生思想行为"热点"的发展，主要有以下特点：一是"社会思潮"赋予大学生思想行为"热点"以确定的时代内容和持续的行为动机。社会思潮反映了一定时期人们普遍的价值取向的某种趋势，社会思潮一经形成，往往很快以一种风潮、热点或时尚等形式在社会上呈现出来，大学校园往往成为社会思潮的集散地。在当代中国，违反马克思主义的、错误的、落后的思想观念依然存在。如果任其发展，就会造成极大的社会危害。江泽民指出："越是变革时期，越要警惕各种错误思想观念的发生及其给人们带来的消极影响，我们党的思想政治工作越要加强和改进。"[1]

---

[1] 《江泽民文选》第3卷，人民出版社2006年版，第82页。

大学生理想信念教育内容更突出马克思主义理论教育，理想信念教育方法更加注重疏导性和针对性。二是"流行文化"赋予大学生思想行为"热点"以具体的表现形式和扩散渠道。大学生具有能迅速接受新鲜事物，具有较多可自由支配的时间，并且能够频繁接触各种媒体等特点，这使得大学生成为流行文化的最大拥护者。随着时代的发展，"流行文化"的表现形式和扩散渠道更加多元，这构成了实现大学生理想信念教育与网络、流行文化、校园文化融合的现实背景。三是大学生思想行为"热点"的出现、持续、流变，取决于中国社会政治、经济文化的变革速率。中国社会变革进程与大学生价值取向嬗变具有互动影响关系。探索大学生思想行为"热点"发展特点，使大学生理想信念教育"有迹可循"，有助于提升理想信念教育的针对性和实效性。

五、突出社会实践锻炼，实现大学生知情意行理性转化

大学生社会实践活动作为高校开展大学生理想信念教育的优良传统，在党领导革命、建设和改革的过程中，得到党和国家的高度重视，受到了学生的欢迎，成为大学生理想信念教育历史进程中具有全程性特点的重要经验。社会实践作为马克思主义"教育与生产劳动相结合"思想的具体体现，符合我国培养社会主义建设者和接班人的需求。在改革开放40年的进程中，大学生社会实践的主题实现了由"做贡献"到"受教育"的转变，内容和形式经历了一个"由自发到自觉，由零散到集中，由单一到全面，由小规模到大规模的发展过程"[①]。历史证明，在理想信念教育中突出社会实践，促进理想信念的知情意行的理性转化，对促进大学生科学理想信念的形成具有重大意义。

首先，始终将社会实践作为培育社会主义新人的重要途径。社会实践活

[①] 龚海泉等主编：《20世纪的中国高等教育·德育卷》，高等教育出版社2003年版，第442页。

动具有导向、育人功能,各高校依托社会实践积极开展理想信念教育。第一,围绕党和国家的中心任务,充实社会实践活动内容。新时期高校开展的大学生社会实践活动,主要包括两大类:一是教学计划内的社会实践活动,包括毕业实习、军训等;二是教学计划外的社会实践活动,包括调查研究、实践劳动、社区服务、勤工助学、走访英模、政策宣传、专业培训、科技支农、文化支教、志愿服务、社区共建等。为更好地服务社会主义现代化建设的需要,大学生社会实践活动内容实现了由传统的社会调研和实地参观,向以支教、文艺演出、科技咨询等富有时代特色的社会实践活动内容的转换。第二,加强组织和安排,建立有效的社会实践制度和机制。党政部门、高校、社会各界的合力组织和齐抓共管,是开展大学生社会实践活动的有力保障。1978年年初,邓小平就指出:"各级各类学校对学生参加什么样的劳动,怎样下厂下乡,花多少时间,怎样同教学密切结合,都要有恰当的安排。"[①] 此后,党和国家高度重视组织和开展大学生实践活动,国家教委、共青团中央、教育部等部门制定了一系列重要文件,强调社会实践对于培养社会主义新人的重要作用。为更好贯彻教育与实践相结合的方针,加强大学生同社会主义实际以及广大人民群众之间的联系,有的高校还制定了《大学生社会实践活动管理规定》等一系列规章制度,将实现社会实践活动目标具体化、指标化,为开展有效的社会实践活动提供了重要的保证。党的十八大以来,习近平高度重视实践教育工作,他在全国高校思想政治工作会议上指出,要更加注重以文化人以文育人,广泛开展文明校园创建,开展形式多样、健康向上、格调高雅的校园文化活动,广泛开展各类社会实践。[②] 第三,建立有效的社会实践教育机制,将社会实践活动同教学紧密结合起来。新时期的大学社会实践在与教学结合的过程中形成了许多有效的教育机制,包括典型教育、比较教育、自我教育机制等。从实际效果来看,大学生社会

[①] 《邓小平文选》第2卷,人民出版社1994年版,第107页。
[②] 《把思想政治工作贯穿教育教学全工程 开创我国高等教育事业发展新局面》,《人民日报》2016年12月9日。

实践活动在促进大学生正确认识国情和社会实际，探索个人理想和实现自身价值的过程中发挥着不可忽视的重要作用。

其次，始终坚持人才培养和社会效益的统一。人才培养，是指在社会各方面的帮助下，大学生在社会实践活动中不断增长才能、提升素质和技能的活动；社会效益则是广大师生通过社会实践为社会和地方提供切实服务，促进社会的进步和发展。人才培养和社会效益是社会实践活动效益的两个方面，通过提升大学生自身思想素质和理想境界，有助于推动社会的进步和发展。一是通过社会实践活动加深大学生对国情的认识，提高大学生的思想觉悟，使大学生树立为社会主义现代化建设不懈奋斗的意志。社会实践作为大学生认识国情、接触实际的重要途径，较好地实现了课堂教育和实践教学的有机统一。通过参与社会实践，让大学生真正将所学知识运用于实践，有助于大学生形成良好的自我认同感，更好地明确自身的价值。如改革开放初期，随着改革在各条战线上的逐步展开，我国社会生活发生了翻天覆地的变化，大学生开始积极地参与沸腾的生活，为建设"四化"做贡献。1980年，"振兴中华，从我国做起"口号的提出，展现了大学生积极参与社会实践的热情。二是对教育改革起到了积极推动作用。社会实践活动能促使大学生冲破以"自我"为中心的象牙塔，克服脱离实际和思想偏激的弱点，形成对自我价值和社会实际的正确认识。通过社会实践活动，既引导了广大学生积极宣传党的理论创新成果，主动传播科学文化知识，推动社会主义文明建设，更让学校看到教学、科研以及培养学生与社会需求间的不相适应，有力地促进了学校的教学改革，对于进一步明确社会主义办学方向、为社会主义现代化建设培养人才起了良好的促进作用。

第二节 特定时期大学生理想信念教育存在的偏差

回顾改革开放40年的大学生理想信念教育，既有显著成绩，也存在些许偏差。胡绳强调："历史经验证明，凡是转折关头，包括价值观念的转折，最容易出现各种认识上的偏差、各种思想问题,并造成社会问题。"① 20世纪 80 年代中后期,由于西方社会思潮大量涌入、资产阶级自由化思潮泛滥,以及国内两个文明建设"一手硬、一手软"、反资产阶级自由化斗争不力所造成的思想混乱,对大学生理想信念教育造成极大的冲击,其中的教训十分深刻。总结大学生理想信念教育的教训,需要回到特定的、具体的历史条件,既不能超越历史阶段,也不能以大学生理想信念教育局部的失误否定整个改革开放 40 年大学生理想信念教育取得的成效,更不能以党内个别领导人的失误否定党的领导和党领导改革开放以来所取得的成就。

一、高校理想信念教育存在不适应新情况的问题

大学生理想信念教育作为意识形态工作的重要内容,要适应时代发展的新要求。改革开放以来,尤其是 20 世纪 80 年代,随着社会发生的剧烈转型,各种社会思潮和社会负面现象的冲击与影响,党的宣传工作存在失度的现象,高校四项基本原则坚持不够一贯,大学生理想信念教育的作用没有得到应有的发挥。

首先,随着党和国家工作重心的转移,党在思想政治教育领导上存在着涣散软弱的状态,社会主义物质文明和精神文明建设的天平出现了"失衡",大学生理想信念教育被放在次要的位置上。

第一,四项基本原则坚持不够一贯,大学生理想信念教育指导思想出现偏差。坚持四项基本原则,维护社会政治稳定,是党和国家事业发展的重要前提,也是大学生信仰共产主义的前提。党的十一届三中全会以后,党实行了改革开放的新政策,国家局势总体上保持稳定,但也经历了精神污染等波折。出现这些问题的原因在于党中央出现了"左"、右两种声音,全党未能很好地统一思想。在高校理想信念教育中,则出现了"忽左忽右、反复不

---

① 《胡绳全书》第 3 卷(下),人民出版社 1998 年版,第 479 页。

定、形象不清、旗帜不明"①等问题，使部分大学生产生了反感情绪和逆反心理。邓小平在分析我国意识形态领域的问题时指出："四个坚持本身没有错，如果说有错的话，就是坚持四项基本原则还不够一贯，没有把它作为基本思想来教育人民，教育学生，教育全体干部和共产党员。"②党的十三届四中全会，全面分析了全国的政治形势，批评了党中央在指导思想上和实际工作中的失误。此后，党中央特别注意加强思想政治工作，努力开展大学生理想信念教育。

第二，当时党的主要负责人对精神文明建设和思想政治工作重视程度不够。针对20世纪80年代产生的否定四项基本原则的思潮，邓小平再三强调："反对自由化，不仅这次要讲，还要讲十年、二十年。"③但由于反对资产阶级自由化思潮工作的复杂性，当时党的主要负责人对反对资产阶级自由化态度不鲜明，其结果是资产阶级自由化思潮泛滥，造成了大学生思想上和政治上的混乱，大学生理想信念教育未能很好地发挥对社会主义现代化建设的保证和服务作用。为改变党对思想战线的领导，党的十三届四中全会对中央领导机构的成员进行了调整，切实加强党的建设和思想政治工作。后来的教育实践证明，党在思想战线上和理想信念教育中取得的成就，是党中央坚强领导的结果。

其次，党的宣传工作存在失度的现象，使大学生理想信念教育处于被动地位。所谓宣传工作失度，在质上表现为对宣传内容把握不当，以致产生模糊的舆论导向，形成不良的社会影响与价值取向。在量上表现为宣传的规模、范围、幅度、时机把握不当。④20世纪80年代，由于思想政治工作软弱涣散，大学生理想信念教育处于被动处境。

第一，主流舆论导向不够鲜明。正确的舆论导向能够凝聚人心、振奋精

---

① 刘书林：《社会思潮与青年教育研究》，第239页。
② 《邓小平文选》第3卷，人民出版社1993年版，第305页。
③ 《邓小平文选》第3卷，人民出版社1993年版，第182页。
④ 刘崇顺等：《大潮下的情感波动——变革社会心理透视》，中国社会科学出版社1993年版，第350页。

神，错误的舆论导向会导致人心涣散、视听混淆、斗志瓦解。长期以来，中央主要媒体和主流舆论，积极宣传马克思主义、宣传党的主张，在改革开放新时期发挥了十分重要的作用。但在20世纪80年代中后期，部分媒体刊发的极少数文章对四项基本原则含糊其辞，在一定程度上推动了资产阶级自由化思潮的泛滥。党的十八大以来，习近平强调，"党和政府主办的媒体是党和政府的宣传阵地，必须姓党"[1]，党的新闻舆论工作定位是"治国理政、定国安邦"的大事。在决胜全面建成小康社会、实现中华民族伟大复兴中国梦的关键时期，党的主流舆论必须牢牢把握中国特色社会主义和中国梦的主题，不断巩固壮大主流思想舆论。

第二，新闻传播存在相对"真空"状态。新闻传播中的相对"真空"状态，是指国内新闻报道未能及时对某些重大事件进行及时、全面的报道。由于大学生缺少获取信息的广泛渠道，新闻传播中的"真空""失语"状态会为小道消息和谣言的传播提供可乘之机。改革开放初期，随着党和国家工作重心的转移，西方敌对势力加紧在我国推行"和平演变"，并提出三条"新战略"：一是依靠《美国之音》，加强思想渗透；二是通过学术研究和学术交流施加政治影响；三是通过外交部门、外贸部门开展秘密活动。[2] 20世纪80年代中后期，部分境外的新闻媒体记者乘机制造谣言，诬蔑和攻击中国共产党和社会主义制度。一名学生在自述中说道："'美国之音''BBC'每天不断地播报北京学生的情况。在武汉，也没有其他渠道得知北京的情况，新闻说得很少，于是，我们的意识一天一天失去鉴别力。"[3] 因此，做好新闻传播工作，需要全面准确地研判国内外舆论形势的状况、走向和趋向，及时报道和解答大学生普遍关心的问题，给予大学生适当的引导，不能采取回避、封锁消息的态度。习近平指出："新闻舆论要唱响团结稳定鼓劲的主旋

---

[1] 《习近平谈治国理政》第2卷，外文出版社2017年版，第332页。
[2] 张雷声等编著：《新中国思想理论教育史》，高等教育出版社2005年版，第152页。
[3] 《大学生教育的回顾与思考》课题组编：《1989：蓦然回首——武汉地区400名大学生调查学生自述材料选编》，湖北人民出版社1991年版，第67页。

律,及时准确地传播党的声音,积极有效地做好解疑释惑工作,形成有利于促进社会和谐稳定的良好氛围。"①

二、"两个文明"建设方针的执行出现过不一贯

马克思主义唯物辩证法认为,物质生产决定着精神生产,精神生产也对物质生产具有巨大的反作用,要建设社会主义既要有高度的物质文明,还要有高度的精神文明。胡乔木曾指出:"坚持对社会主义精神文明与建设社会主义物质文明并重,目的都是一个,就是防止改革开放的消极作用,不让中国的社会主义事业变质。"② 但 20 世纪 80 年代以来,由于我国过分注重抓物质文明建设,而忽视了精神文明的建设,使得两个文明建设存在"一手硬、一手软"的问题。

首先,就"两个文明"建设而言,社会主义精神文明建设"一手软"是主要的失误。精神文明建设"一手软",是指由于精神文明建设发展滞后于物质文明建设,没有充分发挥为经济建设提供应有的思想保证、智力支持和环境保障的作用。20 世纪 80 年代初思想战线软弱涣散的状况,是"一手硬、一手软"的最初表现③。在探索和发展社会主义市场经济的过程中,经济体制的转换给我国经济带来了巨大的发展机遇,也对大学生理想信念教育产生了巨大冲击。

第一,由于我国"两个文明"建设中存在"一手硬、一手软"的问题,社会主义精神文明建设和理想信念教育被轻视。1985 年,邓小平在中国共产党全国代表会议的讲话中就指出,从全国范围来看,社会主义精神文明建设效果"不够理想",主要是全党没有高度重视精神文明建设。从理论观点上讲,"妨碍论"与"自然论"是影响精神文明建设的两大主要论点。这两

---

① 习近平:《之江新语》,浙江人民出版社 2007 年版,第 55 页。
② 《胡乔木文集》第 2 卷,人民出版社 2012 年版,第 331 页。
③ 石云霞:《新中国成立以来中国共产党思想理论教育历史研究》上,中国社会科学出版社 2007 年版,第 453 页。

种观点都违反了马克思主义的基本原理,反映到高校的实际工作之中,则表现为重"智育"而轻"德育",理想信念教育的作用被轻视。从实际情况来看,在一定历史阶段,"享乐主义、实用主义、悲观主义、游戏人生等思潮在校园内很有市场,有些学生赤裸裸地宣扬拜金主义,他们公开表示毕业后工作就是为了赚钱,有了钱就有了一切,甚至有人认为为了赚钱还可以不择手段"①。这种状况使得大学生的价值取向被急剧功利性和实用性的处事原则所左右,产生了重物质而轻精神、重能力而轻道德的偏向。在市场经济条件下,端正大学生对政治与经济、立德与成才关系的认识,克服"一手硬、一手软"现象比过去更加困难。近年来,各地区各高校认真贯彻中央部署,培育和弘扬社会主义核心价值观,开展群众性精神文明创建,深入进行理想信念教育,巩固和发展了社会主义主流意识形态。

第二,由于我国"两个文明"建设中存在"一手硬、一手软"的问题,为西方国家对我国实施"和平演变"提供了可乘之机。西方对我国实施"和平演变"的斗争指向意识形态领域,青年大学生成为首要争夺的对象。由于"一手硬、一手软"现象的存在,未能有效地开展思想政治工作、遏制资产阶级自由化思潮。邓小平指出,改革开放以来的实践证明了"两手抓,两手都要硬"这一方针的正确性,但"今天回头来看,出现了明显的不足,一手比较硬,一手比较软"②。江泽民在庆祝中华人民共和国成立四十周年大会上的讲话中指出:"我们要深刻吸取近几年来物质文明建设和精神文明建设'一手硬、一手软'的教训,在努力发展物质文明的同时,切实抓好精神文明建设。"③ 1996年,党的十四届六中全会通过的《中共中央关于加强社会主义精神文明建设若干重要问题的决议》强调,必须旗帜鲜明地坚持四项基本原则,坚持"两手抓,两手都要硬"的方针,要克服"见物不见人"的失

---

① 戴艳军等主编:《"思想道德修养"课教学案例解析》,高等教育出版社2004年版,第69页。
② 《邓小平文选》第3卷,人民出版社1993年版,第306页。
③ 江泽民:《在庆祝中华人民共和国成立四十周年大会上的讲话》,人民出版社1989年版,第20页。

| 第七章 | 改革开放 40 年大学生理想信念教育的经验、不足及其启示

误。实践证明，加强社会主义建设，必须坚持不懈地发挥社会主义精神文明建设在中国特色社会主义伟大事业中的积极作用。

其次，就精神文明建设内部而言，理想信念教育存在着"软"的现象。社会主义精神文明包括教育科学文化和思想道德建设两个重要方面，思想道德建设是核心。精神文明建设内部的"一手软"，反映到高校层面，表现为理想信念教育首要地位并未很好落实，社会大环境对理想信念教育效果的消解，以及部分高校教师自身本领不硬、理想信念不坚定等。

第一，大学生理想信念教育在高等教育中的首要地位并未很好落实。理想信念教育的核心地位，是由理想信念在人的精神世界中的重要地位，以及理想信念教育对社会主义现代化建设的保证作用决定的。从宏观层面看，党和国家印发的一系列文件都十分强调加强理想信念教育和培育"四有"新人的根本任务。但在社会主义市场经济条件下、落实中央精神的过程中，忽视、轻视理想信念教育的现象仍然广泛存在。为克服理想信念教育"两张皮"的问题和"软"的现象，党和国家围绕大学生理想信念教育进行了探索和创新。党的十三届四中全会以来，党中央坚持"两手抓、两手都要硬"的方针，对大学生理想信念教育提出了新要求。2004 年，党围绕高校思想政治教育制定的"16 号文件"，强调大学生思想政治教育要以理想信念教育为核心。十八大以来，在党中央的坚强领导下，始终将高校理想信念教育作为重大而迫切的战略任务。2015 年，中共中央印发的"59 号文件"，明确指出将理想信念教育作为新形势下高校加强宣传思想工作的最主要的任务之一，以逐步深化中国特色社会主义和中国梦宣传教育。

第二，社会大环境在一定程度上消解了高校理想信念教育效果。大学生的理想信念状况，会受到社会大环境的影响。随着改革开放的深入，文化多元化的现实境遇，应试教育体制下学校片面追求升学率的教育观念，部分党员干部贪污腐化的不正之风以及社会上的经商热潮，成为消解理想信念教育效果的重要因素。20 世纪 90 年代以来，由于学校教育、社会大环境的变化，不少大学生在反思过后，逐渐从心理、感情的低谷中摆脱出来，开始正

视大学生活及现实生活的一切，重新审视和寻找自己的精神支柱。① 胡锦涛指出："大学生理想信念的树立、思想品质的培育、道德情操的培养、文明习惯的养成、美好心灵的塑造，需要社会方方面面共同支持，需要营造健康向上的良好社会环境，特别是要大力营造良好的文化环境、舆论环境、校园周边环境。"② 实践证明，如何营造有利的社会环境，找到理想信念教育同社会环境之间的共振点，逐步形成和强化理想信念方面的机制，成为提升高校理想信念教育实效的关键环节。加强社会主义精神文明建设，净化社会环境，是提升大学生理想信念教育实效的重要保证。

第三，部分高校师资队伍不"硬"。总的来看，在40年改革开放的历史进程中，各高校党支部、辅导员、思想政治理论课教师在大学生的思想引领和价值选择方面发挥了十分积极的作用。即便是在20世纪80年代，在国内社会思潮纷繁复杂，学生思想迷茫、混乱的情况下，不少学生依然肯定了教师在帮助自身解决思想困惑所给予的帮助和指引。据部分学生回忆，辅导员"非常关心我在政治上的成长"，"校学生工作处老师的一番话使我感到了顿悟"③。但在实际的工作中少数教师的政治立场存在一些问题，部分思想政治工作者、高校教师自身本领不硬，理想信念不坚定。建设立场坚定、本领过硬的师资队伍十分必要。2013年9月9日，习近平向全国广大教师致慰问信，指出："希望全国广大教师牢固树立中国特色社会主义理想信念，带头践行社会主义核心价值观，自觉增强立德树人、教书育人的荣誉感和责任感，学为人师，行为世范，做学生健康成长的指导者和引路人。"④ 加强高校师资队伍建设是近年来高等教育发展非常重要的内容，成效也比较显著。教育部党组将2017年定为"高校思政课教学质量年"，通过开展多种形式的思政课建设情况大调研，对3000堂课程数据的分析得出，88.6%的受访学

---

① 刘沧山编：《中外高校思想教育研究》，人民出版社2008年版，第237页。
② 《十六大以来重要文献选编》中，中央文献出版社2011年版，第645页。
③ 《大学生教育的回顾与思考》课题组编：《1989：蓦然回首——武汉地区400名大学生调查学生自述材料选编》，湖北人民出版社1991年版，第93、121、151页。
④ 《习近平向全国广大教师致慰问信》，《人民日报》2013年9月10日。

生表示非常喜欢或比较喜欢上思政课，91.8%的受访学生表示非常喜欢或比较喜欢自己的思政课老师①。当前，中国特色社会主义进入新时代，必须要紧紧抓住高校师资队伍建设这一重要任务。

三、高校理想信念教育与立德树人要求存在差距

立德树人的目标是培养德智体美全面发展的社会主义建设者和接班人，理想信念教育是实现立德树人的重要途径。但改革开放以来，由于新旧体制的转换，政治、经济和文化领域的深刻变化，造成了我国社会生活的整体变迁，使大学生价值观念、利益关系和行为方式发生巨大变化。由于大学生理想信念教育的实效性有其滞后性，高校评价体系存在的弊端，削弱了理想信念教育主导权，对新时期的大学生理想信念教育提出了严峻挑战。

首先，大学生理想信念教育主动性不够、主导权不强。改革开放以来，经济体制、社会结构、思想文化的多元格局，催生了新的利益格局，促使产生政治、经济、文化层面的多样需要。但在外界条件发生深刻变化的情况下，由于大学生理想信念教育目标、内容、方式方法有其滞后性，在一定程度上导致理想信念教育主动性不够、主导权不强，使得理想信念教育存在脱离社会的"两张皮"现象。党的十二大后，以经济体制改革为中心的全面改革渐次展开，对外开放进一步扩大，利益格局、社会生活、社会组织、就业方式多样化的趋势更加明显，理想信念教育中的"两张皮"问题更加突出，其消极意义突出表现为马克思主义理论对中国社会问题的解释力不足，降低了马克思主义理论的吸引力、凝聚力和号召力。不少学生反映，学校的理想信念教育同社会生活对不上号，延缓了他们适应社会的过程。习近平指出，高校思想政治工作实际上是一个解疑释惑的过程②，正面引导与解疑释惑是思想政治教育过程不可分割的两个方面。2015年12月，习近平在全国党校

---

① 《九成大学生思政课上收获多》，《中国教育报》2018年1月20日。
② 《习近平首次点评"95后"大学生》，《人民日报》2017年1月3日。

工作会议上的讲话中指出，加强党的理论教育"要坚持实事求是，坚持理论联系实际的马克思主义学风，坚持问题导向，注重回答普遍关注的问题，注重解答学员思想上的疙瘩，反对主观主义、教条主义、形势主义，防止空对空、两张皮"①。大学生理想信念教育应更注重解疑释惑，这具有理论上的合理性、实践上的迫切性。

其次，高校评价体系忽视了以理想信念教育为核心的有关德育的内容。随着十一届三中全会的胜利召开，邓小平开始着手推进教育层面领导体制、考试制度等方面的改革。在改革开放的历史进程中，为更好地满足"四化"建设需要，"智育"被放在突出位置。我国现行的教育制度是一个以智育为基本框架的结构体系，在智育方面形成了一套比较完整的培养目标体系、教育训练体系和比较严格的保证监督体系。它以分数作为主要尺度，同学生的利益、前途紧紧地挂钩。同智育相比较，德育体系显得残缺不全，软弱无力。党的十一届三中全会以来，伴随着党和国家工作重心由"政治"向"经济"的转移，教育制度上的这种弊端就日益显现出来，人们总感到德育游离在整个学校教育体系之外，没有强有力的干预就难以维持它的正常运转。就实际情况而言，"德育为先"的办学思想和政策原则，在实际办学中没有得到有效贯彻落实。党的十八大以来，以习近平总书记为核心的党中央，多次强调要完成好"立德树人"的根本任务，"把立德树人作为中心环节，把思想政治工作贯穿教育教学全过程，实现全程育人、全方位育人，努力开创我国高等教育事业发展新局面"②。高校应坚决把立德树人作为教育的根本任务，突出理想信念教育的核心地位。

再次，党的教育方针不容质疑、不容虚无。在意识形态领域，要维护中央权威，培养接班人，必须弄清楚党的教育方针问题。在新中国70余年的历史进程中，党的教育方针是一贯的，那就是坚持党的领导，培养德智体美

---

① 习近平：《在全国党校工作会议上的讲话》，人民出版社2016年版，第16页。
② 《习近平谈治国理政》第2卷，外文出版社2017年版，第376页。

全面发展的社会主义建设者和接班人。改革开放以来，不少人对于党的教育方针存在模糊的认识，并产生了不同的看法。如一种说法认为，高校需要为社会主义建设服务，教育者很容易把学生培养成为社会主义建设的工具；另一种说法认为，应抛弃培养社会主义建设者和接班人的教育方针，致力于培养现代社会的合格公民。正确理解党的教育方针，必须回应社会上存在的不同的声音。首先，党的教育方针是由我国独特的历史、文化和国情决定的，我国的高等教育发展之路必须同国家发展的现实目标和未来方向紧密联系在一起。其次，坚持党的领导是对党的教育方针的具体化。纵观历史的发展不难看出，一个政权的瓦解往往从思想领域开始发端，思想防线一旦被攻破，其他防线往往不攻自破。贯彻党的教育方针，需要明确思想领域要实现的目标是什么，为谁服务，培养什么人，为谁培养人的目标。党的十八大报告指出，要"全面贯彻党的教育方针，坚持教育为社会主义现代化建设服务、为人民服务，把立德树人作为教育的根本任务，培养德智体美全面发展的社会主义建设者和接班人"[①]。当前社会思潮多元多变，坚持党的教育方针，既是高等教育发展的迫切需要，也是青年大学生的政治选择和人生航向。

第三节 大学生理想信念教育历史变迁的当代启示

改革开放 40 年，大学生理想信念教育积极贯彻党和国家的要求，走过了不平凡的历程，积累了宝贵经验。习近平反复强调要善于运用历史思维，"牢记历史经验、牢记历史教训、牢记历史警示"[②]。中国特色社会主义进入新时代，必须充分认识新形势下大学生理想信念教育创新发展的重要性和紧迫性。2016 年全国高校思想政治工作会议、2018 年全国教育大会以及 2019 年全国思想政治理论课教师座谈会的召开，提出了"各类课程与思想政治理

[①] 《十八大以来重要文献选编》上，中央文献出版社 2014 年版，第 27 页。
[②] 《牢记历史经验历史教训历史警示 为国家治理能力现代化提供有益借鉴》，《人民日报》2014 年 10 月 14 日。

论课同向同行""构建德智体美劳全面培养的教育体系""让有信仰的人讲信仰""办好思想政治理论课关键在教师"等诸多重要论断,既肯定了高校理想信念教育取得的巨大成绩和所处的重要地位,也为新时代的大学生理想信念教育把脉定向。

一、巩固中国特色社会主义理想信念主导地位

在改革开放的历史进程中,我国形成的中国特色社会主义理想信念,是在社会中占统治地位、起主导作用的理想信念体系。在理论形态上,中国特色社会主义理想信念表现为邓小平理论、"三个代表"重要思想、科学发展观、习近平新时代中国特色社会主义思想。由于社会意识形态、市场经济的发展变化,国内改革过程中出现的问题以及国外环境的消极影响,在一定程度上削弱了中国特色社会主义理想信念。习近平强调,"要教育引导学生树立共产主义远大理想和中国特色社会主义共同理想"[1],增强大学生的"四个自信"认同,巩固中国特色社会主义理想信念的主导地位。

第一,坚持不懈抓好马克思主义理论教育。改革开放后,马克思主义和共产主义理想信念一度被削弱,这与我们放松和忽视马克思主义理论教育有很大关系。习近平强调:"要坚持不懈传播马克思主义科学理论,抓好马克思主义理论教育,为学生一生成长奠定科学的思想基础。"[2] 抓好马克思主义理论教育,能使大学生在我国经济政治结构的框架中,准确地理解国家未来发展目标和个人所处的社会环境,有利于增强中国特色社会主义理想信念的合理性和说服力。2016年,习近平在全国高校思想政治工作会议上提出了"四个正确认识"这一命题,集中概括了理想信念教育领域亟需解决的突出问题,对推进新时代大学生理想信念教育具有重要的指导作用。马克思主义理论教育应有针对性地回答这些问题,从古今关系的把握中,让学生正确

---

[1]《坚持中国特色社会主义教育发展道路 培养德智体美劳全面发展的社会主义建设者和接班人》,《人民日报》2018年9月11日。

[2]《习近平谈治国理政》第2卷,外文出版社2017年版,第377页。

认识世界和中国发展大势，理解中国特色社会主义的历史必然性和发展方向；从中西关系的把握中，让学生正确认识中国特色和国际比较，理解中国特色社会主义道路、理论、制度和文化缘何有自信；从群己关系的把握中，让学生正确认识时代责任和历史使命，理解担当民族复兴的历史使命和责任；从知行关系的把握中，让学生正确认识远大抱负和脚踏实地，理解新时代对青年大学生的素质和本领要求。

第二，坚持不懈培育和弘扬社会主义核心价值观。社会主义核心价值观是中华民族最强健、最深层、最持久的精神力量，能够有效地凝聚中华民族的理想信念，是增进社会团结和谐的最大公约数。中国特色社会主义理想信念，不仅包含了中国特色社会主义"是什么""为什么"的内容，也包含了中国特色社会主义"应该是什么""应该怎么做"的内容。培育和弘扬社会主义核心价值观，就是让大学生正确理解"实然"与"应然"之间的辩证关系，让大学生"明确中国特色社会主义事业到底追求什么、反对什么，要朝着什么方向走、不能朝什么方向走"①，解决价值引领问题。习近平强调做好思想政治工作要坚持"四个坚持不懈"，其中的重要内容便是"要坚持不懈培育和弘扬社会主义核心价值观，引导广大师生做社会主义核心价值观的坚定信仰者、积极传播者、模范践行者"②。归根结底，就是要坚定大学生的价值观自信。价值观自信从何而来？这需要立足于中华优秀传统文化、中国特色社会主义建设实践和人类社会的价值制高点，讲清楚社会主义核心价值观的历史底蕴、现实基础和道义力量。

第三，坚持不懈宣传贯彻习近平新时代中国特色社会主义思想。习近平新时代中国特色社会主义思想作为马克思主义中国化最新的理论成果，包含的一系列理论创新、实践创新和战略创新，反映了时代变化和实践发展要求，具有鲜明的时代气息和现实针对性。大学生要正确理解社会发展方向和

---

① 本书编写组：《思想道德修养与法律基础》，高等教育出版社 2018 年版，第 77 页。
② 《习近平谈治国理政》第 2 卷，外文出版社 2017 年版，第 377 页。

个人所处的社会环境，就需要深入学习党的最新理论成果。如果作为中国特色社会主义理想信念理论依据的党的理论成果，不能解释和说明我国政治经济发展的框架和道路，不能回应大学生产生的理论和实践困惑，就会削弱中国特色社会主义理想信念的合法性和说服力，使其对中国特色社会主义缺乏信心，甚至产生信仰危机。在实现中华民族伟大复兴的征程中，需要教育引导大学生正确认识我国正在进行的具有许多新的历史特点的伟大斗争、深入推进的党的建设新的伟大工程、坚持和发展中国特色社会主义的伟大事业，这是巩固中国特色社会主义理想信念的重要举措。

二、推进思想政治理论课教学与研究守正创新

思想政治理论课是开展理想信念教育的主渠道。站在新时代这个新起点上，大学生理想信念教育要坚持改革开放以来取得的好经验，结合新形势、新任务不断探寻新办法，深入推进思想政治理论课教学与研究守正创新。2019年3月18日，习近平在学校思想政治理论课教师座谈会上指出："推动思想政治理论课改革创新，要不断增强思政课的思想性、理论性和亲和力、针对性"[①]，并提出了"八个相统一"的要求，为高质量思想政治理论课教学与研究把脉。教学与研究是上好思想政治理论课的助推器，二者紧密联系相互促进。推进思想政治理论课教学与研究，应紧紧围绕"教师如何教""学生如何学"，遵循学生理想信念形成发展规律、研究重大思想理论热点难点问题、以改革创新精神探索教育新形式，不断提高教学亲和力、针对性。

第一，遵循学生理想信念形成发展规律。习近平强调，做好高校思想政治工作，要"遵循学生成长规律"[②]，推进思想政治理论课教学与研究守正创新，研究和遵循大学生理想信念形成规律。这些规律包括：一是知情意行

[①]《用新时代中国特色社会主义思想铸魂育人 贯彻党的教育方针落实立德树人根本任务》，《人民日报》2019年3月19日。

[②]《习近平谈治国理政》第2卷，外文出版社2017年版，第378页。

的整体性规律。即大学生树立科学理想信念，需要经历强化共产主义认知、增强社会主义情感、形成为实现共产主义不懈奋斗的意志、参与社会主义实践这四个整体性运动。二是由低到高的渐进性规律。从理想信念自身来看，理想信念是一个价值体系，共产主义理想信念在这一体系中处于最高层次；从理想信念的形成过程来看，共产主义理想信念的形成要经过系统学习、科学论证、实践检验这一由初级向高级转化的过程。三是长期连续的反复性规律。理想信念的形成是一个由低级到高级、由简单到复杂的螺旋式上升的运动，具有反复性和无限性。正如毛泽东指出的，正确认识的形成需要经过"实践、认识、再实践、再认识，这种形式，循环往复以至无穷"[1]。大学生科学理想信念的形成需要经过多次反复以至无限循环。这些规律给我们以下启示：其一，推进大中小学思政课有机衔接和融合，探索形成循序渐进、螺旋上升的大学生理想信念教育内容序列。其二，大学阶段是人生的"拔节孕穗期"，处在价值观形成和确立的关键时期，要坚持教师教学的主导性，发挥思想政治理论课的价值引领作用，引导学生扣好人生第一颗扣子。其三，要发挥学生的主体性作用，注重启发，培养学生自主发现问题、分析问题的能力。

第二，回答重大思想理论热点难点问题。理想信念教育要真正触及学生的心灵，使学生真懂、真信，必须坚持问题导向，以思想政治理论课回应学生的思想问题和困惑。2015年12月11日，在全国党校工作会议上习近平指出："党校要加强对各种社会思潮的辨析和引导，不当旁观者，敢于发声亮剑，善于解疑释惑。"[2] 在2016年的全国思想政治工作会议上，习近平全面阐释了思想政治工作的"解疑释惑"功能，对增强思想政治工作的问题意识和思想政治理论课教学针对性提出了要求。推进思想政治理论课教学和研究守正创新，提升理想信念教育有效性，要把握以下三个步骤：一是坚持问

---

[1] 《毛泽东选集》第1卷，人民出版社1991年版，第296页。
[2] 《习近平谈治国理政》第2卷，外文出版社2017年版，第327页。

题导向找准问题。思想政治理论课中应着力回应的重大思想理论热点、难点问题应包括：学生教学中关心的热点问题、党的大政方针政策问题、学生困惑的理论与实践问题和学生个人思想困惑[①]等。二是围绕"社会主义-共产主义"理想信念教育这一主线，从问题中提炼教育教学专题，重点回答"四个正确认识""四个伟大"、增强"四个意识"、坚定"四个自信"等重大理论和实践命题，解决学生提出的"大学阶段要不要入党""为什么需要信仰"等关涉价值选择的问题。三是在学懂弄通上下功夫。学习"重在学懂弄通，不能心浮气躁、浅尝辄止、不求甚解"[②]。这就要求思想政治理论课对问题的回答要具有说服力，突出原理讲解的透彻性、历史回顾的系统性、现实分析的深刻性、方法运用的科学性、情怀追求的高远性。

第三，以改革创新精神探索教育新形式。思想政治理论课的守正创新，表现为内容和形式的守正创新。大学生理想信念教育要想取得良好实效，必须处理好形式、内容和效果的辩证关系，"只有形式与内容都适当且两者关系协调时才会有效果"[③]。探索教育新形式需要把握三个方面的问题：一是与特定时代的物质水平和科学技术水平相适应。当今时代最鲜明的时代特征是科学技术和现代化传播手段工具的迅猛发展，这需要理想信念教育必须有效地利用好网络信息资源，积极运用互联网、手机等新兴媒体，不断丰富教育大众化的途径和形式，增强理想信念教育的吸引力和时代感。二是依据对象的特殊性开展有针对性的教育活动。大学生处在理想信念形成的关键阶段，既有探索真理的热情和积极性，也存在先入为主的思维习惯、"信念固着"的认知偏见、基本归因错误以及"虚幻关联"等错误倾向，这就需要理想信念教育在理论教育的基础上开展形式多样的教学活动，鼓励学生在实践中感受和理解党和国家的路线、方针、政策，从而更好地深化理论认知、促

---

① 韩喜平、张梦菲：《论高校思想政治理论课的问题意识》，《思想理论教育导刊》2018年第7期。
② 《习近平谈治国理政》第1卷，外文出版社2018年版，第407页。
③ 王树荫：《论思想政治教育形式、内容与效果的辩证关系》，《马克思主义研究》2008年第7期。

进实践转化、实现信仰升华。三是采用生动活泼、喜闻乐见的教育方式。这需要在教育中准确把握大学生的语言风格、表述特点、思维方式,掌握大学生的文化习惯和心理需求,促进学术话语、教材话语向教学话语、生活话语的转化,实现教学内容和教学形式同大学生兴趣和偏好的直接对接。

三、造就一支有信仰讲信仰的思政课教师队伍

办好思想政治理论课关键在教师。思政课教师肩负着宣传"社会主义-共产主义"理想信念的重大使命,造就一支有信仰、讲信仰的思政课教师队伍是提高大学生理想信念教育实效性的重要途径。党的十八大以来,习近平在多次讲话中对教师队伍、思政课教师队伍建设提出了要求。2014年,习近平在同北京师范大学师生座谈时的讲话中提出了"四有好老师"的要求,即"有理想信念、有道德情操、有扎实学识、有仁爱之心"[①];2016年,在全国高校思想政治工作会议上提出了"四个相统一",要求广大教师以德立身、以德立学、以德施教;2017年,党的十九大报告明确提出要加强师德师风建设;2019年,在学校思想政治理论课教师座谈会上,对思政课教师提出了六个方面的要求:"政治要强、情怀要深、思维要新、视野要广、自律要严、人格要正"。从以上论述可知,党对思政课教师的政治、理想信念要求是位居首位的,这就要求思政课教师必须要坚定政治信仰、培养政治信仰心态,强化政治担当。

第一,以对科学理论的理性认同坚定政治信仰。政治信仰坚定是思政课教师讲好思政课的前提和基础。思政课教师坚定的政治信仰应建立在对科学理论的理性认同之上,这就要求思政课教师在学懂、弄通、真讲、真用上下功夫。一是"在马研马信马"。思政课教师的政治信仰,即对马克思主义的信仰、中国特色社会主义的信念和实现中华民族伟大复兴中国梦的信心,具体表现为树牢"四个意识"、坚定"四个自信"、做到"两个维护"等,这就

---

① 习近平:《在北京大学师生座谈会上的讲话》,人民出版社2018年版,第8页。

要求思政课教师要不断提升马克思主义理论水平。2019年4月28日，教育部印发的《普通高等学校思想政治理论课教师队伍培养规划（2019—2023年）》，明确了思政课教师应"努力成为马克思主义理论教育家"的定位，提出了强化思政课教师马克思主义基本功的要求。思政课教师应充分利用马克思主义经典著作专题培训、习近平新时代中国特色社会主义思想专题培训、专题实践研修等方式，提升马克思主义理论基本功。二是"言马、传马、护马"。从教育性质来看，"让有信仰的人讲信仰"[①]这一重要论断，是社会主义高校的思政课教师开展大学生理想信念教育的主题和灵魂。一方面，思政课教师应以扎实的马克思主义理论基本功为基础，凭借新兴教学方式和手段，让"社会主义-共产主义"理想信念传递得更精准，让大学生理想信念教育更有魅力；另一方面，伴随我国步入改革攻坚期，意识形态交流交融交锋日益明显，思政课教师应结合学生思想发展的关节点，突出问题意识，不错过热点问题，不回避尖锐问题，不弱化教学难点，真正发挥思政课教师解疑释惑、价值引领的功能。

第二，以高度的学科自信培育政治信仰心态。学科自信可以增强学科内部成员的凝聚力、向心力和战斗力。通过树立对马克思主义理论学科的高度自信，有助于培育思政课教师的积极政治信仰心态，提升思政课教师教学和科研的信心、底气、勇气。正如习近平在学校思想政治理论课教师座谈会强调的，"我们办中国特色社会主义教育，就是要理直气壮开好思政课"[②]。"理直气壮"就是思政课教师应当树立的政治信仰心态，具体表现为如以几方面：一是对于马克思主义理论学科的自豪感。这种自豪感源于党和国家高度重视理想信念教育这一根本保证、中国特色社会主义取得举世瞩目成就这一有力支撑、中华民族博大精深的文化传统之深厚力量、思想政治理论课建

[①] 《用新时代中国特色社会主义思想铸魂育人 贯彻党的教育方针落实立德树人根本任务》，《人民日报》2019年3月19日。

[②] 《用新时代中国特色社会主义思想铸魂育人 贯彻党的教育方针落实立德树人根本任务》，《人民日报》2019年3月19日。

设取得的丰富经验这一重要基础。二是对于培育担当时代新人使命的获得感。习近平指出要培养一支"乐为、敢为、有为"的思政课教师队伍，就是强调思政课教师要发挥积极性、主动性和创造性，在讲好思政课的过程中提升获得感，在课程中实现师生之间的思想交流和心灵沟通、搭建起理论与学生关联状态、实现课程的温度和深度的统一，只有这样，才能给学生心灵埋下真善美的种子，引导大学生树立科学理想信念。

四、把理想信念教育贯穿高校教育教学全过程

"培养什么样的人"决定着培养人的目标和方向，是关乎全局的根本性战略问题。党的十八大报告指出："把立德树人作为教育的根本任务，培养德智体美全面发展的社会主义建设者和接班人。"[①] 习近平在学校思想政治理论课教师座谈会上指出："要坚持显性教育和隐性教育相统一，挖掘其他课程和教学方式中蕴含的思想政治教育资源，实现全员全程全方位育人。"[②] 要推动理想信念教育贯穿高校教育教学全过程需要从以下几方面入手。

第一，实现全课程育人。各门课程都有育人功能，其育人功能是由课程本身所承载的意识形态性和科学性所决定的。大学生正处于理想信念形成的关键时期，课堂教学作为教育者传授科学知识和正确价值观念的主渠道，在引导学生树立科学理想信念的过程中所起的重要作用不言而喻。2014年，教育部印发《关于全面深化课程改革落实立德树人根本任务的意见》，强调要注重开发利用课程资源，全面深化课程改革。习近平在全国思想政治工作会议的讲话中指出，要"使各类课程与思想政治理论课同向同行，形成协同效应"[③]。推进从"思政课程"到"课程思政"的课程改革，是实现知识传

[①] 《十八大以来重要文献选编》上，中央文献出版社2014年版，第27页。
[②] 《用新时代中国特色社会主义思想铸魂育人 贯彻党的教育方针落实立德树人根本任务》，《人民日报》2019年3月19日。
[③] 《习近平谈治国理政》第2卷，外文出版社2017年版，第378页。

授与价值引领相结合,突出课程、课堂的价值观培育和塑造功能的必然选择。课程育人作为一项十分复杂的系统工程,需要各门课程协同建设,潜心挖掘各门课程所具有的意识形态性和思想性至关重要。无论是自然科学还是社会科学课程,都应充分挖掘可以开展理想信念教育的资源,大致可以分为三类:一是课程所蕴含的思想内容和政治观点;二是课程中所蕴含的辩证唯物主义和历史唯物主义的世界观和方法论;三是具有典型意义和针对性的理想信念教育案例。

第二,实现全过程全方位育人。在社会主义国家,全过程全方位育人,是通过规范课堂教学、日常管理和优良服务,引导学生学习知识、技能,发展个性,培养智力,形成"社会主义-共产主义"理想信念的统一过程。2017年2月,中共中央、国务院印发的《关于加强和改进新形势下高校思想政治工作的意见》指出:"把思想价值引领贯穿教育教学全过程和各环节,形成教书育人、科研育人、实践育人、管理育人、服务育人、文化育人、组织育人长效机制。"[1] 这就决定了理想信念教育必须融入教学、管理和服务的各环节常抓不懈。一是做好学校教学、管理和服务全方位育人。应在"大思政"的框架之下将以往零碎的、随意的理想信念教育转变为系统性教育,将课堂教学、制度设计、校风营造、社会实践、班级管理等环节作为实现全过程育人的有效环节,实现思想政治教育的系统化、规范化、科学化。二是做好大学生从入学到毕业、由教育阶段走向社会大课堂的全过程育人。在不同年龄阶段,大学生的知识水平、理解能力、思想状况、文化素养等方面都具有明显差别,这就决定了对处于不同年级、不同教育阶段的学生,应该制定更有针对性的理想信念教育重点。

第三,实现全员育人。所谓全员育人,是指不断深化"以生为本"的育人理念,充分整合和动员各方面的力量,形成教育合力。狭义的"全员",

---

[1] 《中共中央、国务院印发〈关于加强和改进新形势下高校思想政治工作的意见〉》,《光明日报》2017年2月28日。

主要是指学校里的全体教职工、党政教辅人员和后勤工作人员。学校的各个岗位都具有育人职能，全员育人应体现在树立全员参与的"大思政观"，所有成员都应该具备育人意识。由于岗位性质和功能的不同，三支队伍发挥的作用具体表现为：教师教书育人、党政教辅人员管理育人、后勤员工服务育人。所有的教学、管理、服务活动都是为大学生的成长成才服务，在全员参与中实现教书育人、管理育人和服务育人，是加强理想信念教育针对性、有效性的重要途径。然而，由于受市场经济浪潮的冲击，在实用主义、功利主义盛行的背景下，高校"全员育人"理念在现实中出现了一定程度的偏差。比如，理想信念教育所面临的"说起来重要，做起来次要，忙起来不要"的现象依然存在。全员育人作为一项系统工程，需要在学校的统一领导下，积极动员各方力量，将解决学生的思想问题与解决实际问题结合，把理想信念教育真正融入学校的各项工作之中。实现教育与育人、课内与课外、服务与管理的结合，是发挥各方力量育人功能的重要途径，在此过程之中实现为师与为友并重则是影响理想信念教育实效性提升的重要因素。

五、整合资源构建多层次立体化的育人新格局

所谓育人格局，是指由多条育人途径构成的工作布局。面临新时代、新形势、新问题，我国社会主义现代化建设事业对大学生理想信念教育提出了新的更高的要求。2018年，在北京召开的全国教育大会强调，坚持中国特色社会主义教育发展道路，培养德智体美劳全面发展的社会主义建设者和接班人[1]。这就要求党和国家加快推进教育事业的总体部署和战略设计，整合多种资源和渠道，构建多层次立体化的大学生理想信念教育新格局，切实提升大学生理想信念教育实效。

第一，推动家庭、学校、社会的协同融合。家庭、学校和社会共同担负

---

[1] 《坚持中国特色社会主义教育发展道路 培养德智体美劳全面发展的社会主义建设者和接班人》，《人民日报》2018年9月11日。

着大学生成长成才的责任。习近平在全国教育大会上指出，培养社会主义建设者和接班人是教育的根本任务，"办好教育事业，家庭、学校、政府、社会都有责任"，教育工作"要在坚定理想信念上下功夫"①。一是以良好家风引导大学生辨是非、立大志。对于大学生而言，理想信念的形成与家风家教息息相关。清代的于成龙在《治家规范》中强调："人贵立志，念念向上一径做去，有志者事竟可矣。"② 也就是说，人贵在有理想，要通过自身的勤勉努力，实现理想、升华道德品质。家风直接影响大学生理想信念的认知和践行，良好的家风有助于筑牢大学生理想信念的价值底座。二是以优良学风培养大学生求真务实的精神素养和明理诚信的道德风尚。学风是人们的治学态度和理想追求在学习上的反映，能够潜移默化地影响大学生科学理想信念的形成。培育优良学风是促使大学生树立正确的价值观念、勇担时代使命的重要保障。2019年中共中央办公厅和国务院印发的《关于进一步弘扬科学精神加强作风和学风建设的意见》强调，作风和学风建设要"坚持价值引领，把握主基调，唱响主旋律，弘扬家国情怀、担当作风、奉献精神，发挥示范带动作用"③。三是以良善的社会风气，弘扬社会主义核心价值观。社会风气是多数社会成员的共同意识和价值取向，反映着社会中的理想信念状况和价值取向的变化。当前，中国社会风气存在诚信缺失、规则意识淡薄等不良倾向，这些现象会造成人们的生活信仰和价值取向产生混乱，影响大学生践行社会主义核心价值观的自觉性和积极性。要改变这种状况，就需要以主流价值和科学信仰引领社会风气。推动家庭、学校、社会的协同融合，有助于"形成全党全社会努力办好思政课、教师认真讲好思政课、学生积极学好思政课的良好氛围"④。

---

① 《坚持中国特色社会主义教育发展道路 培养德智体美劳全面发展的社会主义建设者和接班人》，《人民日报》2018年9月11日。
② 王长金：《传统家训思想通论》，吉林人民出版社2006年版，第168页。
③ 《进一步弘扬科学家精神加强作风和学风建设》，《人民日报》2019年6月12日。
④ 《用新时代中国特色社会主义思想铸魂育人 贯彻党的教育方针落实立德树人根本任务》，《人民日报》2019年3月19日。

第二，推进大中小学思政课一体化建设。大中小学思政课一体化建设，要求整个思政课遵循循序渐进、螺旋上升的原则。2019年，习近平在学校思想政治理论课教师座谈会上的重要讲话中强调："要把统筹推进大中小学思政课一体化建设作为一项重要工程，推动思政课建设内涵式发展。"[①]推进大中小学思政课的有效衔接是实现立德树人"一体化"的应然之举和实然之策。早在2005年，教育部就印发了《关于整体规划大中小学德育体系的意见》，对大中小学德育工作提出了系统的指导意见，提出了"有效衔接、分层实施、循序渐进、整体推进"的根本要求。培育理想信念是立德树人的根本任务。在大中小学思政课一体化建设推进理想信念教育应把握三个着力点：一是落实一体化理念是前提。总而言之，就是不同对象应该设立不同目标、安排不同的内容。这既是由青少年成长成才的规律和思想政治理论课教育教学规律决定的，也是由思政课一体化建设中存在的问题所决定的。大中小学思政课要循序渐进、螺旋上升，形成合力。二是解决组织机构、教材和教师评价等问题是保障。要以大中小学德育一体化委员会为指导，解决教材重复问题，制定大中小学教师评价机制等问题。三是提升思政课教师的素质和能力是关键。讲好思政课关键在教师，关键在高校思政课教师。在思政课中，简单重复不可避免，这就要求大学生思政课教师要不断提高自身基本素质、教学能力和科研能力。

[①]《用新时代中国特色社会主义思想铸魂育人 贯彻党的教育方针落实立德树人根本任务》，《人民日报》2019年3月19日。

参考文献

一、文献资料类

[1] 中共中央马克思恩格斯列宁斯大林著作编译局. 马克思恩格斯全集（第1、38、40卷）[M]. 北京：人民出版社，1995、1972、1982.

[2] 中共中央马克思恩格斯列宁斯大林著作编译局. 马克思恩格斯选集（第1—4卷）[M]. 北京：人民出版社，2012.

[3] 中共中央马克思恩格斯列宁斯大林著作编译局. 马克思恩格斯文集（第1、2、4卷）[M]. 北京：人民出版社，2009.

[4] 中共中央马克思恩格斯列宁斯大林著作编译局. 列宁全集（第2、7、9、14、36、39卷）[M]. 北京：人民出版社，2013、2013、2017、2017、2017、2017.

[5] 中共中央马克思恩格斯列宁斯大林著作编译局. 列宁选集（第1—4卷）[M]. 北京：人民出版社，2012.

[6] 中共中央马克思恩格斯列宁斯大林著作编译局. 列宁专题文集（第1—5卷）[M]. 北京：人民出版社，2009.

[7] 华东师范大学教育系. 列宁论教育（上、下）[M]. 北京：人民教育出版社，1990.

[8] 中共中央文献研究室. 三中全会以来重要文献选编（上、下）[M]. 北京：中央文献出版社，2011.

[9] 中共中央文献研究室. 十二大以来重要文献选编（上、中、下）[M]. 北京：中央文献出版社，2011.

[10] 中共中央文献研究室. 十三大以来重要文献选编（上、中、下）[M]. 北京：中央文献出版社，2011.

[11] 中共中央文献研究室. 十四大以来重要文献选编（上、中、下）[M]. 北京：中央文献出版社，2011.

[12] 中共中央文献研究室. 十五大以来重要文献选编（上、中、下）[M]. 北京：中央文献出版社，2011.

[13] 中共中央文献研究室. 十六大以来重要文献选编（上、中、下）[M]. 北京：中央文献出版社，2011.

[14] 中共中央文献研究室. 十七大以来重要文献选编（上、中、下）[M]. 北京：中央文献出版社，2013.

[15] 中共中央文献研究室. 十八大以来重要文献选编（上、中、下）[M]. 北京：中央文献出版社，2014、2016、2018.

[16] 中共中央党史和文献研究院. 十九大以来重要文献选编（上）[M]. 北京：中央文献出版社，2019.

[17] 毛泽东. 毛泽东选集（第1－4卷）[M]. 北京：人民出版社，1991.

[18] 人民教育出版社. 毛泽东论教育（第三版）[M]. 北京：人民教育出版社，2008.

[19] "中国青年"编辑部. 毛泽东同志论青年和青年工作 [M]. 北京：中国青年出版社，1960.

[20] 中共中央文献研究室. 毛泽东邓小平江泽民论世界观人生观价值观 [M]. 北京：人民出版社，1997.

[21] 中共中央宣传部. 毛泽东邓小平江泽民论思想政治工作 [M]. 北京：学习出版社，2000.

[22] 中华人民共和国教育部，中共中央文献研究室. 毛泽东邓小平江泽民论教育 [M]. 北京：中央文献出版社，人民教育出版社，北京师范大学出版社，2002.

[23] 邓小平. 邓小平文选（第1－2、3卷）[M]. 北京：人民出版社，1994、

1993.

[24] 江泽民. 江泽民文选（第1—3卷）[M]. 北京：人民出版社，2006.

[25] 胡锦涛. 胡锦涛文选（第1—3卷）[M]. 北京：人民出版社，2016.

[26] 胡锦涛. 胡锦涛论构建社会主义和谐社会[M]. 北京：中央文献出版社，2013.

[27] 习近平. 习近平谈治国理政（第1卷）[M]. 北京：外文出版社，2018.

[28] 习近平. 习近平谈治国理政（第2卷）[M]. 北京：外文出版社，2017.

[29] 习近平. 习近平关于实现中华民族伟大复兴的中国梦论述摘编[M]. 北京：中央文献出版社，2013.

[30] 何东昌. 中华人民共和国重要教育文献选编（1976—1990、1991—1997）、（1998—2002）、（2002—2008）[M]. 海口：海南出版社，1998、2003、2010.

[31] 教育部思想政治工作司. 加强和改进大学生思想政治教育重要文献选编（1978—2014）[M]. 北京：知识产权出版社，2015.

[32] 教育部思想政治工作司. 加强和改进大学生思想政治教育重要文献选编（1978—2008）[M]. 北京：中国人民大学出版社，2008.

[33] 教育部社会科学司组编. 普通高校思想政治理论课文献选编（1949—2008）[M]. 北京：中国人民大学出版社，2008.

[34] 国家教育委员会办公厅编. 教育工作文件选编（1979、1985）[M]. 北京：人民教育出版社，1986、1987.

[35] 国家教委政治思想教育司汇编. 中国革命史阅读材料汇编（学生用）[M]. 北京：高等教育出版社，1988.

[36] 陈大白主编. 北京高等教育文献资料选编（1977—1992）、（1993—1999）[M]. 北京：首都师范大学出版社，2008.

[37] 中共中央文献研究室编. 改革开放三十年重要文献选编（上、下）[M]. 北京：中央文献出版社，2008.

二、校史类

[1] 谢红星. 武汉大学校史新编（1893—2013）[M]. 武汉：武汉大学出版社，2013.

[2] 中国人民大学校史研究丛书编委会. 中国人民大学纪事（1937—2007）（上、下）[M]. 北京：中国人民大学出版社，2007.

[3] 厦门大学档案馆，厦门大学校史研究室. 厦门大学校史（第2卷）[M]. 厦门：厦门大学出版社，2006.

[4] 《复旦大学百年纪事》编纂委员会. 复旦大学百年纪事（1905—2005）[M]. 上海：复旦大学出版社，2005.

[5] 《南大百年实录》编辑组. 南大百年实录（下）[M]. 南京：南京大学出版社，2002.

[6] 北京林业大学校史编辑部. 北京林业大学校史（1952—2002）[M]. 北京：中国林业出版社，2002.

[7] 方延明. 与世纪同行——南京大学百年老新闻[M]. 南京：南京大学出版社，2002.

[8] 北京师范大学校长办公室. 北京师范大学年鉴（1992）、（1995—1996）、（1998—1999）[M]. 北京：北京师范大学出版社，1994、1997、2000.

[9] 王学珍等. 北京大学纪事（1898—1997）：下[M]. 北京：北京大学出版社，1998.

[10] 陆润林. 兰州大学校史[M]. 兰州：兰州大学出版社，1990.

[11] 厦门大学校史编委会. 厦门大学校史资料（1966—1987）：第四辑[M]. 厦门：厦门大学出版社，1990.

三、著作类

[1] 肖祥."中国梦"与大学生理想信念教育研究[M]. 广州：暨南大学出版社，2017.

[2] 何毅亭. 新时期共产主义理想信念研究[M]. 北京：中共中央党校出版社，2017.

[3] 李少斐．社会主义理想信念教育方式、方法再探讨［M］．北京：社会科学文献出版社，2016．

[4] 姜华．大学生理想信念教育研究［M］．重庆：西南师范大学出版社，2016．

[5] 沈壮海等．中国大学生思想政治教育发展报告2014［M］．北京：北京师范大学出版社，2015．

[6] 邱吉．信仰告白［M］．北京：中国青年出版社，2015．

[7] 刘建军．信仰追问［M］．北京：中国青年出版社，2014．

[8] 中共中央党史研究室．中国共产党历史大事记（2013）［M］．北京：中共党史出版社，2014．

[9] 陈勇等．信仰导航——"六个为什么"与大学生理想信念教育研究［M］．北京：中国青年出版社，2014．

[10] 黄蓉生等．改革开放以来大学生思想政治教育论纲［M］．北京：人民出版社，2014．

[11] 许瑞芳．社会变革中的中国高校德育转型［M］．上海：上海教育出版社，2014．

[12] 李斌雄等．高校学生形势与政策教育引论［M］．北京：中国文史出版社，2014．

[13]《中华人民共和国史》编写组编．中华人民共和国史［M］．北京：高等教育出版社，人民出版社，2013．

[14] 苏渭昌等．中国教育通史·中华人民共和国卷（上、下）［M］．北京：北京师范大学出版社，2013．

[15] 林泰．问道：改革开放以来的社会思潮与青年思想政治教育研究［M］．北京：中国社会科学出版社，2013．

[16] 罗国杰．马克思主义价值观研究［M］．北京：人民出版社，2013．

[17] 冯刚．中国大学生思想政治教育发展报告（2013）［M］．北京：北京师范大学出版社，2013．

[18] 李辉等. 当代大学生理想信念形成的特点及机制研究［M］. 北京：中国书籍出版社，2013.

[19] 徐锋. 新中国大学生思想政治教育研究［M］. 北京：人民出版社，2013.

[20] 刘建军等. 信仰书简［M］. 北京：中国青年出版社，2012.

[21] 黄传新. 社会主义意识形态的吸引力和凝聚力研究［M］. 北京：学习出版社，2012.

[22] 樊浩等. 中国大众意识形态报告［M］. 北京：中国社会科学出版社，2012.

[23] 谭德礼等. 当代大学生思想特点及成长成才规律研究［M］. 北京：人民出版社，2012.

[24] 胡飒. 新时期思想政治教育基本经验论［M］. 北京：知识产权出版社，2012.

[25] 邹诗鹏. 三十年社会与文化思潮［M］. 上海：复旦大学出版社，2012.

[26] 刘建军等. 信仰的呼唤：社会主义市场经济条件下的信仰问题研究［M］. 北京：人民出版社，2011.

[27] 佘双好等. 当代社会思潮对高校师生的影响及对策研究［M］. 北京：中央编译出版社，2011.

[28] 马立诚等. 交锋：当代中国三次思想解放实录［M］. 北京：人民日报出版社，2011.

[29] 王树荫. 中国共产党思想政治教育史［M］. 北京：中国人民大学出版社，2010.

[30] 王树荫等. 新中国思想政治教育史纲：1949－2009［M］. 北京：人民出版社，2010.

[31] 刘书林. 社会思潮与青年教育研究［M］. 北京：高等教育出版社，2010.

[32] 杨晓慧．当代大学生成长成才规律研究［M］．北京：人民出版社，2010．

[33] 中共中央党史研究室．中华人民共和国大事记（1949－2009）［M］．北京：人民出版社，2009．

[34] 中共中央党史研究室．中国共产党新时期简史［M］．北京：中共党史出版社，2009．

[35] 杨桂华．社会转型期精神迷失现象分析［M］．天津：南开大学出版社，2009．

[36] 赵智奎．改革开放30年思想史（上、下）［M］．北京：人民出版社，2008．

[37] 荆学民．当代中国社会信仰论［M］．北京：人民出版社，2008．

[38] 彭绪琴．当代大学生理想信念教育研究［M］．北京：中共中央党校出版社，2008．

[39] 石云霞．新中国成立以来中国共产党思想理论教育历史研究［M］．北京：中国社会科学出版社，2007．

[40] 朱卫嘉等．不同年代理想信念教育的比较研究［M］．重庆：重庆出版社，2007．

[41] 石云霞．高校思想政治理论课程建设史研究［M］．武汉：武汉大学出版社，2006．

[42] 石云霞．新中国成立以来高校思想理论教育史研究［M］．北京：人民教育出版社，2005．

[43] 龚海泉等．20世纪的中国高等教育·德育卷［M］．北京：高等教育出版社，2003．

[44] 方力．跃动的青春——首都大学生社会实践二十年的工作与思考［M］．北京：人民出版社，2003．

[45] 张凤奎等．社会主义信念学［M］．西安：西安出版社，2002．

[46] 柳礼泉．撞击与升华——改革实践过程对人们思想的影响［M］．长

沙：湖南大学出版社，2002．

[47] 彭波．潘晓讨论：一代中国青年的思想初恋［M］．天津：南开大学出版社，2000．

[48] 樊星．世纪末文化思潮史［M］．武汉：湖北教育出版社，1999．

[49] 武俊平．第五代人［M］．天津：天津教育出版社，1999．

[50] 兰久富．社会转型时期的价值观念［M］．北京：北京师范大学出版社，1999．

[51] 刘建军．马克思主义信仰论［M］．北京：中国人民大学出版社，1998．

[52] 叶泽雄．社会理想论［M］．武汉：武汉大学出版社，1998．

[53] 杨德广．中国当代大学生价值观研究［M］．上海：上海教育出版社，1997．

[54] 宋强等．第四代人的精神［M］．兰州：甘肃文化出版社，1997．

[55] 单光鼐等．中国青年发展报告［M］．沈阳：辽宁人民出版社，1994．

[56] 杨雄．中国大学生部落：当代校园热点追踪［M］．郑州：河南人民出版社，1993．

[57] 崔建瑞．灵魂塑造者的沉思——武汉地区400名大学生调查专题研究材料选辑［M］．武汉：湖北人民出版社，1992．

[58] 周英等．学潮现象［M］．成都：四川人民出版社，1991．

[59]《大学生教育的回顾与思考》课题组．1989：蓦然回首——武汉地区400名大学生调查学生自述材料选编［M］．武汉：湖北人民出版社，1991．

[60] 上海市高等教育研究所．中国大学生历程（1978—1990）［M］．上海：上海市高等教育研究所出版社，1991．

[61] 刘翔平．精神流浪的轨迹——大学生读书热现象分析［M］．沈阳：辽宁人民出版社，1991．

[62] 杨德广．西方思潮与当代中国大学生［M］．郑州：河南人民出版社1991．

239

[63] 中共北京市委高校工作委员会，中共北京市委研究室，北京高校德育研究会．对八十年代首都大学生纵向研究［M］．北京：北京师范学院出版社，1990．

[64] 杨瑞森等．关于若干现实理论问题的思考——与青年学生的对话［M］．天津：南开大学出版社，1990．

[65] 中共北京市委宣传部．学潮·动乱·反革命暴乱真相资料选编［M］．北京：中国青年出版社，1989．

[66] 萧勤福等．五次浪潮［M］．北京：中国人民大学出版社，1989．

[67] 马立诚．蛇口风波［M］．北京：中国新闻出版社，1989．

[68] 中共北京市委研究室．新时期大学生思想政治教育研究［M］．北京：北京师范大学出版社，1988．

[69] 张永杰等．第四代人［M］．北京：东方出版社，1988．

四、期刊论文类

[1] 李文娟．自媒体时代大学生理想信念教育实效性研究［J］．学校党建与思想教育，2019（7）．

[2] 冯刚等．以习近平新时代中国特色社会主义思想引领青年理想信念教育［J］．思想理论教育导刊，2018（11）．

[3] 佟怡．新形势下提升大学生理想信念教育有效性探析［J］．思想理论教育导刊，2017（8）．

[4] 梅萍等．"90后"大学生理想信念的特点、困惑与引导——兼论学习习近平关于理想信念教育的重要论述［J］．学校党建与思想教育，2016（5）．

[5] 查少刚，杜孝军．大学生理想信念教育的四重维度［J］．思想理论教育导刊，2015（11）．

[6] 张瑜等．当代大学生理想信念状况实证分析——基于9省市19所高校的调研［J］．思想教育研究，2014（8）．

[7] 尹洁，郭霆．我国当代大学生理想信念的关注点及群体特征——实证分

析的视角[J]. 毛泽东邓小平理论研究, 2014 (6).

[8] 黄亚玲, 宫维明. 关于近年大学生理想信念教育研究现状分析[J]. 思想理论教育导刊, 2011 (11).

[9] 王树荫. 论中国共产党 90 年思想政治教育的基本经验[J]. 思想理论教育导刊, 2011 (8).

[10] 曾令辉. 当代大学生政治理想信念形成规律及对策[J]. 高校理论战线, 2011 (5).

[11] 吴潜涛. 正确理解理想信念的科学含义[J]. 教学与研究, 2011 (4).

[12] 彭明霞. 高校理想信念教育内容的历史回顾与展望[J]. 黑龙江高教研究, 2011 (4).

[13] 陈勇, 王欢, 梅红. 大学生理想信念教育的发展历程、基本经验和时代要求[J]. 思想理论教育导刊, 2010 (9).

[14] 陈明凡. "两个必然": 社会主义理想信念的科学基石[J]. 中国特色社会主义研究, 2010 (2).

[15] 黄蓉生, 姜华. 改革开放以来大学生理想信念教育论略[J]. 高校理论战线, 2009 (7).

[16] 张瑜, 杨增崒. 试论改革开放以来大学生理想信念教育的主要经验[J]. 学校党建与思想教育, 2009 (3).

[17] 张瑜, 杨增崒. 大学生中国特色社会主义理想信念教育的研究现状、问题与对策[J]. 思想教育研究, 2009 (2).

[18] "当代大学生理想信念教育研究"课题组. 大学生理想信念及教育现状调查分析报告[J]. 学校党建与思想教育, 2008 (12).

[19] 王仕民, 郑永廷. 当代大学生理想信念形成特点及原因分析[J]. 教学与研究, 2008 (5).

[20] 朱喜坤. 论理想信念的概念与地位[J]. 理论学刊, 2006 (12).

[21] 黄蓉生. 大学生思想政治教育: 理想信念是核心[J]. 高校理论战线, 2004 (12).

[22] 刘建军. 关于理想信念教育的几点理论思考 [J]. 教学与研究, 2004 (11).

[23] 刘建军. 在改革开放的实践中引导人们树立正确理想信念 [J]. 中国高等教育, 2000 (22).

[24] 刘书林. 改革开放新潮流与青年理想信念教育 [J]. 中国青年研究, 1992 (5).

五、学位论文类

[1] 刘西华. "90 后"大学生理想信念现状与教育对策研究——以 S 大学为例 [D/OL]. 济南: 山东大学, 2013 [2020-02-17]. https://kns-cnki-net-s.vpn.cumtb.edu.cn: 8118/KCMS/detail/detail.aspx?dbcode=CDFD&dbname=CDFD1214&filename=1013219250.nh&uid=WEEvREcwSlJHSldRa1FhcEFLUmViU1FGSEl2MHBaWnArUE4xZ0J2cTNkND0=$9A4hF_YAuvQ5obgVAqNKPCYcEjKensW4IQMovwHtwkF4VYPoHbKxJw!!&v=MTc4NDBlWDFMdXhZUzdEaDFUM3FUcldNMUZ5Q1VSN3FmWXVadEZwRG5WTDdBVkyNkhiRzVGOVBKcjVFYlBJUjg=.

[2] 王欢. "六个为什么"与大学生理想信念教育研究 [D/OL]. 北京: 中国矿业大学(北京), 2011 [2020-02-17]. https://kns-cnki-net-s.vpn.cumtb.edu.cn: 8118/KCMS/detail/detail.aspx?dbcode=CDFD&dbname=CDFD0911&filename=1011184737.nh&uid=WEEvREcwSlJHSldRa1FhcEFLUmViU1FGSEl2MHBaWnArUE4xZ0J2cTNkND0=$9A4hF_YAuvQ5obgVAqNKPCYcEjKensW4IQMovwHtwkF4VYPoHbKxJw!!&v=MDEwMjIyNkg3S3dHdEpRcUpwFYlBJUjhlWDFMdXhZUzdEaDFUM3FUcldNMUZ5Q1VSN3FmWXVadEZwRG5YNy9CVkY=.

[3] 刘济良. 论我国青少年的价值观教育 [D/OL]. 上海: 华东师范大学, 2001 [2020-02-17]. https://kns-cnki-net-s.vpn.cumtb.edu.cn: 8118/

KCMS/detail/detail. aspx？ dbcode＝CDFD&dbname＝CDFD9908&filename＝2003033246. nh&uid＝WEEvREcwSlJHSldRa1FhcEFLUmViU1FGSEl2MHBaWnArUE4xZ0J2cTNkND0＝＄9A4hF_YAuvQ5obgVAqNKPCYcEjKensW4IQMovwHtwkF4VYPoHbKxJw!!&v＝MTc5MTRxVHJXTTFGckNVUjdxZll1WnRGaURnVTczT1YxMjdIYk83SGRQSXFaRWJQSVI4ZVgxTHV4WVM3RGgxVDM＝.

六、译著类

[1] 傅高义. 邓小平时代 [M]. 冯克利，译. 北京：生活·读书·新知三联书店，2013.

[2] 塞缪尔·亨廷顿. 文明的冲突与世界秩序的重建 [M]. 周琪等，译. 北京：新华出版社，2002.

[3] 克拉克·克尔. 高等教育不能回避历史——21世纪的问题 [M]. 王承绪，译. 杭州：浙江教育出版社，2001.

[4] 许美德. 中国大学 1895－1995：一个文化冲突的世纪 [M]. 许洁英，译. 北京：教育科学出版社，2000.

[5] 葛洛蒂，张国治. 革命时代——第五次浪潮 [M]. 北京：电子工业出版社，1999.

七、外文资料

[1] Gardner R，Cairns L & Lawton D. Education for values：morals，ethics and citizenship in contemporary teaching [M]. London：Kogan Page，2000.

[2] Fenner D E W. Ethics in education [M]. New York：Garland Pub，1999.

[3] Ulrich Beck. Risk Society：Towards A New Modernity，Translated by Mark Ritter [M]. London：Sage Publication，1992.

八、报刊、杂志、网站类

[1]《人民日报》（1978年至今）

[2]《光明日报》(1978年至今)

[3]《中国青年》(1978年至今)

[4]《大学生》(1988年至今)

[5] 教育部中国大学生在线：http://www.univs.cn/

[6] 中华人民共和国教育部：http://www.moe.edu.cn/

后 记

本书是在我的博士论文的基础上修改和完善而成的。当我决定将论文出版时，感慨万千。这部拙作是我三年攻读博士学位以及毕业后继续研究的结晶，它承载了我人生中那一段既执着顽强、乐此不疲而又辗转难眠、蓬头垢面的回忆。

理想信念问题是普遍而永恒的，人们对理想信念问题的思索也是普遍而永恒的。一定时代的理想信念的形式和内容会发生变化，探究这种"变化"本身就极具价值和意义。研究改革开放进程中的大学生理想信念教育课题，学会发现"变化"、分析"变化"和正确看待"变化"，就是我在这段"探索之旅"中面临和亟需解决的核心问题。

而这一路的探索，离不开我的导师王树荫教授的帮助。王老师是我的学术引路人，倾心传授做学问的点点滴滴。我学会了从历史视野研究问题。开阔的思路、宽广的眼界从何而来？历史是一个重要源头。但历史研究绝非易事，因此，老师的指导贯穿了从掌握历史研究方法、搜集分析史料到培养历史思维的整个过程，让我从一个历史研究的"门外汉"，逐步"入门"并致力于从事相关研究。我还学会了把理想信念问题从日常性话题变成理论探讨。讨论理想信念问题，不能只停留在日常语言层面，局限于政治话语的范围内，更不能把理想信念问题简单地看作一个政策问题，而应该将其作为一个需要深入研究的理论问题，从哲学、历史等维度来把握和解决。在论文撰写、参与课题研究的过程中，我接受了系统的科研训练，并逐步养成了一些良好的科研习惯，这些都将是我终身受益的宝贵财富。但由于自身知识积累、理论水平、生活阅历所限，对这一问题的研究还需要在未来不断深化。在接下来的教学和科研中，我会继续不断努力前行！

在论文写作和书稿修改过程中，笔者参考了一些专家学者的研究成果，并将文中引用的观点、史料和数据以脚注和参考文献等方式予以注明，在此表示由衷的感谢。若有疏忽及错漏之处，笔者深表歉意！恳请各位专家学者批评指正。

书稿即将交付出版社，并不意味着研究工作的结束。我会继续多读、多思、多写，在学术之路上不断求索。

最后，感谢我至亲的家人，在任何时候都全力支持和包容我，让我可以没有顾虑地做梦、寻梦、圆梦，谢谢你们给我无私的爱！

石亚玲

2020 年 1 月于北京